古老的清玩
金石碑刻

黄剑华 著

北京出版集团公司
文津出版社

图书在版编目（CIP）数据

古老的清玩：金石碑刻/黄剑华著．—北京：文津出版社，2013.4
ISBN 978-7-80554-582-0

Ⅰ．①古… Ⅱ．①黄… Ⅲ．①金石—研究—中国②碑刻—研究—中国 Ⅳ．①K877.24②K877.42

中国版本图书馆 CIP 数据核字（2013）第 018822 号

古老的清玩

金石碑刻

GULAO DE QINGWAN

黄剑华 著

*

北京出版集团公司
文 津 出 版 社 出版
（北京北三环中路6号）
邮政编码：100120

网址：www．bph．com．cn
北京出版集团公司总发行
新 华 书 店 总 经 销
北京溢漾印刷有限公司印刷

*

787 毫米×1092 毫米 16 开本 14.75 印张 175 千字
2013 年 4 月第 1 版 2013 年 4 月第 1 次印刷
ISBN 978-7-80554-582-0
定价：30.00 元
质量监督电话：010-58572393

前　言

　　作为世界东方的文明古国，中国的传统文化博大精深，源远流长。华夏文明的起源，凝集了先民们杰出的聪明才智和独特审美情趣，由此而开创了灿烂浩瀚的历史文化长河。数千年来，勤劳勇敢智慧的中国人民，创造了丰富多彩的物质财富和精神财富，留下了数量浩大的珍贵文物。

　　中国文物历史悠久，种类繁多。它们是中华民族数千年精神文明的积淀和历史文化发展的结晶，也是世界文明的一个非常重要的组成部分。它们珍贵的历史价值，深厚的文化底蕴，以及巨大的艺术魅力，曾为中国历代文人士大夫们所陶醉和钟爱，为后人留下了许许多多风雅逸致的故事传说。

　　雅爱文物，赏玩古董，是中国历代文人墨客和士大夫们的一种风尚。这不仅是一种高雅的嗜好，更是精神文化生活中的一种特殊享受。这种崇尚风雅的文化现象，经历了漫长的岁月，至今不衰，正越来越受到国人的喜爱和重视。民间各种收藏活动的兴旺活跃，众多集藏家的崛起和集藏爱好者队伍的日益庞大，便是当今风雅文化发展趋向的最好说明。鉴古而知今，多了解一些历史上的风雅文化故事，对现在的人们将是非常有益的。

　　在绚丽多彩、数量浩大的华夏文物中，最具有东方文明特色的，无过于金石和碑帖了。古代的文人墨客和士大夫阶层，对金石和碑帖情有独钟，视为瑰宝。或倾囊求购，或毕生搜罗。一旦拥有，便朝夕相处，反复赏玩，研究其深厚的文化内涵，感悟其巨大的艺术魅力，从中获取无穷的乐趣。许多文人儒士，就是从研究文物古玩入手，勤奋笔耕，著书立说，而成为学者和一代鸿儒的。亦有失意闲居的古人，借玩赏陶冶性情调节情绪，以抒发思古之幽情，宣泄内心的郁闷和忧愤。也有附庸风雅的官宦与富家子弟,把赏玩金石碑帖,用以装点门面,以示高雅。这表现了古代风雅文化中,不同的玩赏动机和玩赏方式。

玩物可以明志,也可以丧志。这两种情形,从古至今,都是屡见不鲜的。同样是高雅的赏玩,为什么会有两种截然不同的结果?这不仅与不同的时代社会风气有关,也与玩赏者的人生境界、性格品行、知识涵养、理想追求密切相关。了解传统的风雅文化,可以使我们增添知识,提高鉴赏能力,陶冶高雅的兴趣情操,从而激发我们的爱国主义精神,激励我们在事业上和生活中健康乐观、奋发努力。其负面,则足以使我们以史为镜,引以为戒。传统风雅文化的主流,始终是健康向上的。这也正是风雅文化数千年来兴旺发展、盛行不衰的重要原因。使风雅文化健康向上的作用更加发扬光大,便是撰写这部《古老的清玩》的意图和目的。

本书主要介绍从古至今金石碑帖的赏玩。采用雅俗共赏、喜闻乐见的叙述方式,以历史文献记载为主要依据,并参考吸收历代稗官野史笔记小说中的部分资料,将历代高雅的赏玩故事介绍给广大读者。中国历史文化源远流长,文物古玩浩如烟海,要将全部故事都搜罗在这部篇幅有限的书内,那是不可能的。我们只能选择其主要的介绍给读者,难免疏漏,相信读者会给以见谅。融知识性、趣味性、鉴赏性于一体,这是本书力图达到的效果。如果读者能在轻松愉快的阅读中,获得一份精神上的愉悦,多一些知识,多一点情趣,多一份感悟,那么,此书也就真正起到了应有的作用。

目 录

前　言 /1

第一章　流芳千古的石刻碑碣 /1

　　一　岣嵝碑之谜与石鼓的劫难 /3
　　二　丰富多彩的历代碑刻 /13
　　三　文人雅士赏玩碑刻的故事 /33
　　四　刻在石头上的教科书 /45

第二章　墨宝无价的书法名帖 /51

　　一　历代书家名帖杂说 /53
　　二　兰亭真迹何处觅 /69
　　三　嗜帖如宝的名士墨客 /84

第三章　精美璀璨的鼎彝铜器 /99

　　一　九鼎的故事传说 /102
　　二　著名的鼎彝名器欣赏 /110
　　三　青铜器的形制特点和鉴定研究 /124

第四章　价值连城的美玉奇石 /139

　　一　从和氏之璧到传国玉玺 /143
　　二　历代玉器精品欣赏 /155

三　美玉佩饰的故事 /166
　　四　奇石的赏玩收藏 /177

第五章　蔚然大观的骨董古玩 /189
　　一　甲骨文的惊人发现 /191
　　二　门类众多的古玩收藏鉴赏 /201

后　记 /227

第一章
流芳千古的石刻碑碣

石刻与碑碣，是刻在石头上的汉文化，将历史事迹、人文景观、书法篆刻艺术有机地结合在一起，绚丽多彩，千古流芳，堪称华夏文明中的一朵奇葩。

当我们游览名胜古迹，漫步于山林古刹之中，流连于园林建筑之内，或登临五岳凭栏远眺，或泛舟江湖寄情山水，突然面对那些千百年前流传下来的石刻，面对那些浑厚古朴千姿百态的碑碣，在我们心中将会产生多少丰富的联想和感受啊。它们向我们述说着湮没的历史文化，用它们的艺术魅力感染我们，激发我们的思古之情，带给我们精神上的愉悦。石刻与碑碣，不仅是珍贵的文物，更重要的是与名胜古迹、人文景观融合在一起，营构了浓郁的历史文化气氛。

中国的石刻碑碣，内容丰富，数量繁多。从内容上来说，有古人刻在石上的历史文化的记载，有文人歌颂大好河山的诗文之作，有墨客的书法遗迹，有记述庙宇寺观园林建筑的石刻碑文，更有古代帝王将相和官僚们用以歌功颂德炫耀政绩的勒石树碑。从形式上看，更是千姿百态，丰富多彩，有镌刻在悬崖绝壁上的华章佳句，有名胜古迹处的牌坊石刻妙语楹联，有雄峙在殿堂上的巨碑，有寺观园林游廊间灵巧多姿的碣文，更有名闻遐迩的碑林，可谓蔚然大观。

古代的文人雅士们，喜爱赏玩和研究石刻碑碣，由来已久。他们将其视为一种高雅的精神文化享受。或亲临观赏，或收罗拓本，从中感悟书法石刻艺术的演变，领略无穷的妙趣。古代的学者大儒们，也将石刻碑碣作为一项重要研究内容，以弥补典籍文献对古代历史风云和社会概貌记载的不足。古代的教育家们，还把石刻作为传播历史文化知识的一种手段。历代的道家和佛家，也与石刻碑碣结下了不解之缘，借碣语妙联，宣扬禅理，参悟人生。那些热爱祖国大好河山的历代游客们，对石刻碑碣更有一种发自内心的喜爱，观摩赏玩，流连忘返。

丰富多彩的石刻碑碣，无疑是古人流传给我们的一份珍贵的历史文化遗产。

一 岣嵝碑之谜与石鼓的劫难

相传为夏禹治水纪功的《岣嵝碑》，又称为《夏碑》《禹碑》或《神禹碑》，可能是迄今所知最早的石刻碑文了。

关于《岣嵝碑》的来历，有一个古老动人的神话传说，《吴越春秋》和《水经注》等典籍均有记载。相传四千多年前，夏禹出生在西羌石纽（今四川汶川县境内），当时天下洪水泛滥，其父鲧受命治水九年毫无成效，受到严惩。于是夏禹接替父职，奉命率众治水，历经七年闻乐不听，过门不入，鞠躬尽瘁，殚思极虑，仍然没有成效。禹苦苦思索着治水的办法，一边查阅当时所有关于治理水患的记载，一边继续考查山川河流的情形。禹来到了会稽山，杀了白马祭祀山神，登上山峰，仰天长啸。当晚禹留宿在山上，梦见一位身穿红色绣花衣的男子，自称是山神的使者，对禹说，在宛委山巅的石洞里，有金简玉书，看了便可知道疏通水患的道理。禹醒来后，登上山峰，凿石寻觅，果然找到了金简玉书，懂得了治水之法。从此以后，夏禹治理水患，终于获得了成

汉画像石大禹治水

功。这里需要说明的是,"会稽山,一名衡山,在越州会稽县东南一十二里也"(见《括地志》)。宛委山,则是会稽山的一个山峰。因衡山与南岳同名,后人便将夏禹取得金简玉书的地方附会成了湖南衡山,宛委山也讹传成了南岳的祝融峰。这一说法,流传相当广泛。因为毕竟是传说记载,所以后人也就很少去深入认真考证。后来夏禹治水成功,又将金简玉书藏回原处,并把治水之事刻石立于岣嵝峰上,故称之为《岣嵝碑》。

《岣嵝碑》究竟是什么文字?谁书谁刻?记述的是什么内容?历经数千年,无人可识,迄今仍是个谜。在宋代之前,谁也没有见过《岣嵝碑》的真实面目,所凭借的只有传说。六朝人伪托东方朔之名撰写的《海内十洲记》,曾描述说:大禹治水成功后,"祠上帝于北阿,归大功于九天。又禹经诸五岳,使工刻石,识其里数高下。其字科斗书,非汉人所书。今丈尺里数,皆禹时书也。不但刻劚五岳,诸名山亦然,刻山之独高处尔。今书是臣朔所具见"。东方朔是否真的见到过《岣嵝碑》?书中并未细说,有点语焉不详。唐代文学家韩愈(768—824年)对《岣嵝碑》产生了浓厚的兴趣,曾亲自前往湖南衡山岣嵝峰上寻找,未能找到,怅然而返,赋《岣嵝山》诗曰:"岣嵝山尖神禹碑,字青石赤形模奇。科斗拳身薤叶披,鸾飘凤泊拿虎螭。事严迹秘鬼莫窥,道人独上偶见之。我来咨嗟涕涟洏,千搜万索何处有,森森绿树猿猱悲。"唐代诗人刘禹锡(772—842年)也曾搜寻过禹碑的下落,也未找到,他写的一首五言诗中曾提到了这件事,

岣嵝碑

诗云："尝闻祝融峰，上有神禹铭。古石琅玕姿，秘文螭虎形。"韩愈和刘禹锡虽然都没有亲眼看到《岣嵝碑》，却根据传说，凭着丰富的想象，写出了《岣嵝碑》的形状和特征，从而进一步为《岣嵝碑》披上了扑朔迷离的神秘色彩。

直到南宋嘉定年间（1208—1224年），有个叫何致的人，平时嗜书好古，前去游览衡山，在当地樵夫的帮助下，终于找到了《岣嵝碑》。何致将《岣嵝碑》文捶拓下来，送给了当时长沙转运使曹彦约。曹彦约大喜过望，视为绝世珍宝，随即又派人前往捶拓，哪知找遍了衡山，《岣嵝碑》却杳无影踪。何致获得的《岣嵝碑》拓本，究竟是真是假？谁也无法说清。曹彦约却深信不疑，并将《岣嵝碑》文拓本，翻刻于长沙岳麓山的碑石上。以后历经风雨侵蚀，碑石被泥土湮没，到明代初年被人发现，得以重见天日。万历年间，有人将岳麓山的《岣嵝碑》进行翻刻，置于衡阳石鼓书院，到了清代康熙初年，好古者又将石鼓书院的《岣嵝碑》翻刻，置于岣嵝峰上。其后，又有人不断将《岣嵝碑》翻刻，置于其他地方。目前全国主要存有五处：一在湖南衡山岣嵝峰，二在浙江绍兴禹陵，三在西安碑林，四在四川北川县，五在云南安宁县。此外，开封古吹台、南京栖霞山、河南汤阴县羑里城等地，也有摹刻。这就是《岣嵝碑》的来龙去脉。

《岣嵝碑》文为摩岩阴刻，碑文9行，共77字。其笔画字体，形似篆籀又非篆籀，无人可识，难解其意。南宋嘉定以后，文人学者绞尽脑汁，对《岣嵝碑》文进行了深入研究。到了明代，陆续出现了一些破译者，如杨升庵、沈鉴、安如山、郎瑛、杨廷相、杨时乔等人，其中最著名的是杨升庵。杨升庵（1488—1559年），名慎，字用修，号升庵，是明代著名的大才子和大学者。他学识渊博，一生著述达四百余种，不仅擅长文学诗词，精通哲学史志，而且雅好金石考古。杨升庵见到《岣嵝碑》拓本，大约是在明代嘉靖初年，当时他因大礼之争得罪了嘉靖皇帝被充军云南永昌卫，有个叫张碧泉的巡抚从长沙带回《岣嵝碑》拓本，请他考释。博学多才的杨升庵对《岣嵝碑》拓本仔细研究，精心考释，终于破译了碑文77字的深奥含义，注出了汉文。这77字的译文是："承帝曰咨，翼辅佐卿，洲渚与登，鸟兽之门。参身洪流，而明发尔兴。久旅忘家，宿岳麓庭。智营形析，心罔弗辰。往求平定，华岳泰衡。宗疏事裒，劳余伸禋。郁塞昏徙，南渎衍亨。衣制食备，万国其宁，窜舞永奔。"这是自有《岣嵝碑》以来的首次破译，表明了杨升庵的卓越才华和在金石考古方面的高深造诣。巡抚张碧泉随即将《岣嵝碑》原文和杨升庵的注释镌刻于云南安宁县法华寺石窟山的岩壁上，以永久保存，传之后世。到了近代，由于风雨侵蚀，字迹漫漶，有人根据拓本重刻于安宁县北的温泉岩壁

明代杨慎像

上。杨升庵的译文，明代嘉靖末年被人翻刻在四川石泉县（今北川县）的禹庙内，清代康熙初又被人翻刻在西安的碑林中，并附刻了其他人的注文。对比参照，可以知道，各家注释均以杨升庵的破译为蓝本，只不过改动了其中的个别字而已。清代学者朱彝尊撰写了《书岣嵝山铭后》，专门记述此事（详见《曝书亭集》）。王昶在《金石萃编》中收入了禹碑，并对其真伪提出了疑问。但传拓者却不乏其人，摹刻甚多。

　　历代文人学者为什么对《岣嵝碑》怀有如此浓郁的兴趣呢？其原因大致有四：一、《岣嵝碑》在宋代之前，都是传说记载，谁也没有见过其碑，显得扑朔迷离，神秘诱人。二、文献典籍中，关于夏朝的记载很少，而且大都语焉不详，夏朝留下的实物资料就更少了。三、如果《岣嵝碑》确有其碑，那么它就是夏禹留下的最珍贵的文物了，它将弥补先秦文献记载的不足，其巨大的价值是不言而喻的。四、更重要的是，《岣嵝碑》是所有石刻碑碣的鼻祖，对高雅好古的文人雅士们来说，其诱惑力是多么的强大啊！所以如此热衷于搜罗与翻刻，就不难理解了。这不仅是高雅的赏玩，更表达了历代文人学者们对炎黄文化的深

情厚爱。

关于《岣嵝碑》的文字，对它的含义以及真伪问题，现代的文人学者正在作进一步的深入研究。有的学者，提出了类似籀篆与科斗文的《岣嵝碑》文可能是巴蜀文字的新观点。随着近年文物普查的开展，又在我国福建、贵州、浙江、四川等地发现了一些同《岣嵝碑》文颇为近似的古文字碑刻。相信终有一天，人们会真正揭开《岣嵝碑》之谜。

《石鼓文》是先秦流传下来的刻石文字。它采用秦始皇统一文字之前的籀文（又称大篆）书写，刻在十个鼓形的石鼓上，因而得名，被称为《石鼓文》。又因其记载的是古代国君游猎生活事迹，故又称为《猎碣》。

石鼓属于花岗石质刻制而成，圆顶平底，高约90厘米，直径约60厘米，一共十只。每只石鼓各刻四言古诗一首，堪称国宝，中外闻名。《石鼓文》原文大概有700多字，其字体风格，古朴浑厚，遒劲典雅，体现了秦国的文化特点，在中国书法史和文学史上占有非常重要的地位。由于改朝换代，沧桑变化，风雨侵蚀，至北宋时，欧阳修所录的《石鼓文》仅存465字。到了元代，赵孟頫收藏的《石鼓文》宋拓本只有462字。这一传世墨拓善本，明代为范氏天一阁所得，后来不幸毁于火灾。另有几种拓本，如明代的中权本、先锋本（亦称前茅本）、后劲

石鼓文　宋拓本　局部

本，流传到了日本。《石鼓文》历经磨难，现在仅存272字。

《石鼓文》自秦亡之后，在一千多年的漫长岁月中，一直默默无闻地被委弃在陕西凤翔以南，陈仓之野，故有"陈仓十碣"之称。又因其地在岐山之阳，也称"岐阳石鼓"。另外一种说法，是在天兴县（今属宝鸡市）三畤原的荒野之中。总之，石鼓就躺在荒郊野岭，任凭日晒雨淋，风沙吹打。唐朝初年，有人发现了石鼓，消息不胫而走，文人雅士们闻讯后，纷纷前往观赏，为之吟诗作赋，歌咏赞叹，在朝野上下引起了轰动。

元代赵孟頫像

为《石鼓文》赋诗的唐朝文人甚多，其中有不少是当时著名的文学家和诗人，如杜甫、韦应物、韩愈等人。杜甫（712—770年）在《李潮八分小篆歌》诗中写道："苍颉鸟迹既茫昧，字体变化如浮云；陈仓石鼓文已讹，大小二篆生八分。"肯定了《石鼓文》在中国书法发展变化过程中承前启后的地位。韦应物（约737—约791年）的《石鼓歌》，对石鼓作了生动的描述：

　　周宣大猎兮岐之阳，刻石表功兮炜煌煌。石如鼓形数止十，风雨缺讹苔藓涩。

唐代杜甫像

今人濡纸脱其文,既击既埽白黑分。忽开满卷不可识,惊潜动蛰走纷纷。喘息逶迤相乣错,(乃是)宣王之臣史籀作。一书遗此天地间,精意长存世冥寞。

对《石鼓文》的价值,给予了高度评价。

韩愈(768—824年)也作了一首《石鼓歌》,对石鼓的内容和发现作了生动精彩的叙述:

张生手持石鼓文,劝我试作石鼓歌。少陵无人谪仙死,才薄将奈石鼓何?周纲凌迟四海沸,宣王愤起挥天戈。大开明堂受朝贺,诸侯剑佩鸣相磨。搜于岐阳骋雄俊,万里禽兽皆遮罗。镌功勒成告万世,凿石作鼓隳嵯峨。从臣才艺咸第一,拣选撰刻留山阿。雨淋日炙野火燎,鬼物守护烦㧑呵。公从何处得纸本,毫发尽备无差讹。辞严义密读难晓,字体不类隶与蝌。年深岂免有缺

唐代韩愈像

划,快剑斫断生蛟鼍。鸾翔凤翥众仙下,珊瑚碧树交枝柯。金绳铁索锁纽壮,古鼎跃水龙腾梭。陋儒编诗不收入,二雅褊迫无委蛇。孔子西行不到秦,掎摭星宿遗羲娥。嗟余好古生苦晚,对此涕泪双滂沱。忆昔初蒙博士征,其年始改称元和。故人从军在右辅,为我量度掘臼科。濯冠沐浴告祭酒,如此至宝存岂多。毡包席裹可立致,十鼓祇载数骆驼。荐诸太庙比郜鼎,光价岂止百倍过。圣恩若许留太学,诸生讲解得切磋。观

经鸿都尚填咽,坐见举国来奔波。剜苔剔藓露节角,安置妥帖平不颇。大厦深檐与盖覆,经历久远期无他。中朝大官老于事,讵肯感激徒媕娿。牧童敲火牛砺角,谁复著手为摩挲。日销月铄就埋没,六年西顾空吟哦。羲之俗书趁姿媚,数纸尚可博白鹅。继周八代争战罢,无人收拾理则那。方今太平日无事,柄任儒术崇丘轲。安能以此上论列,愿借辨口如悬河。石鼓之歌止于此,呜呼吾意其蹉跎。

从韩愈的长诗中我们可以知道,发现石鼓后,韩愈当时为国子博士,曾怀着虔诚的心情去请示祭酒,希望用几匹骆驼把石鼓驮到最高学府——太学之中,以利于保护这十件绝世珍宝,也便于文人学者们研究切磋。这么好的建议,竟没有批准,难怪韩愈要感慨万分了。眼看着石鼓仍躺在荒野草丛之中,日晒雨淋,长满苔藓,任凭"牧童敲火牛砺角",对于性嗜金石热爱文物的文人雅士们来说,内心的痛惜是不言而喻的。后来,经过文人们的呼吁奔走,石鼓终于被搬运到凤翔的夫子庙中,妥善保护起来。石鼓虽然脱离了荒郊野岭,却从此开始了流离动荡的命运。

唐末与五代十国时期,战乱纷起,社会动荡,石鼓也遭历洗劫,散失到了民间。到了宋代,出任陕西凤翔地方官的司马池(司马光之父),也是一个雅好金石文物的人,细心察访石鼓的下落,终于找到了九只石鼓,用车运回凤翔,安置在府学之中。宋代黄朝英《靖康缃素杂记》记述:"司马池待制知凤翔日,辇置于府学之门庑下,外以木棂护之。"这些石鼓在流离中已变得伤痕累累,遭受了不同程度的残破。有的石鼓竟被愚昧的乡民削去上端,当作石臼使用,真是可悲可叹!另有一只石鼓,下落不明。皇祐年间(1049—1053年),一位叫向传师的官员,四处搜访,终于找到了散落的这只石鼓,使石鼓又合而为十。石鼓的失而复得,再次引起了宋代文人雅士们的重视。大诗人苏轼(1037—1101年)于嘉祐六年(1061年)见到了这些石鼓,仔细观赏,怀着兴奋之情,写了一首长诗《石鼓歌》。诗曰:

冬十二月岁辛丑，我初从政见鲁叟。旧闻石鼓今见之，文字郁律蛟蛇走。细观初以指画肚，欲读嗟如钳在口。韩公好古生已迟，我今况又百年后，强寻偏旁推点画，时得一二遗八九……模糊半已隐瘢胝，诘曲犹能辨跟肘。娟娟缺月隐云雾，濯濯嘉禾秀稂莠。漂流百战偶然存，独立千载谁与友？

从诗中可知，石鼓遭受风雨剥蚀和被沙砾磨损，如瘢如胝，上面的文字已变得模糊难于辨认了。苏东坡因而十分感叹。

宋朝大观年间（1107—1110年），喜欢收罗历代文物书画的徽宗皇帝赵佶（1082—1135年），得知石鼓失而复得的消息后，下令将石鼓从凤翔迁至东京（今河南开封），安置在"辟雍"内。"辟雍"是当时的贵族子弟学校，是为入太学作预备的外学。赵佶性喜书画，雅好金石文物，为了便于自己赏玩，又命人将石鼓搬进皇宫内府，置于保和殿稽古阁内。为了显示石鼓的贵重，赵佶又下诏，令人用黄金填涂于石鼓阴刻文字之上，并精心配制了

宋代苏轼像

座架、围栏加以保护，不许摹拓。赵佶确实是个多才多艺、风雅好古的皇帝，虽然治理国家昏庸无能，但将石鼓作为国家重宝加以保护这件事，却是值得赞颂的。

北宋末年，金兵攻破汴梁（今开封），宋徽宗赵佶和宋钦宗赵桓父子成了金兵的俘虏，皇宫内的金银财宝和文物古玩被掳掠一空，石鼓也未能幸免，于靖康二年（1127年）被运往燕京（今北京）。金兵靠武功掳掠珍宝古玩，当时却并不真正懂得石鼓的价值。搬运途中，石鼓被金

兵剔掉了涂金，被扔在大兴学府内的空地上，一百多年无人过问。到了元朝大德十一年（1307年），长期被遗弃在泥草中的石鼓，才被迁移到国子监中，妥善保管起来。此后，历经明、清两代，对石鼓都十分珍视。

到了近代，1937年抗日战争爆发后，为了保护绝世珍宝《石鼓文》不落入侵略者之手，石鼓在专人护送下，离京南迁，后来又辗转进入四川，费尽心力，严加保护。抗战胜利后，石鼓又运回北京，收藏于故宫博物院内。当我们现在于故宫博物院的旧箭亭内，看到这些历经沧桑的石鼓时，将会使我们对数千年历史文化产生多少沉思和联想啊。

关于《石鼓文》的刻石年代，唐代的文人雅士们大都认为它是周文王或周宣王时的遗物。到了宋代，一些文人仍循唐说，学者郑樵经过考证，提出了不同观点，认为《石鼓文》是秦文公时所刻。清代以来，经过学者震钧、罗振玉、马叙伦等人的鉴定考证，也认定《石鼓文》刻于秦文公时期。近代学者马衡则认为刻于秦穆公时期。郭沫若也对石鼓作了鉴定，撰写了《石鼓文研究》一文，认为刻于秦襄公时期。后来唐兰又作了考证，认为石鼓是秦献公十一年（前374年）所刻。年代虽有出入，但《石鼓文》是秦国文物，则已得到了普遍认同。

近代吴昌硕临《石鼓文》

《石鼓文》堪称绝世珍宝，在中国书法史上占有极其重要的地位。其书体称为"篆书之宗"，继承了周的籀文特点，开启了大篆向小篆演化的先河。其笔法圆润挺拔，遒劲含蓄，柔中有刚，章法结构规范齐整，疏朗开阔，均衡稳重。《石鼓文》圆秀含蓄、古朴高雅的风格，一直为历代书家所津津乐道。唐代的著名书法家虞世南、褚遂良、欧阳询等人，都认真学习过石鼓文，"共称古妙"。唐代书学理论家张怀瑾《书断》评价说："《石鼓文》开阖古文，畅其戚锐，但折直劲迅，有如铁针而端委旁逸，又婉润焉。"近代康有为于光绪年间曾在北京观赏过石鼓，亦倍加称赞，在所著《广艺舟双楫》一书中说："若《石鼓文》，则金钿落地，芝草团云，不烦整截，自有奇采，体稍方扁。统观虫籀，气体相近。《石鼓》为中国第一古物，亦当为书家第一法则也。"近代书画家吴昌硕，对《石鼓文》更是爱不释手，反复临写。他说："我学篆书尤好临石鼓，数十载从事于世，一日有一日之境界。"正由于他用功至深，所以他的书法与篆刻技艺日见精进，其书法风格古朴雄健，自成一家，受到了世人的好评。

二　丰富多彩的历代碑刻

秦始皇统一中国后，颁布了一系列规章制度，以加强中央集权统治，完成四海归一的大业。其中最重要的一项，便是采用小篆，统一文字。公元前219年，秦始皇东巡泰山，命丞相李斯刻石于泰山绝顶，以炫耀其文治武功。其后，秦始皇又数次前往东方和南方地区巡游，每到一个地方，便祭祀名山，刻石树碑，为其歌功颂德。据《史记·始皇本纪》记载，秦始皇先后在泰山、琅邪台、芝罘、碣石、会稽、峄山六处七次刻石。秦二世时，又补刻了诏书和从臣之名。后人将这些

秦《诏版文》拓本

刻石统称为《秦刻石》。这些均由丞相李斯采用小篆书写的《秦刻石》，字体潇洒优雅，线条圆润柔和，清丽端庄，灵秀飘逸，显示出一派贵族风度。后人对李斯小篆倍加赞赏。唐代鉴赏家李嗣真说，李斯小篆"古今妙绝，犹千钧强弩，万古洪钟，岂徒学者之宗匠，亦是传国之遗宝"（见《会稽志》）。《秦刻石》由于小篆精妙，而受到了历代文人雅士们的珍爱，其拓本也成了珍贵文物。李斯称得上是有书迹遗留于世的历史上最早的书法家了。

《秦刻石》中，最著名的首推《泰山刻石》，秦始皇二十八年（前219年）刻于泰山顶上，秦二世元年（前209年）又加刻了诏辞，为四面镌刻，故又称为《封泰山碑》。《金石略》等书对其均有记载。北宋大观年间（1107—1110年），有个叫刘歧的人，在泰山绝顶看见了这座四面有字的碑，将它拓了下来，共有223字。后来不知什么时候碑石毁坏了。到了明代，经过多方搜寻，将找到的残碑置放在泰山碧霞宫元君祠内，残碑仅存29字。到了清代乾隆五年（1740年），元君祠被大火烧毁，残碑也未能幸免。到了嘉庆二十年（1815年），有人在泰山玉女祠找到了二片残石，只存10字。宣统二年（1910年）又损坏1字，只剩9字。后迁至岱庙保管。

《泰山刻石》 秦始皇二十八年封泰山碑拓本

《会稽刻石》也是一方有名的秦刻石，于秦始皇二十七年（前220

年）刻于会稽（今浙江绍兴）。《史记》记载说：石高一丈四尺，南北面广一尺，东西面广一尺六寸。孙畅之《述征记》云："其字四寸，画如小指。"碑石因年代久远而遭毁坏。元朝至正元年（1341年），有个叫申屠駧的文雅好古者，根据家藏旧拓本重刻，置放在会稽黉舍内。清朝康熙年间，碑刻又遭毁坏。到了乾隆五十五年（1790年），绍兴知府李亨派人按照旧拓本又重新刻置。

《琅邪台刻石》也同样历经磨难，这方置立于山东琅邪台上的秦刻石，四面环刻，风雨剥蚀，字迹漫漶，碑石已没于海中，仅存残石一块，为刻石西面，文13行，共86字传世。清朝光绪末年，曾讹传刻石被盗。1921年有人在琅邪台找到了碎裂的残石，经过仔细粘合复原，除了损毁的3字，终于又恢复了原貌，这真是不幸中的大幸了。现珍藏在中国历史博物馆内，有多种影印拓本流行。杨守敬《平碑记》云："虽摩泐最甚，而古厚之气自在。"《琅邪台刻石》被书家誉为存世秦篆代表作之一。

《峄山刻石》又称《峄山碑》，也是一方著名的秦刻石，《金石萃编》记载说：其刻石高八尺八寸，宽四尺三寸，文共11行，满行21字。历代文人雅士皆把它作为赏玩和学习书法的范本，经常派人前去捶拓。至唐代开元前，刻石被野火烧毁。《封演闻见记》记述说："魏太武（曹操）登山，使人排倒。然而历代摹拓以为楷则，邑人疲于奔命，聚薪其下，因野火焚之，由是残缺不堪。"这实在是件令人痛惜的事情。后来，有好事者用枣木板仿刻了《峄山碑》，捶拓后出售给好古

秦《峄山刻石》拓本

的文人雅士。但是木刻与石刻毕竟不同,明眼人很容易就能看出摹本与原拓的差别。杜甫尝赋诗曰:"峄山之碑野火焚,枣木传刻肥失真。"到了宋代淳化四年(993年),有人根据摹本,将《峄山碑》翻刻于长安(今西安),现在仍保存在西安碑林中。流传于世的《峄山碑》重刻本很多,主要有七种,依次为:一、"长安本",二、"绍兴本",三、"浦江郑氏本",四、"应天府学本",五、"青社本",六、"蜀本",七、"邹县本"。尽管这些拓本皆为摹刻,并非秦刻原貌,但对于赏玩和研究李斯篆书的结构笔势,仍有相当高的参考价值。

《秦刻石》中,还有《碣石刻石》和《芝罘刻石》。《碣石刻石》相传早已坠入海中。《芝罘刻石》也久已失传,后世所见,仅有北宋王寀摹刻于《汝帖》卷二内的部分残字,约有10多字,参照其他秦刻,形神皆非,所以很难说清它的真伪。

秦朝的这些刻石群,虽然今天已大都被毁坏湮没,难窥全貌,但在当时,却是继石鼓文之后,在文字、书法与石刻艺术上的一件辉煌壮举。对开启和推动石刻碑碣风雅文化的发展,起到了极其重要的作用。

汉朝建立统治后,废除了秦的苛政,经济文化繁荣发展。特别是西汉前期的文景之治和中期汉武帝的蓬勃开拓,物产丰富,国力鼎盛,有力地促进了西汉简牍书法艺术的发展。秦篆这时已被汉隶所取代,成为流行全国的书法文字。汉隶灵气飞动,形态优美,风格多样,情趣盎然。比起古朴的先秦篆书,汉隶贯注了人们更多的主观情感,显示了书法艺术的跳跃发展。西汉留下的石刻不多,目前所知,主要有《鲁孝王泮池刻石》《群臣上寿刻石》《麃孝禹刻石》等。《鲁孝王泮池刻石》亦称《五凤二年刻石》,仅13字,现收藏于山东曲阜孔庙内,弥足珍贵。到了东汉时期,终于迎来了石刻艺术发展的高潮,出现了数量众多的碑刻,遍布于全国各地,据今人统计,传世的汉碑约有170余种,真可谓琳琅满目,蔚然大观。

东汉碑刻,种类繁多。根据形制和用途的不同,可以分为碑、碣、墓志、摩崖石刻、石经等数种。其中数量最多的是碑刻,形制大都为长方形石刻,由趺座、碑身、碑额组成。碑刻内容,大体可分为颂功、记事、契约、墓碑、经典等几类。著名的东汉颂功碑刻,主要有《裴岑纪功碑》《杨君石门颂》《刘平国碑》《西狭颂》《曹全碑》《张迁碑》等。著名的东汉记事碑有《乙瑛碑》《礼器碑》《张景碑》《史晨碑》等。著名的东汉墓碑有《鲜于璜碑》《孔庙碑》《袁安碑》等。上述的这些汉代名碑，其石刻文字，不仅是研究当时政治、经济、文化的珍贵材料，也是流芳千古的书法艺术珍品，为历代文人雅士所珍爱。

东汉《石门颂》石刻拓本局部

《杨君石门颂》，全称《司隶校尉犍为杨君颂》，东汉建和二年（148年）刻于褒斜道（今属陕西省褒城县）的石门崖壁上，故又被后人简称为《石门颂》。据《金石萃编》记载，《石门颂》石高九尺九寸，广七尺七寸，隶书22行，每行30字或31字不等，全文约600多字，王升撰书。《石门颂》赞颂了东汉司隶校尉杨孟文开通陕西褒斜谷石门的事迹，是反映汉代社会状况和交通建设的重要史料。而其更珍贵的价值，还在

东汉《鲜于璜碑》拓本

于它的书法艺术。其隶书瘦劲秀美，雄健舒展，飘逸新奇。其中个别字体的写法，如"命"字、"升"字、"诵"字下垂之笔甚长，贯注了草书的意味，显示出天真奔放的情趣，素有隶中草书的美称。近代学者杨守敬所著《平碑记》评价说："其行笔真如野鹤闲鸥，飘飘欲仙，六朝疏秀一派皆从此出。"《石门颂》为历代书家所看重，有多种拓本流传

于世，是学习隶书最重要的范本。石刻由于年代久远，风雨剥蚀，清代当地官员曾对其除苔补刻。新中国成立后，当地搞水利建设，为了保护珍贵的《石门颂》刻石，国家文物部门不惜动用巨大的财力和人力，将刻石完整地迁运到陕西省汉中市博物馆，陈列保管。

在丰富多彩的东汉碑石中，《史晨碑》《乙瑛碑》《礼器碑》《西狭颂》《曹全碑》《张迁碑》等，都是值得介绍的名碑。它们的书法艺术，风格多样，各具特色，或方整，或散逸，或雄厚，或秀劲，或高古，表现了汉代石刻艺术的百花齐放，各臻其妙。

东汉《史晨碑》拓本局部

《史晨碑》亦称《史晨前后碑》，两面刻字，碑阳称《史晨前碑》，碑阴称《史晨后碑》。后碑14行，每行36字，刻于建宁元年（168年）。前碑17行，每行36字，刻于建宁二年（169年）。此碑一直保存在山东曲阜孔庙内，书法端庄遒劲，笔致古厚朴实，被誉为汉碑中的逸品。据传说，《史晨碑》乃书法家蔡邕（133—192年）书写，但无款识，因而不能确证。清代万经著《分隶偶存》评价说："两碑字修饬紧密，矩度森严，如程不识之师，步伍整齐，凛不可犯，其品格当在《乙瑛碑》《礼器碑》之右。"杨守敬《平碑记》也称赞说，《史晨碑》洋溢着"一种古厚之气"，是其他碑石所不可及的。

《乙瑛碑》，全称《汉鲁相乙瑛请置孔庙百石卒史碑》，或称《孔庙置守庙百石卒史碑》，刻于永兴元年（153年），一直保存在山东曲阜孔庙内。碑文隶书18行，每行40字。宋代张稚圭认为此碑是书法家钟繇所书，在碑后题上了"后汉钟太尉书"几个字，但考核年代，钟繇生于元嘉元年（151年），《乙瑛碑》刻制时钟繇才三岁，无论是什么天才神童都是不可能的，显然是无稽附会，结果闹了笑话。《乙瑛碑》笔法潇洒华丽，《分隶偶存》称赞说："字特雄伟，如冠裳佩玉，令人起敬。"杨守敬《平碑记》说："是碑隶法实佳，翁覃溪（翁方纲）云：'骨肉匀适，情文流畅。'诚非溢美，但其波磔已开唐人庸俗一路。"可谓有褒有贬。

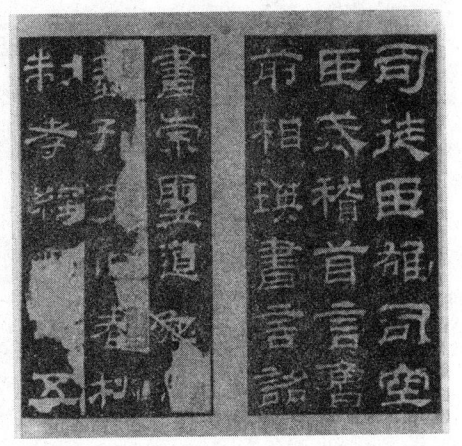

东汉《乙瑛碑》拓本局部

《礼器碑》又名《鲁相韩勒造孔庙礼器碑》或《韩明府修孔庙碑》，刻于永寿二年（156

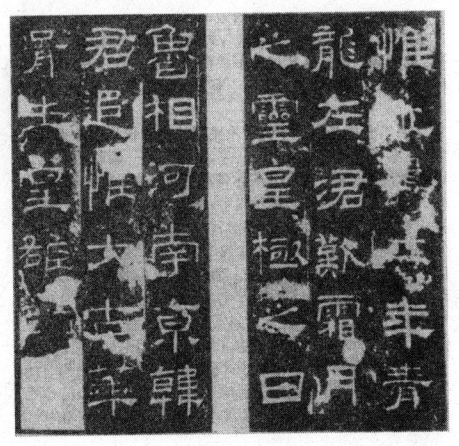

东汉《礼器碑》拓本局部

年），一直保存于山东曲阜孔庙内。碑文隶书16行，每行36字。其笔法继承了春秋以来齐国青铜器文字的特色，将清瘦与丰腴巧妙地融合在一起，纤而能厚，精妙峻逸，自成流派，其风格与《乙瑛碑》迥然不同。书家们对《礼器碑》极为推崇，誉为隶书极则，为汉隶中第一。

《西狭颂》全称《武都太守李翕西狭颂》，刻于建宁四年（171年），记颂了武都太守李翕为了便利人民群众的交通往来，开通修建西狭阁道的事迹。碑文刻在甘肃成县鱼窍峡的道旁岩壁上，属于摩崖刻石，隶书20行，每行20字。其刻字规范方整，每字约一寸三分见方，保存完好，首尾不缺一字，其书法雄伟厚重，简淡古朴，浑然天成，为后世书家们所推重，认为是研习汉隶书法艺术最重要的范本。在《西狭颂》右侧岩壁上，还刻有黾池五瑞图，画法生动，题字古朴方整，与刻石同出一手，这在历代刻石中也是很罕见的，为《西狭颂》增添了情趣。

东汉《西峡颂》石刻拓本局部

《曹全碑》全称《郃阳令曹全碑》，刻于中平二年（185年），明朝万历初在郃阳（今陕西合阳县）莘里村出土，当时字画完好。清朝康熙壬子十一年（1672年），碑石断裂，因此而损坏了一些字，但在流传下来的汉碑中仍称得上是比较完好的。碑文记述了郃阳县令曹全的家世和事迹，隶书20行，每行45字。碑阴记述了立碑故吏的姓名与资助钱数，篆额佚失不存。其书法秀润典丽，

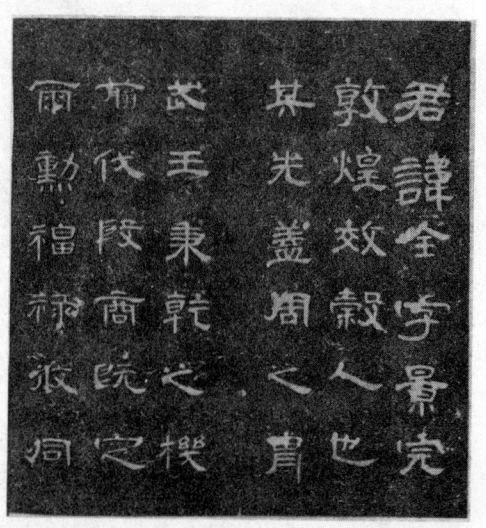

东汉《曹全碑》拓本局部

为历代书家所喜爱。《分隶偶存》评价说："书法秀美飞动，不束缚，不驰骤……用笔起止锋芒，纤毫毕露，虚心谛视，渐渍久之，一切痴肥方板之病自可尽去。"《曹全碑》于1956年移入西安碑林保存。上海博物馆收藏有出土时的初拓本。近代有多种影印本流传于世。

《张迁碑》全称《汉故穀城长荡阴令张迁表颂》，中平三年（186

年)刻立于无盐(今山东东平县)境内,明代初出土,现在保存于山东泰安岱庙内。碑文隶书16行,每行42字,记述了张氏祖先及张迁的政绩,碑阴刻有立碑官吏姓名与出资钱数。其书法雄厚劲秀,端直朴茂,方整多变,笔力酣畅,深受后代书家的好评。明代王世贞《弇州山人四部稿》评价说:"书法不能工,而典雅饶古意,终非永嘉以后所可及也。"杨守敬《平碑记》说:"其用笔已开魏晋风气,此源始于《西狭颂》,流为黄初三碑(《上尊号奏》《受禅表》《孔羡碑》)之折刀头,再变为北魏真书《始平公》等碑。"我们由此

东汉《张迁碑》明代初年拓本

可知,《张迁碑》与《西狭颂》的书法风格特点是十分接近的,在汉代书法石刻艺术向魏晋发展演变的过程中,发挥了承前启后的重要作用。

汉代碑刻风格多样,绚丽多姿,洋溢着一种宏大雄健的磅礴气势。当我们站在那些巍然巨制的摩崖石刻前,面对那些浑厚古拙的碑刻文字,仿佛感受到了汉王朝在历史风雨中蓬勃前进的雄壮脚步声。汉代碑刻书法艺术豪放热烈壮观的风格,带给我们的不仅是古趣盎然的艺术享受,更使我们体会到了汉文化的壮丽和大气。由先秦发展到汉代的石刻书法艺术,已由稚拙走向成熟。汉代许慎编撰的《说文解字》这时也问世了。篆书得到了全面的总结,隶书获得进一步的规范和完善,草书已初露头角,楷书和行书的雏形也在东汉末年出现了。这一切奠定了一个雄厚的基础,预示和孕育了魏晋风雅文化的灿烂来临。

魏晋南北朝时期，南朝的碑刻不多，最著名的有《瘗鹤铭》和《爨宝子碑》《爨龙颜碑》。《瘗鹤铭》为摩崖刻石，刻在丹徒（今江苏镇江）焦山西麓的岩壁上。《金石萃编》记载说，铭石高八尺，宽七尺四寸，文共12行，每行约23至25字。碑署华阳真逸撰，上皇山樵书，是一篇为神仙之鹤死去被埋

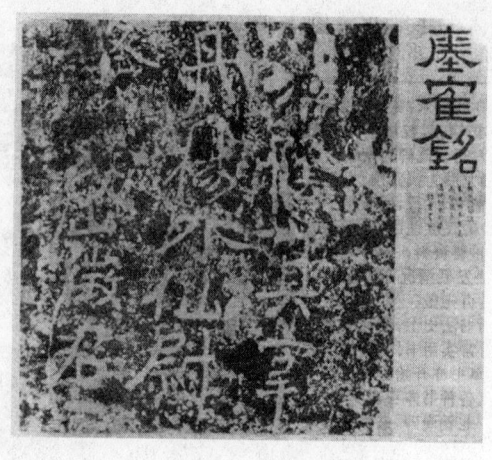

南朝·梁陶弘景《瘗鹤铭》

葬而写的悼文。其书法吸取了篆书和隶书的特点，脱颖而出，自成一体，雄俊飘逸，清新舒展，灵气横溢，韵味无穷。历代书家对其推崇备至。北宋诗人苏舜钦（1008—1048年）曾赋诗说："山阴不见换鹅经，京口空传瘗鹤铭。"把铭文与大书法家王羲之的遗墨相提并论，可知当时文人雅士对此铭的喜爱程度。黄庭坚（1045—1105年）更是把《瘗鹤铭》作为自己临摹学习书法的范本，"山谷一生得力于此"（见杨守敬《平碑记》）。明代书画鉴赏家王世贞（1526—1590年）评价说："此铭古拙奇峭，雄伟飞逸，固书家之雄。"清代金石学家翁方纲（1733—1818年）赞誉说："寥寥乎数十字之仅存，而兼该上下数千年之字学，六朝诸家之神气，悉举而淹贯之。"类似赞誉甚多。《瘗鹤铭》因而被列为南碑之冠。这么漂亮的书法，究竟是谁写的呢？后代的文人雅士、墨客学者们对此作了种种研究，众说纷纭。北宋的黄庭坚等人认为是东晋王羲之所书。欧阳修认为铭刻类似于唐代颜真卿的书法风格，又猜测可能是唐朝的顾况或王瓒所书，清代的程等耕则认为是唐朝皮日休所书。这些说法，均无确证。只有北宋的黄伯思（1079—1118年）考证最为详细，认为《瘗鹤铭》是梁天监十三年（514年）陶弘景所书。这一考证，得到了后世文人学者的普遍认同。

陶弘景（456—536年）是南朝的大文人，琴棋书画，无不通晓，尤其精通道术。唐代姚思廉撰《梁书》本传说他"读书万余卷，善琴

棋，工草隶。未弱冠，齐高帝作相，引为诸王侍读"。梁灭齐后，隐居在句容之句曲山中，自号华阳真人，又称为华阳真逸、华阳隐居、华阳陶隐。梁武帝慕他的才名，派人重礼聘请他出山，陶弘景画了一幅画作为回答，画的是两头牛，一头牛套上了金笼头，被人牵着，另一头牛怡然自得地吃着水草。梁武帝见画后，只有作罢，但朝廷有大事，仍经常到山中向他咨询，所以陶弘景又有山中宰相之称。陶弘景活了八十多岁，去世后谥曰贞白先生。《宣和书谱》称陶弘景"神采耸秀，有仙风道骨，老而童颜，真神仙中人也"。陶弘景在书法上有很高的造诣，他师法钟繇、王羲之，博采众长，加以变化，风格遒媚俊峭，自成一体。唐代张怀瓘《书断》说："弘景书师钟（繇）王（羲之），采其骨气，时称与萧子云、阮研等各得右军一体。其真书劲利，欧（阳询）、虞（世南）往往不如。"结合传世石刻《瘗鹤铭》的书法风格来看，在囿于二王遗风的南朝，也只有像陶弘景这样隐居山林、闲云野鹤式的人物，才能写出如此奇逸飞动、超凡脱俗的书法。王羲之观鹅，贯注着一种静气；陶弘景喜鹤，则洋溢着一种仙家气。因此《瘗鹤铭》的书法，既有北朝书法的奇肆恣意，又有南朝书法的圆转潇洒，显示出得道高人的清奇和云游式的飘逸。《瘗鹤铭》这块东晋著名碑刻，传至宋代曾遭雷轰，岩壁崩裂，坠落江中，南宋淳熙年间（1174—1189年）被好古者从水中拖出，后来又坠入江中，一直被江水所淹没，只有冬天枯水时节，偶尔可以看见露出水面的铭石文字。到了清朝康熙五十二年（1713年）才被陈鹏年募人将残破的铭石打捞出来，移置于山上，后又迁入定慧寺保管。天下闻名的《瘗鹤铭》历经磨难，仅存五块残石，由于江水侵蚀，字多漫漶，可辨认者不到一百字，殊为可惜。新中国成立后，为了保护残石，于1960年将五块残石合在一起，砌入定慧堂壁间，供人参观欣赏。有多种拓本和摹刻本流传于世。

《爨宝子碑》，刻立于东晋大亨四年，即义熙元年（405年），是东晋爨宝子的墓碑，清朝乾隆四十三年（1778年）出土于云南曲靖县南的杨旗田，咸丰二年（1852年）移入城内诸葛武侯祠，1937年移至曲靖中学保管。碑额题"晋故振威将军建宁太守爨府君之墓"，碑文13行，每行30字，共400字左右。记叙了云南旧彝族奴隶主爨宝子的生平事迹和功德政绩。这位仅活了 23 岁的青年奴隶主头目，虽然被授予东晋的振威将军、建宁太守，爵位是世袭的，其人一生平庸，并无什么惊人之举，但却因这块碑刻的书法而使其名留传百世。《爨宝子碑》的书体在隶楷之间，笔法古拙凝重，字体端秀峻峭，风格独特，是研究隶书往楷书演变的重要实物例证。其书法最引人注目的特色，是横画的书写，左右两头都微微翘起，被人形象地称之为"元宝体"。碑文虽然排列整齐，字体大小却随心所欲，如同侏儒与巨人并立，猛禽与瑞兽同行，显示出

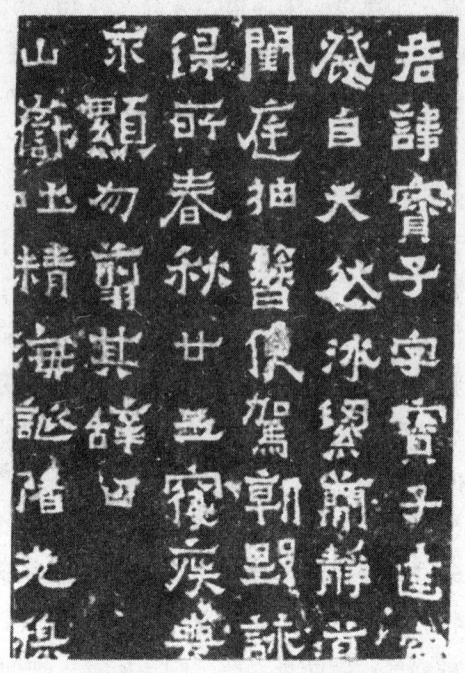

东晋《爨宝子碑》拓本局部

一种纵横旷达、威武飞扬、无拘无束的风格气势。此碑出土后，便惊动了当时书坛，被清代著名学者阮元称为"滇中第一石"。阮元博学多才，精通书画，著作等身，是北碑南帖理论的创始人，他如此赞誉，足见此碑的珍奇程度。

  书法史上将《爨宝子碑》称为"小爨"，将《爨龙颜碑》称为"大爨"，并称为"二爨"。《爨龙颜碑》刻立于南朝宋大明二年（458年），碑额题写："宋故龙骧将军护镇蛮校尉宁州刺史邛都县侯爨使君之碑"，碑文24行，每行45字，全文共904字，碑阴刻职官题名3列，共313字。碑文作者爨道庆，叙述了爨氏的家世渊源和爨龙颜祖孙三代在本州做官的政绩，是了解当时边疆地区政治、军事机构组织的重要文物资料。此碑长期湮没，无人知晓。清朝道光六年（1826年）阮元出任云贵总督时，在云南陆凉（今陆良县）查访得知，大为惊喜，下令修筑碑亭加以保护。由于阮元的重视和宣扬，此碑立即身价百倍，名扬

天下。此碑书体仍在隶楷之间，显示了书法由隶体向楷体的演变，如果说"小爨"是隶多楷少的化合体，那么"大爨"已经是楷多隶少的典范了。其书法古拙敦厚，强健茂美，气魄雄浑，神韵高旷。在结构上豪放多变，洋溢着浓郁的壮美之感。"大爨"同"小爨"一样，备受文人雅士的珍爱，被推许为"六朝碑版之冠"。康有为（1858—1927年）赞誉此碑"浑金璞玉"，为"古今楷法第一"。此碑现在保存于陆良县薛官堡小学旁。1961年，"二爨"同时被国务院公布为全国重点文物保护单位。这两座石碑，不仅是书法发展演变进程中的奇珍异宝，也是汉文化与少数民族文化艺术水乳交融的灿烂结晶。

东晋《爨龙颜碑》拓本

这个时期，北朝的书法石刻艺术在没有禁令与干涉的情形下，获得了兴盛发展。南朝因为采石不易，又因东晋时禁止随意刻碑，故南朝碑刻稀少。北朝碑刻数量众多，其著名的碑刻大都出于北魏，所以习惯称之为魏碑。在清代以前，研究北史的学者不多，北朝碑刻一直没有得到重视。汉隶唐楷，占据着清代书坛的主流。乾隆、嘉庆年间，学者兼书法家包世臣（1775—1855年）开始竭力推许北魏书法，认为魏碑所具有的河朔清刚之气，可以挽救书坛当时流行的晋草唐楷柔弱之弊。他撰写了一本《艺舟双楫》的书，宣传他的书法理论观点。近代康有为继承了包世臣的理论观点，并作了进一步的宣扬，写了一本《广艺舟双楫》，为北魏书法大声疾呼，提出了"尊魏卑唐"的口号。由于包、康两位人物的大力号召，掀起了一股临摹魏碑之风，各种魏碑拓本成了书法家们争相求购和学习的范本。

魏碑的种类较多，有造像题记、墓志、碑碣、摩崖石刻等。最著名的魏碑有：《龙门二十品》《郑文公碑》、云峰山（今山东莱州境内）诸石刻、《石门铭》《华岳庙碑》《嵩高灵庙碑》《晖福寺碑》《皇帝吊比干文》《贾思伯碑》《马鸣寺根法师碑》《张猛龙碑》《崔敬邕墓志》《张黑女墓志》《刁遵墓志》等，以及近世出土的《元澄》《李氏》诸墓志。康有为研究总结了魏碑的造型风格特点，将魏碑分为"龙门造像"、"云峰石刻"、"四山（冈山、尖山、铁山、葛山）之摩崖"三大类型。当代书家翁闿运根据魏碑的笔法结构和风姿神采的不同，在《谈北魏书法》中更细分为"方劲古秀"、"乱头粗服"、"冲和灵秀"、"貌拙实巧"四类。在众多的魏碑中，最值得推许和介绍的应数《郑文公碑》了。

《郑文公碑》全称《魏故中书令秘书监使持节兖州诸军事安东将军兖州刺史南阳文公郑君之碑》，郑文公是郑羲的称号，所以此碑又称为《郑羲碑》。碑文内容是郑羲小儿子郑道昭撰写的称颂父德之文，其书法相传也是郑道昭所写。碑为正书摩崖石刻，共两处，有上下两碑之称。北魏永平四年（511年）刻

北魏《石门铭》
明代拓本

于山东掖县云峰山摩崖上的称下碑，刻于山东平度县天柱山摩崖上的称上碑。两碑内容大体相同。上碑20行，每行50字，下碑51行，每行29字。对照比较起来看，上碑的字体比下碑小，由于石碑磨损比较严重，字迹漫漶难以辨读；下碑则保存完好，字迹明晰，被视作北碑冠冕。其书法宽博凝重，浑厚雄健，既有篆书的气势、分隶的韵味，又有草书的情致。欧阳辅《集古求真》称其"笔势纵横"，"瘦健绝伦"。清代的文人雅

北魏郑道昭撰书
《郑羲下碑》拓本局部

士更是盛誉它"高气秀韵，馨芬溢目"，大有"云鹤海鸥"之态。叶昌炽《语石》评价说："郑道昭云峰山上下碑及《论经诗》诸刻，上承分篆，化北方之乔野，如筚路蓝缕进于文明，其笔力之健，可以刲犀兕搏龙蛇而游刃于虚，全以神运。唐初欧、虞、褚、薛诸家皆在笼罩之内，不独北朝书第一，自有真书以来一人而已。"学者与书家们，常将《郑文公碑》与《瘗鹤铭》相提并论，称赞它们是两朵开放在长江两岸的书法石刻艺术奇葩，一南一北，双峰对峙，雄视千古。近代学者龚自珍赋诗说："二王只合为奴仆，何况唐碑八百通，欲与此铭分浩逸，北朝差许郑文公。"可谓推崇备至。

隋朝结束了南北朝对峙的局面，使经济与文化在南北融合的情形下，获得了新的发展。这个时期的石刻碑碣也开始兴盛起来。据宋代赵明诚《金石录》记录的隋代石刻，达71种之多。清代嘉庆年间王昶编撰的《金石萃编》，记录了隋代石刻30种。同治年间陆增祥校订的《金石续编》，也记录了7种隋代石刻。从上述记载可以知道，隋代石刻的数量是相当丰富的。遗憾的是，保存完好流传至今的已不多，大都已毁坏散失。至今犹存的著名隋碑有《龙藏寺碑》《陈茂碑》《修孔子庙碑》《曹子建碑》等，约10余种。其中开皇六年（586年）刻立于河北真定（今正定县）的《龙藏寺碑》，书法遒丽宽博，无六朝俭陋习气，开初唐楷书之先河，被认为是最有影响的隋碑，为后世书家研习楷书者所珍爱。据宋代欧阳修《集古录》载，《龙藏寺碑》为张公礼撰，

楷书30行，每行50字，碑阴及碑侧有题名五列，明拓本末"张公礼"三字未泐，称为"张公礼未泐本"。文物出版社影印出版有最早拓本。民国以来，还发现了很多隋代墓志，陆续出土达200多种，其中有不少书法佳妙，具有很高的艺术价值和史料价值，已为各地文博部门所收藏。

唐朝是我国历史上一个光辉灿烂的阶段，政治清平，经济发展，文化繁荣，涌现了众多的大诗人和大书法家。碑碣石刻艺术也百花齐放，出现了兴旺昌盛的发展高潮。唐碑数量众多，风格多样，大都为名家手迹，洋溢着不同的个性特色，如群星闪烁，而绚丽多彩。上至帝王，下至普通文人，都雅爱石刻碑帖。唐太宗李世民（599—649年）文韬武略，一世之雄，而且酷爱书法，唐碑中的《晋祠铭》《温泉铭》等，便是李世民的手书真迹。碑文为行书，笔力遒劲，神气雄厚，雍容和雅，圆润流丽。后人评价说，将行草写入碑刻，就是从李世民开始的。李世民在书法上学习二王，已登堂入奥，达到了纵横自如的境界。遗憾的是，《晋祠铭》由于刻石较浅，字迹漫漶，被后来的好古者加以"修整"，结果弄巧成拙："唐工以字画上石稍浅，遂刻而深之……骨力形势俱失矣"（朱彝尊《曝书亭集》），已难于体现唐太宗书

隋《龙藏寺碑》明初拓本局部

法的妙处了。《温泉铭》早已佚失，清代光绪二十二年（1896年），敦煌石室曾发现此铭的唐拓本，为法国人伯希和所窃取，带往国外，现藏在法国巴黎图书馆内。国内流传的却是摹刻本，这实在是一件令人痛惜的事情。

唐太宗开启了帝王撰书碑铭的风气。之后，唐高宗李治（628—683年）也是一位嗜好书法的皇帝，唐代张彦远《法书要录》曾生动地记述了李治的书法造诣，说他"兼绝二王"。北宋朱长文《墨池编》称其雅善真草隶飞白，擅长各种书体。李治于显庆四年（659年）亲自撰文书写了《大唐纪功颂》，刻碑于河南汜水（今荥阳县）等慈寺。碑文35行，每行70字或72字，杨震方《碑帖叙录》说《纪功颂》"此碑为唐高宗（李治）亲临许郑讲武时，过太宗（李世民）擒

唐太宗李世民像

窦建德处，缅怀功业而建立者者。高宗亲自撰文并书"，"笔力超俊劲拔，结体也古雅，额飞白书亦矫若游龙"。由此可知此碑不俗。其后做了女皇帝的武则天也擅长书法，据记载《升仙太子碑》等碑便是武则天的手笔，碑文中的"飞白"灵逸飞扬，华艳飘荡，与唐太宗、唐高宗的飞白笔法互为媲美，令后代书家大开眼界。唐玄宗李隆基（685—762年）也是一位书法家，雅善各种书体，尤其擅长隶书。窦臮《述书赋》称颂其书法说："风骨巨丽，碑版峥嵘，思如泉而吐凤，笔为海而吞鲸。"开元十四年（726年），李隆基封禅泰山，亲笔撰写了《纪泰山铭》，刻立于泰山东岳庙后的石崖上。碑文为隶书，署款与纪年为楷书，共24行，每行51字，每字5寸见方，若手掌一般大小，石刻通高13.3米，宽5.3米，占崖壁面积约70平方米，刻字996个，堪称是有史以来规模最大的一座巨碑。其书法在汉隶中掺入变化，独具唐时风采，雄

壮俊逸,神采飞动。后世的文人雅士们,曾争相摹拓。由于刻石庞大,要将全文拓下,得好几天工夫,好古者雇用拓工,不遗余力,常年络绎不绝。寒冬时节,拓工们往往在摩崖下生火取暖,使碑刻受到炙烤损害。到明末清初,碑刻下部的字已变得模糊不清。有人作了补刻,但笔画瘦弱,韵味全失。新中国成立后,碑刻受到了培修保护,恢复了往昔的壮观风貌。

唐代的书风极盛,书法家们灿若群星。在数量众多的唐代碑碣石刻中,绝大多数都是这些书法家们的杰作。其中最值得一提的是颜真卿的碑帖。颜真卿(709—785年),因其官职和封号,又称

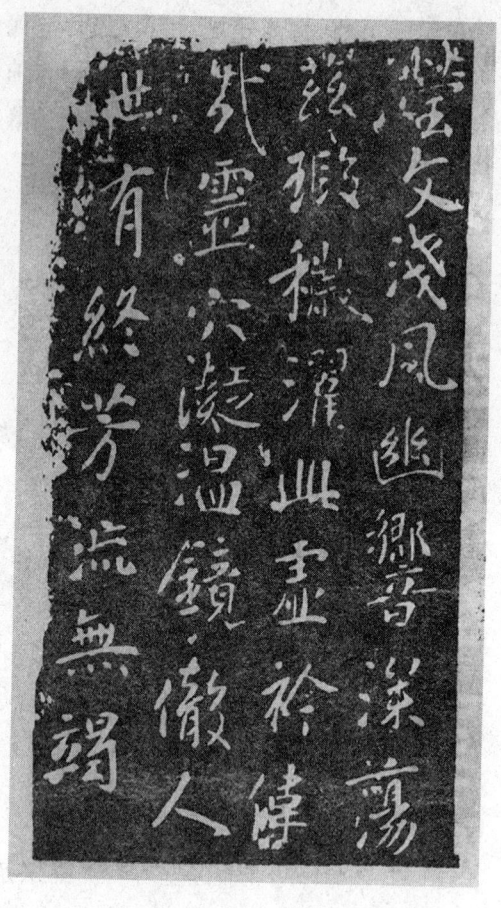

《温泉铭》传世摹刻拓本

"颜平原"、"颜太师"、"颜鲁公"。他擅长多种书体,参用篆书笔意写楷书,其真书笔力弥满,端庄雄伟,气势森严;其行书遒劲郁勃,阔达自在,被誉为是唐代书家中的集大成者,世称"颜体",对我国的书法艺术发展具有重大影响。《唐书》本传说他"善正、草书,笔力遒婉,世宝传之"。唐人《书评》称赞他的书法:"如荆卿按剑,樊哙拥盾,金刚瞋目,力士挥拳。"《六一题跋》评价说:"唐人笔迹见于今者,惟公为最多,视其巨书深刻,或托于山崖,其用意未尝不以为无穷计也,盖亦有趣好所乐尔。"颜真卿的传世书迹甚多,流传后世的碑刻、拓本、真迹作品大约有70多种。其碑刻如《大唐中兴颂》《多宝塔感应碑》

《麻姑山仙坛记》《李玄靖碑》《颜惟贞家庙碑》《颜勤礼碑》《离堆记》等，皆为历代文人雅士所推崇和珍爱。其中，《大唐中兴颂》尤为著名，上元二年（761年）元结撰文，颜真卿书写，于大历六年（771年）刻立于湖南祁阳县浯溪摩崖上，楷书21行，每行20字，全文共420字，每字四寸五分见方，刻石通高2.84米，宽3米，占崖壁面积8.5平方米。碑文内容，记述了平定安禄山之乱和歌颂大唐中兴，文辞古雅优美，书法磊落奇伟，笔力遒劲，气势端庄。明代王世贞称赞此碑说："字画方正平稳，不露筋骨，当为鲁公法书第一。"因为石质坚硬，历经千余年保存至今仍比较完整。后世摹刻此碑的地方甚多，四川就有三处，分别摹刻在剑阁县的鹤鸣山、资中县的北岩与东岩。唐朝以后，历代有成就的书法家，都认真学习过颜体，对《大唐中兴颂》更是心醉神往，赞不绝口，北宋黄庭坚曾专程前往浯溪，观赏此碑，赋诗说："春风吹船着浯溪，扶藜上读中兴碑，平生半世看墨本，摩挲石刻鬓成丝。"并将题名与诗刻在《大唐中兴颂》的左侧，字奇伟可喜，后人称为"小接崖"，保存完好。宋代诗人张耒见到此碑的拓本后，情不自禁地赋诗说："天遣二子传将来，高山百丈磨苍崖。谁持此碑入我室，使我一见昏眸开。"清代书法家何绍基也多次前往浯溪，观赏学习此碑，有诗曰："为舟十次经浯溪，两番手拓中兴碑。"从这些名家的记述中，可以知道此碑对后世产生的影响是多么重大，并可以知道颜真卿在历代书家心目中的崇高地位。苏轼在《东坡题跋》中评论说："故诗至于杜子美，文至于韩退之，书至于颜鲁公，画至于吴道子，而古今之变，天下之能事毕矣。"清代书法家王

唐代颜真卿像

文治《论书绝句》更是赞誉说:"曾闻碧海掣鲸鱼,神力苍茫运太虚。间气中兴三鼎足,杜诗韩笔与颜书。"颜真卿留下的这些碑帖书法真迹,表现了他在书法艺术上高超完美的境界,至今仍洋溢着强大的艺术生命力。

宋朝的碑碣石刻艺术,继承了晋唐的遗风,文人墨客留下的碑帖甚多。著名文人和书法家苏轼、黄庭坚、米芾、蔡襄,称为宋四家,至今许多名胜古迹处,都留有他们的碑刻书迹。他们的书法各具风格,代表着北宋书坛的时尚,顺应了书法艺术由楷体向行书演变的潮流。观赏他们的碑刻书迹,能感悟到他们强烈的个性特色,领略到他们横溢的才情,体会到他们的豪放与潇洒,不由自主地发出赞叹。宋人留在名胜处的刻石,有的是几句诗文,有的只有只言片语,已不再像唐人那么庄重,掺入了更多的洒脱和随意。习帖之风,日渐兴盛,相比之下,碑刻反而成了一种点缀和装饰。这种风气一直沿袭到元、明两代。数百年间虽然书家辈出,如元朝的赵孟𫖯,明朝的吴中三家(祝枝山、文征明、王庞)、徐文长、董其昌等人,皆负盛名,但他们流传后世的大都是帖而不是碑。到了清代,这种风气才有所改变,出现了碑帖结合、大放异彩的情形。清初的"扬州八怪"中,郑燮、金农等人,以及后来的何绍基、赵之谦等人,走的都是碑帖结合的道路。最值得一提的是邓石如,一生嗜好金石碑刻,崇碑爱石达到了痴迷的程度,连他自己也说不清临写了多少秦汉晋唐的碑刻。有次他去游览黄山,竟背回一大袋奇形怪状的石头,被人笑为"石痴"。后来终于成为有名的书法金石篆

宋代黄庭坚像

刻大家。

清朝留传下来的碑碣石刻很多。例如乾隆皇帝，几次下江南，浩浩荡荡前呼后拥，所到之处，题写了无数的碑石，企图传之千秋万代永垂不朽。但其书法代表着贵族的守旧艺术，没有多大价值，很快就被历史无情地湮没了。相反，清代的一些"石刻小品"，因其富有情趣，而使人津津乐道。如泰山万仙楼侧石壁上，刻有"虫二"二字，登山游客至此无不驻足眺望，一边观赏，一边猜测其意。这二字原是光绪二十五年（1899年）济南名士刘廷桂所刻，寓着"風月无边"的意思。这很容易使人联想到唐寅的故事。据清人笔记野史记载，唐寅这位"江南第一风流才子"，曾给一位名妓题匾，写了"風月无边"四字，见者莫不称赞，名妓喜不自胜。这时祝枝山对名妓说，这是唐伯虎在嘲笑你呢。名妓不解，请教其中奥妙。祝枝山说，風月去掉边，岂不是"虫二"吗？这当然是一种幽默附会。难怪游客们看见"虫二"刻石，联想到文人的风雅，会油然地发出会心一笑。

三　文人雅士赏玩碑刻的故事

中国的碑碣石刻艺术，遍布于山川名胜、宫苑寺庙、园林建筑之内，历史悠久，种类繁多，绚丽多彩，蔚为大观。它们是珍贵的历史遗存，也是风雅文化的重要组成部分。历代文人雅士赏玩碑碣石刻，情有独钟，有许多生动的故事流传于世，至今脍炙人口。

东汉名儒蔡邕（133—192年），字伯喈，因官职人称"蔡中郎"，是一位久负盛名的书法家。他一生博学多才，喜爱金石古董，嗜书爱碑，与碑碣石刻结下了不解之缘。他的书法，以隶书最为著称，结构严整，体法多变，骨气洞达，爽朗有神。蔡邕年轻时，曾去游览中岳嵩山，登高远眺，面对着万木葱茏、群峰叠翠的景色，使他心旷神怡，流连忘返。在峰顶的一个石洞里，他意外地获得了两本神授天书：《用笔论》与《九势》。蔡邕惊喜万分，潜心研读，在嵩山石室里待了三年，从此书艺精进，成了闻名天下的大书法家。这个神授天书的故事，是蔡邕的女儿蔡文姬回忆叙述的，为蔡邕的书法造诣蒙上了一层神秘的色彩。与神仙往来，当然是附会之说，但蔡邕善于学习，颖悟过人，却也是事实。有一天，他在京城漫步，经过鸿都门时，看到工匠们在修饰门墙，拿着刷白粉的扫帚在墙上写字，那露白的笔画使他突然获得了领悟和启发，创造了"飞白"书。蔡邕的这一创造，曾风行一时，汉魏宫阙的题署，几乎都是采用这种书体。唐代张怀瓘《书断》说："案飞白书者，后汉左中郎将蔡邕所作也。本是宫殿题署，势既径丈，宜轻微不满，名为飞白。"后来，唐太宗李世民、唐高宗李治和武则天，都是书写"飞白"的高手。蔡邕一生书写了很多碑刻，最著名的是由46块石碑组成的《熹平石经》。由他书写而流传后世的其他碑刻也很多。东汉名士郭有道死后，友人门徒为其立碑，据传碑文即为蔡邕书写。蔡邕写好后觉得很满意，说："吾为碑铭多矣，皆有惭德，惟郭有道铭无愧色耳。"《郭有道碑》又名《郭泰碑》或《郭林宗碑》，东汉建宁二年（169年）刻立于山西介休县，隶书12行，每行40字，其书法骨气磊落，神韵充沛，清朗典雅，深受历代文人雅士们的推崇和珍爱。宋代之前，原碑尚存。当地有一位嗜碑入迷的秀才，经常前去观赏此碑，迷恋于蔡邕的书法，摩挲竟日，不愿离去。后来这位"碑痴"雇了几名壮士，乘人不备，干脆把碑盗运回家。介休县令发现碑失踪后，查访不出下落，无可奈何，只有命人依照原碑拓片重新摹刻了一碑，置于原处。由前来捶拓碑帖的人太多，天长日久，重刻的碑石亦遭磨泐，字迹漫漶。明代嘉靖年间（1522—1566年），当地的好古者又摹刻了一碑。那位"碑痴"秀才盗走的原碑，一直被其秘藏，后不知去向。到了清代，连摹刻的碑都不见了，于是书画家和金石学家傅山、吴澄等人，根据拓本，又分别重新作了摹刻。由此可知，蔡邕的碑刻书迹，对后世的影响可谓深远。

据宋人祝穆《古今事文类聚》记载，蔡邕还曾为汉代《曹娥碑》题写了碑背文字。曹娥是东汉上虞人，《曹娥碑》为当地县令所立，置于会稽。《异苑》说："陈留蔡邕避难过吴，读碑文，以为诗人之作，无诡妄也，因刻石旁作八字。"《后汉书》注引《会稽典录》也详细记述了这件事，说明蔡邕在《曹娥碑》背后题字，是确实有这回事的。

蔡邕题写的八字是："黄绢幼妇，外孙齑臼。"这八个字是什么意思？费人猜思。后来便发生了曹操与杨修观碑的故事。《世说新语》对这个

三国曹操手迹石刻

故事记录最为详细："魏武尝过《曹娥碑》下，杨修从，碑背上见题作'黄绢幼妇，外孙齑臼'八字。魏武谓修曰：'解不？'答曰：'解。'魏武曰：'卿未可言，待我思之。'行三十里，魏武乃曰：'吾已得。'令修别记所知。修曰：'黄绢，色丝也，于字为绝。幼妇，少女也，于字为妙。外孙，女子也，于字为好。齑臼，受辛也，于字为辞。所谓绝妙好辞也。'魏武亦记之，与修同，乃叹曰：'我才不及卿，乃觉三十里。'"这个故事十分生动，流传甚广，说明了杨修的颖悟和敏捷，也说明了曹操的风雅。蔡邕题写在《曹娥碑》背面的八字之谜，终于被曹操和杨修给解开了。八字之中的"齑臼"，是古代捣姜蒜花椒芥末之类辛辣调味品的石臼，为容纳辛味的器物，所以说二字的意思是受辛，拼合起来便是"辤"（辞）字。《异苑》也记述了这个故事，不同的是，把陪同曹操辨认碑阴八字的人说成了是祢衡，而不是杨修。后来有人考证说，因为《曹娥碑》是在浙江会稽，当时是三国孙权的势力范围，作为汉末魏国的政治军事统帅曹操，以及幕僚杨修，都活动在长江以北，未尝过江，怎么可能见到《曹娥碑》呢？所以，这个故事是否真实可信，令人疑惑。后来，明代罗贯中将这个故事写进了《三国演义》第71回，说曹操出兵汉中，经过蓝田蔡邕庄，去看望蔡邕的女儿蔡琰，见到壁间悬挂的一幅碑文图轴，问这是什么碑？蔡琰说，这是《曹娥碑》，是少年才子邯郸淳为浙江上虞的孝女曹娥所撰写的碑文，"蔡邕闻而往观，时日已暮，乃于暗中以手摸碑文而读之，索笔大书八字于其背，后人镌石，并镌此八字"。曹操问蔡琰能否解释"黄绢幼妇，外孙齑臼"这八个字的意思，蔡琰说这虽然是先父遗笔，她却不解其意。曹操询问跟随的众谋士，也都不解。这时杨修站了出来，说他已经知道了

这八个字的意思。曹操让他先别说,告辞蔡琰,上马走了三里,才豁然省悟,让杨修解释,八个字乃"绝妙好辞"的意思。曹操"大惊曰:'正合孤意'!众皆叹羡杨修才识之敏"。罗贯中不愧是个妙笔生花的文学家,这么绘声绘色一写,说曹操与杨修等人观看的是碑拓图轴,便很巧妙地抹掉了附会记载的疑点,使这个故事增添了合情合理的色彩。

建安魏晋时代,文人雅士们喜欢赏玩金石碑碣,崇尚风雅,是一种风气,对后世的影响很大。文人雅士们在赏玩中寄寓性情,获得精神文化方面的高雅享受。官宦与富绅人家,也十分看重碑碣石刻,看做是树碑立传、炫耀门第、歌功颂德的一种手段。庶民百姓,也将碑碣作为精神上的一种寄托。北魏太和二十年(496年),在洛阳城南龙门山的古阳洞内,一名年轻的鲜卑族女人,跪拜在为亡夫刻立的石碑前,禁不住热泪长流。女人名叫一弗,是鲜卑族王爷家的一位侍女,后来嫁给了汉人张元祖,夫唱妻随,说不尽的恩爱。不久,张元祖突然亡故,使一弗悲恸欲绝,为了寄托内心绵绵无尽的哀思,特请工匠刻造了一尊佛像,并请人题写了"太和廿年,步辇郎张元祖不幸丧亡,妻一弗为造像一区,愿令亡夫直生佛国"30个字,刻碑纪念。这就是被后人誉称为著名北魏碑刻"龙门二十品"中的《一弗题记》。洛阳龙门石窟碑刻题记共有3700多块,"龙门二十品"是其中魏碑题刻的精华。除了《一弗题记》,著名的还有《比丘慧成为亡父造像题记》《杨大眼为孝文帝造像记》《孙秋生等二百

洛阳龙门北魏《一弗题记》

人"愿国祚永隆"造像题记》《魏灵藏薛法绍释迦像题额题记》等,展示了北魏书法豪放质朴、刚健粗犷的风格特色。那位少数民族妇女一弗可能不会想到,那块寄托了她对丈夫无限情义的《一弗题记》,千余年后,竟会在书法史上大放异彩!

唐代书法家欧阳询(557—641年)也称得上是位碑痴。他幼时的经历颇为坎坷,尚在襁褓之中,父亲就获罪遭诛,父亲的好友尚书令江总收养了他。在养父的培养下,他勤奋苦读,博览经史,并受到了严格的书法训练。青年时代他已写得一手深具二王书风的典雅流利的好字,成为当时颇有名气的一位书家。一天,他骑马出游,经过一处古柏掩映的古墓,墓前巍然树立着一座石碑。欧阳询策马走到碑前,漫不经心地将碑文看了一遍,原来是西晋书法家索靖所书。他觉得碑文过于拙朴,与他喜欢的二王书法相比,显得太平淡了一点,于是离碑而去。走了数百步,他仍在回味着碑文的书法风格特点,想到索靖、卫瓘乃是西晋书法的代表,特别是索靖,擅长章草,自谓其书为"银钩虿尾",名重一时,拙朴方刚不正是索靖的书法特长吗?欧阳询心中一震,赶紧拨转马头,回到碑前,跳下马,仔细观赏碑文。面对着那遒劲有力的碑额大字和古朴斑驳的碑文,欧阳询心有所悟,不禁默然称许,果然是难得的书法珍品啊!他很庆幸自己的这个机缘,索性席地而坐,细细赏玩。天色已晚,夕阳染红了晚霞,给高大雄壮的石碑披上了一层绚丽的色彩。欧阳询沉浸在《索靖碑》的书法妙境之中,如痴如醉,留连忘返。第二天,第三天,他依然待在碑前。三天的观赏研究和揣摩

唐代欧阳询书《九成宫醴泉铭》

思索，使他从北碑的雄浑和南帖的清雅之中，终于悟出了书法艺术的真谛。欧阳询从此走出了时俗的局限，大胆地糅合南北之长，书艺大进，使人耳目一新。

欧阳询后来步入仕途，官至弘文馆学士。贞观六年（632年）唐太宗在九成宫避暑时，发现了一注甘泉，唐太宗雅兴大发，吩咐魏征撰写了一篇铭文，由欧阳询书写，勒石刻碑。这就是有名的《九成宫醴泉铭》。此碑书法为楷书，含有隶意，并参以北碑笔法，显得浑厚遒劲，气势轩昂，工整凌然，神韵生动，被后世书家赞誉为"千余年来楷书中登峰造极之作"。文人雅士们争相以获得此碑的拓本为荣。由于捶拓过多，磨损严重，好古者多次翻刻，形成了多种拓本流

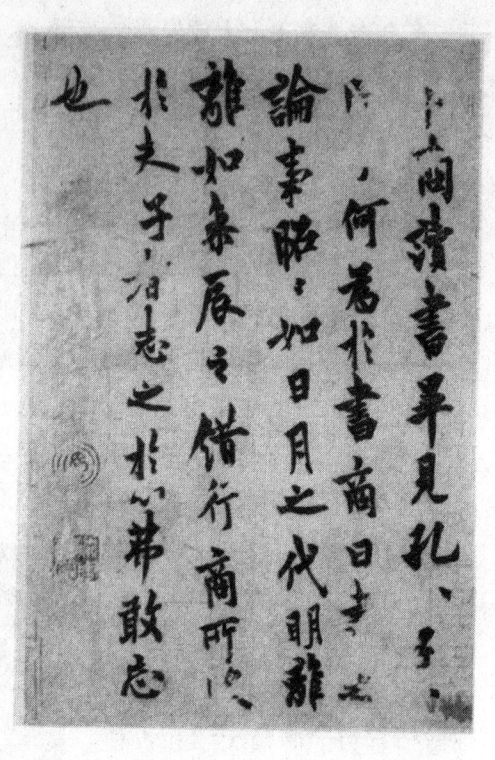

唐代欧阳询《卜商帖》局部

传于世。欧阳询留下的著名碑刻还有：《化度寺碑》《虞恭公碑》《皇甫诞碑》《房彦谦碑》等，留下的著名墨迹有《张翰帖》《卜商帖》《梦奠帖》等，此外还编著有类书《艺文类聚》一百卷，堪称是一位真正的大家。

唐朝书法家和文学家李阳冰也是一位碑迷，经常外出寻访观赏古代名碑，嗜碑成癖。他曾反复观摩和学习秦朝的《峄山刻石》，从中悟出了篆书的奥妙，对传统的秦篆掺入了心得变化，形成自己独特的风格。他写的小篆，结构精妙，圆淳瘦劲，婉畅灵动，对后世有很大的影响。他不但酷爱古碑，对同时代其他书法家的碑刻，也从不放过赏玩学习的机会。有次他见到了唐朝咸亨元年（670年）李训、李谊、李谟、李谌

兄弟四人撰书的《碧落碑》，感到其笔法与常规的小篆不同，颇为奇特，于是在碑前流连观赏，寝卧不离，露宿了几天这才离去。实际上，李阳冰的篆书造诣，已经超过了《碧落碑》。后来杨守敬《平碑记》评论说："以篆法而论，此（《碧落碑》）不过圆稳厚重而已，安能及少监（李阳冰）之华。"李阳冰与当时的另一位大书法家颜真卿交谊颇笃，颜真卿为人书写碑文，常邀李阳冰篆书碑额。两人的书法合作，被世人誉称为"连璧之美"。李白赋诗称赞李阳冰的成就和才华说："落笔洒篆文，崩云使人惊，吐辞又炳焕，五色罗华星。"李阳冰流传后世的碑刻很多，著名的有《三坟记》《城隍庙碑》《谦卦铭》《怡亭铭》《般若台题名》等。《城隍庙碑》刻子唐乾元二年（759年），篆书8行，每行16字，在浙江缙云县，书法瘦劲通神，原石已佚，宋代宣和五年（1123年）重刻，有翻刻本传世。《三坟记》刻于唐大历二年（767年），两面刻，共23行，每行20字，原石已佚，宋时又重刻。清代孙承泽《庚子消夏记》中称赞此碑说：篆书自秦汉而后，推李阳冰为第一手。

　　宋代之后，崇尚碑刻之风已不如唐朝，但仍然有不少故事值得一提。据《容斋续笔》记载，宋太宗曾亲笔书写了16个字的《戒石铭》："尔俸尔禄，民膏民脂，下民易虐，上天难欺"，颁给全国各地方官员，立碑在公堂南面。这4句话16个字的意思是说："你们做官得的薪俸，都是人民血汗膏脂，虽然百姓容易虐待，上天却难欺骗。"以此来时时告诫地方官员们，要爱护黎民百姓，为官清廉。后蜀孟昶曾向下属颁发过一个戒令，有24句96个字，要求官员们清廉为政，仁慈爱民，移风易俗，扶植正气，称为《颁令箴》。宋太宗借鉴了《颁令箴》，用更为简洁精练的词句颁发了《戒石铭》。宋太宗在书法上没有什么造诣，但能利用行政手段，将《戒名铭》勒石刻碑，置立于各地官员们的公堂之前，确实是一件

宋代黄庭坚手迹石刻　西安碑林藏

值得称颂的事情,也是碑刻故事中的一则风雅美谈。

北宋的文学家和书法家黄庭坚(1045—1105年)是个酷爱碑刻的人。他喜欢游览山水,每到一地,凡有碑碣石刻处,他便驻足观赏,流连竟日,并赋诗抒情,撰文纪游。有次他游览山谷寺,被泉石名胜迷住了,便给自己取了"山谷道人"的雅号。他对镇江焦山的《瘗鹤铭》心醉神往,曾反复观赏揣摩学习,受益甚多。又曾专程前往湖南祁阳浯溪,观赏学习颜真卿的《大唐中兴颂》碑刻,流连多日,不忍离去。黄庭坚如此痴迷前人碑刻,善于学习领会,使他成了宋代有名的书法大家之一。《宋史》本传称他"善行、草书,楷法亦自成一家"。宋代晁补之称他"章草似晋人,颠草似唐人"(《题鲁直章草颠草》)。黄庭坚在《跋与张载熙书卷尾》谈心得体会说:"凡作字须熟视魏晋人书,会之于心,自得古人笔法也。"在《跋唐道人编余草藁》中说:"观长年荡桨群丁拨棹,乃觉少进,意之所到,辄能用笔。"在《书缯卷后》说:"学书要须胸中有道义,又广之以圣哲之学,书乃可贵。"在《以右军书数种赠邱十四》中说:"随人作计终后人,自成一家始逼真。"黄庭坚荟萃百家书艺之长,好古博学而不寄古人篱下,自成风格,是"宋四家"中富有创造性的一位书法大家。

北宋的另一位书法家蔡襄(1012—1067年),也是个碑刻迷。他在书法上学习唐朝的颜真

宋代欧阳修石刻像

卿等各大家，又追溯魏晋，潜心钻研古代书法碑刻艺术，书法造诣极为高深。宋徽宗时任书学博士的米芾，称赞蔡襄写字如同"勒字"。"勒"是镌刻金石的意思，说明蔡襄的字是多么沉着有力而富于古意，这与他学习古碑是分不开的。欧阳修（1007－1072年）与蔡襄是患难挚友，推许说："蔡君谟博学君子也，于书尤称精鉴"，"自苏子美死后，遂觉笔法中绝，近年君谟独步当世"（《欧阳文忠公集》卷一三八、一三〇）。苏轼《东坡题跋》也推崇说："蔡君谟天资既高，积学深至，心手相应，变态无穷，遂为本朝第一。"黄庭坚也赞誉说："苏子美、蔡君谟皆翰墨之豪杰也"（《豫章黄先生文集》卷二十九）。宋仁宗十分欣赏他的书法，命他书写了《元舅陇西王碑》。擅长书画的宋徽宗赵佶也推崇备至说："蔡君谟书包藏法度，停蓄锋锐，宋之鲁公也"（《衍极》卷一）。蔡襄流传后世的书法碑刻墨迹很多，最著名的碑刻为《万安桥记》和《昼锦堂记》。《万安桥记》是蔡襄于嘉祐五年（1060年）担任泉州太守时书写立碑。碑文为楷书大字，12行，每行13字，每字五寸见方，书法雄伟遒丽，气势磅礴，后人有"气压《中兴摩崖》"的评价，誉为宋朝楷书大字之冠冕。《昼锦堂记》也是大楷书，书写刻立于治平二年（1065年）。据载，蔡襄书写此碑时每一字写在一张纸上，全神贯注，反复多遍，每天只写几个字，过了很多天才将碑文中的字写完，再从中挑选出满意的字，剪裁布列，排成碑文，丹书勒石，所以字字精绝，被文人雅士们誉称为《百衲碑》。从中可以看出蔡襄精益求精、一丝不苟的精神。当时向蔡襄求写碑文的人很多，有许多是皇亲国戚，并许以重

宋代蔡襄《昼锦堂记》

酬，但蔡襄从不轻易答应。蔡襄去世后，欧阳修撰写《蔡君谟墓志》，特地记述了这件事："公工于书画，颇自惜，不妄与人书。"这说明了蔡襄清介有守、不趋炎附势的人格，与他在书法艺术上表现出来的个性与气质是一致的。

明代赵崡也是一个碑痴，毕生嗜碑入迷，以收罗和收藏古碑为乐。他外出游览时，经常带着拓碑用的纸墨工具，看到喜爱的古碑，便动手将它拓下来。去朋友家做客，也念念不忘自己的嗜好，常向友人乞索碑版拓本。每次他去西安，都要去碑林观赏碑刻，有时一待就是好多天。有次他在荒山僻野寻觅古碑，遇到大雨，浑身湿透，依然兴趣勃勃，吟诗纪游，自得其乐。每逢遇见了心慕已久的珍贵名碑，他便喜不自禁，饮酒庆贺，欢呼大笑。就这样，经过30年坚持不懈的努力，赵崡一共收集了从古代至元朝的碑碣石刻253种，加以考据评论，编著了《石墨镌华》一书。此书于万历四十六年（1618年）成书，当时的文人康万民称誉说：赵崡"深心嗜古，博求远购……如此三十余年，总所藏二百五十余种……千百年后金石剥落而此书不朽……先生真有功于世道者哉"。

明代文学家冯梦龙在《古今谈概》中也记录了两位碑迷。一位叫孙何，生性好古，尤其嗜好古碑，官至转运使，负责财赋的征收，具有督察地方官的权力。孙何是个急性子人，为政比较苛刻急躁，州官和县官都很怕他。每逢孙何前来催收财赋、督察工作时，一些知道他嗜好的地方官吏，便事先弄来一些字迹剥落的古碑，置放在他下榻的旅馆中。孙何一看到古碑，便碑瘾大发，围着古碑转悠，仔细辨识碑上的文字，遇到漫漶的字迹，便用指甲抠掉上面的泥垢苔藓，甚至用鼻子闻一闻，往往待到天黑，连公务也忘掉了。因嗜碑而忘掉了自己的职责，所以便成了笑谈。另一位叫王锡，嗜碑成癖，遇到秦汉碑刻，不惜节衣缩食也要弄到手中。有一次，他对朋友们说，最近得到了一块非常奇妙的古碑。于是众人一同前往观赏。王锡出示古碑，上面一片模糊，辨认不出有什么碑文。大家问得意洋洋的王锡，这是哪个朝代的碑？王锡回答不出。一个客人说，我知道。王锡很高兴，忙向他请教。客人说，这就是通常说的"无字碑"啊！无字碑有个典故，说某某不识文字，虚有其表，是调侃取笑的意思。众人于是一笑而散。王锡虽然好古，却连基本学识都不具备，不过是附庸风雅，难免要遭人取笑了。

清代崇尚碑碣石刻之风，经过邓石如、阮元、包世臣的倡导，变得十分兴盛。文人雅士嗜好古碑，故事甚多，不胜枚举。诚如邓之诚《骨董琐记全编》所说："故人好古耽金石，攫得残碑珍拱璧。"此后又经过康有为等人的推波助澜，更为蓬勃。收集碑拓、著书立说的文人学者蔚然成风。大学士翁方纲（1733—1818年）是清代有名的书法家和金石学家，收藏碑刻甚丰，并善于鉴赏和考证。他将自己收藏的和亲眼见过的汉代碑刻286种，以及魏、吴、晋碑刻

翁方纲像

10种，作了详细考证，汇编为《两汉金石记》，翔实精确，深获好评。此外他还编著了《粤东金石略》《汉石经残字考》《焦山鼎铭考》《庙堂碑唐本存字》等书。大学士阮元（1764—1849年）也是一位学者和书画家，收藏了相当多的碑刻，撰写了《山左金石志》《两浙金石志》《华山碑考》等著述。刑部右侍郎王昶（1724—约1806年）堪称是一位锲而不舍的碑痴，前后耗费了50年精力，编撰了一部《金石萃编》大著，上自周代下迄金代，以建碑年月为序，共收碑志1752件，被推誉为金石著录之集大成者。完成此书后，过了一年，王昶就去世了，可谓是呕心沥血之作。此后，陆绍闻又编撰了《金石续编》，补收了遗漏的汉代至金代碑志428件。在此前后，孙星衍、邢澍二人耗费了巨大的心力，编撰了《寰宇访碑录》十二卷，收集了从周代至元朝的碑刻7760余件，详加考订，洋洋大观。其后，赵之谦（1829—1884年）又增补缺漏和新发现的碑刻，编撰了《补寰宇访碑录》三册。他们编撰的这些著述，显示了他们对碑刻金石的深厚迷恋和学问造诣，对后世的金石碑刻爱好者们来说，无疑是做了一件功德无量的事情。

现代书法家于右任（1878—1964年）也是一位酷爱碑刻书法艺术者。他早年追随孙中山，加入同盟会，曾与宋教仁共办《民立报》，担任过上海大学校长，后长期在国民政府任职。他曾刻苦研习过《郑羲碑》《石门铭》等古代名碑，将碑法融入草书，造诣甚深，宽博潇洒，神韵非凡。1927年，于右任在河南洛阳一古董商手中购得一批北魏至隋唐时期的墓志石碑共300多件，遂将这批碑刻运往北京，放在一所旧王府中，加以保管收

于右任像

藏。1935年冬，于右任面托西北军爱国将领杨虎城，将这些碑刻运往西安，途中历经周折，终于安全抵达，交给西安碑林存放保管，为保护这批珍贵文物，做了一件大好事。

民主人士张钫，青年时代也追随孙中山加入同盟会，辛亥革命后曾任过陕西靖国军副总司令等职，解放后寓居北京，1966年病逝。张钫身在行伍，酷爱金石书画，与章炳麟、于右任交往甚密，相互罗致碑碣，鉴赏文物，品评书画。1931年至1935年，张钫搜集了大量的石刻碑碣，运到河南新安县铁门镇私邸中珍藏，他特地在后花园建造了砖券窑洞十五孔，来妥善保存这批珍贵文物。他共有碑碣2500多块，其中唐代占二分之一，章炳麟称其为"千唐志斋"并题写了篆额。民国时期的很多名人都在此处留下了题刻。"千唐志斋"无疑是一座内容丰富的碑碣博物馆，张钫为保存这些珍贵文物，做了一件非常有益的事。

四　刻在石头上的教科书

中国的教育事业兴起得很早，相传夏代就已有了学校。到了汉朝，兴办教育被正式定为国家的一项重要制度。《汉书·儒林传》记载，公孙弘任丞相时，曾大兴劝学之风："闻三代之道，乡里有教，夏曰校，殷曰庠，周曰序。其劝善也，显之朝廷；其惩恶也，加之刑罚。故教化之行也，建首善自京师始，繇内及外……劝学兴礼，崇化厉贤，以风四方。"统治者设立了"五经博士"之类职衔，鼓励人们读书进取。四书五经，是文人士子的必修课。当时，纸张尚未出现，书籍大都写在竹条、木片或缣帛上。后来，儒学经典被刻在了石头上，树立在太学之中，便于儒士们参照学习，被人们称为《石经》。佛教传入中国以后，刻在碑石上的佛经也称为"石经"，但两者的含义是不同的。我们说的《石经》，是刻在石头上的教科书。历代著名《石经》，主要有东汉《熹平石经》、曹魏《正始石经》、唐朝《开成石经》、五代《孟蜀石经》、北宋《嘉祐石经》、南宋《国子监石经》、清朝《乾隆石经》等。

《熹平石经》刻于熹平四年（175年），相传为当时的著名书法家蔡邕用隶体书写，将《诗》《书》《礼》《易》《春秋》《公羊传》《论语》等儒学经典，镌刻在46块石碑上，树立在洛阳的太学之中。当这批规模宏大、气魄非凡、书法精湛的石经公开展示的那一天，文人学子们奔走相告，太学门前人流如潮，盛况空前，全城轰动。《熹平石经》的问世，不仅是汉朝教育事业上的一件盛举，也是书法史上流芳千古的美谈。汉末战乱纷起，宫观被毁坏，人民流离失所，《熹平石经》也未能幸免。至南北朝，北齐迁都邺城，将洛阳大学中的《熹平石经》也随车载走，途中因河岸崩塌，车辆连同石经落入河中，到达邺城时所剩下石经已不足一半。隋朝开皇年间，隋文帝将《熹平石经》迁往长安，置于秘书省，修补后立于国学内。隋末战乱，石经又遭厄难。唐朝贞观年间，魏征收罗散失的石经，大都已残损，大部分不知去向。到了宋代，曾有人发现石经的一些残石，随着古董文物流入了市肆。到了清代，阮元、黄易等人收藏了不少石经残石。后来，流散在民间的残石，分别为近代徐森玉、马叔平、文素松、陶兰泉、于右任、白坚、北京图书馆，以及潢川吴氏、胶县柯氏、江夏黄氏、闽县陈氏等人所获得。其中以白坚收藏的石经残石最为精致。有些残石还流入了日本，中村不折氏书道博物馆便藏有石经残石数块。由于《熹平石经》是名扬天下的我国第一部石经，所以历代根据拓本重刻的极多。流传于世的拓本种类亦甚多，影响可谓深远。

东汉《熹平石经》残石

《正始石经》，刻立于三国曹魏正始年间（240—248年），其书法有古文、篆书、隶书三体，所以又称之为《三体石经》。所刻碑文为《尚书》《春秋》两经。是谁写的碑文，说法不一。有说是大名士嵇康写的，也有说是卫觊、邯郸淳所写，但无确证，都是猜测。《正始石经》刻成后，与《熹平石经》并立于洛阳太学内。后来因为战乱，而同遭厄难。《正始石经》在晋代就已崩坏，后湮没在泥土中。清朝光绪年间，有人发现了出土的《正始石经》残石，被好古者购去，分藏于家中。只有《尚书》残碑，保存在西安碑林内。

《开成石经》，于唐朝开成二年（837年）刻立于长安，一共刻写了儒学经典十二种，故又称《唐石经》或《石刻十二经》，是我国现存石经中规模最大，保存最完整者。石经刻在114块碑石上，两面刻字，计228面，共刻字650252个，为艾居晦、陈玠、段绛等四人用楷体书写，其书法特点类似于欧阳询、虞世南、褚遂良的风格，工整虬健，气势恢宏。据载,《开成石经》从书写到刻成,前后耗费了七年时间。刻成后置于国子监内,供文人学子们观看阅读。唐朝乾符年间（874—879年）,对石经又作了改修。唐末五代,因战乱,石经曾受到损坏。北宋时作了维修保护,并补刻了旁注,后来又将石经移置于"府学北墉"保管。明朝嘉靖三十四年（1555年）关中发生地震,《开成石经》有40余块碑石在地震中断裂。后来王尧典等对受损石经作了修补,为了弥补损破缺字,补刻了96块碑石,置立于原石经之侧。杨震方《碑帖叙录》说,明朝的贾汉,因《开成石经》只刻了十二经而未刻《孟子》,又补刻了《孟子》,使十二经成为十三经,但书法刻字相当拙劣。而据现代学者研究,应是清康熙三年（1664年）陕西巡抚贾汉复等人集《开成石经》字样补刻了《孟子》七卷十七石,与《开成石经》同陈列于碑林一室（见《碑林集刊》1998年（五）辑37页）。其后满族文人麻尔图再刻数石。由于历代的修缮保护和补刻,《开成石经》至今保存完好,现存于西安碑林内。1961年国务院公布为全国重点文物保护单位。

《开成石经》现藏西安碑林

唐朝除了《开成石经》,流传至今的还有《石台孝经》,刻制于天宝四年（745年）,为唐玄宗李隆基御笔书写。孝经刻在四块碑石上,合成台形,上面建盖,所以称为"石台"。三面碑石刻正文,为隶书。一面刻表文批答与诸臣题名,表文为楷书,批答为大字行书。《石台孝经》也保存在西安碑林内,至今完好,光莹如漆。另外据记载,唐朝郑覃等人还在某处石壁上勒刻了九经一百六十卷,唐末被移入长安尚书旧省,至北宋元祐初被移置于国学内,当时还专门撰写了《移石经碑》

记述这件事。碑现在还保存在西安。

《蜀石经》始刻于五代后蜀孟知祥广政元年（938年），所以又称为《广政石经》或《孟蜀石经》。根据文献记载，《蜀石经》不仅刻了十三经正文，还在字句之间加刻了注文。由于字数多，工程浩大，镌刻的碑石多达上千块，施工的时间相当长，后蜀归降北宋王朝后继续刻制，直至南宋乾道六年（1170年）才全部完工。共耗费了232年。也有人说《蜀石经》的完工时间大约是在北宋宣和六年（1124年），那也花费了186年。由此可知，《蜀石经》真可堪称是中国的石经之最了。它的字体，与《开成石经》颇为相似，是以唐本为蓝本，增加了注文，由书法家张德钊等人用楷体书写后勒石刻制的。其书法风格，秀整优美，有贞观遗风，为文人所钟爱。遗憾的是，宏丽壮观的《蜀石经》在宋末至元、明之际的战乱动荡中，突然散失了，或毁或佚，令人叹惜。清代乾隆年间，有人曾在成都文庙附近的泥土中，发现了一些《蜀石经》残片，落入好古者手中，如获至宝。1938年，在成都老南门外又发现了《蜀石经》残片约十片左右，上刻《毛诗》《仪礼》中的一些字句，后被四川省博物馆和重庆市博物馆收藏。北京图书馆和上海图书馆分别收藏有《蜀石经》中的部分拓本。

《嘉祐石经》刻立于北宋嘉祐二年（1057年），碑文采用一行篆书，一行楷书，排列刊刻，所以又称为《二体石经》。一共刻了《周易》《尚书》《诗》《周礼》《礼记》《春秋左氏传》《孝经》《论语》《孟子》九经，置于国学内。后来全部散失，下落不明。清朝嘉庆年间（1796—1820年），毕沅在河南陈留发现了刻有《周礼》文字的石经残石，孙星衍在开封佛寺见到了刻有《檀弓》一段文字的石经残碑。后在开封附近还发现过其他一些石经残石。新中国成立以来，曾先后在开封城内发现了石经残石4块，其中刻有《周易》文字的2块，刻有《尚书》与《礼记》文字的各1块，加上解放前出土的刻有《孝经》文字的一块，共5块，现在收藏于河南省博物馆内，清代好古者丁晏，曾珍藏有《二体石经》拓本四大册391纸，现被国家图书馆收藏。

宋朝刻制的石经还有《三体阴符经》《国子监石经》等。《三体阴符经》刻于乾德四年（966年），立于西安府学内，为当时名气颇盛的书法家郭忠恕书写，采用大篆小篆和隶书三种书体，模仿《曹魏石经》风格，欧阳修《集古录》对其称誉甚高。《国子监石经》为宋高宗赵构御笔书写刻置，到了清朝乾隆年间（1736—1795年），部分石经已经残破散失，只剩下87块，字迹已受磨损，大都漫漶不清。根据当时的拓本，其中分别为刻《易》的2块，《书》7块，《诗》10块，《中庸》1块，《论语》7块，《孟子》11块，《左传》49块。刻《论语》和《左传》的石经末尾附刻有"秦桧记"。到了清末，连这些经石也残失了，实在是一件可惜的事。

　　清朝乾隆年间，也刻制了十三经，共计碑石190块，置放在北京国子监内，称为《乾隆石经》，至今犹存。清石经与唐《开成石经》都是保存比较完整的石经，对今天校勘十三经文字，留下了一份珍贵的古代文物资料。

　　这些刻在石头上的教科书，不仅使我们窥见了古代劝学兴教的情形，同时也是古代风雅文化的一种生动展示。当古代的文人学子们站在这些宏丽壮观的石经前，一边诵读经文，一边领略书法石刻艺术的精妙，那是一种多么高雅的精神享受啊。直到今天，当我们观赏这些古代流传下来的石刻精品时，仍能感受到那份浓郁的流风余韵。

第二章

墨宝无价的书法名帖

翰墨生香，墨宝无价。历代书法家们留下的书法墨迹，刻在石上的称为碑碣石刻，写在纸上流传后世的称为帖。如果说碑碣石刻艺术是我国文化宝库中的一朵奇葩，那么书法名帖就是书法艺术史上的无价珍宝了。

帖的兴起，从汉代就开始了。它与我国的书法艺术发展是同步前进的。随着纸的发明和产生，为书法家们提供了更为便利的书写条件，写在纸上的墨宝就成了达官贵族和文人雅士们的一种高雅赏玩。封建帝王们对书法艺术的嗜好，也对帖的兴旺发展起了推波助澜的作用。如东汉后期汉灵帝就喜好书法，曾召集天下书法家数百人，相聚于鸿都门，可谓是汉代书坛的一次盛会。有钱的官宦富豪人家，争相向善书者求字，有个姓王的穷书生，抓住这个机会，在繁华的大街上为人写字，男的赠给他华美的衣冠，女的给他留下珠玉，一天之内竟装满了一车。他满载而归，捐了一个官职，得意洋洋地加入了贵族队伍。这个故事很生动地说明了，能写一手好字的人，是多么吃香。精美的墨宝，不仅可以赏玩收藏，更为学习书法艺术提供了范本。法帖便是这样兴起并走俏于天下的。

魏晋南北朝时候，出了几位大书法家，对后世的书学产生了重大而又深远的影响。到了唐朝，帖学之风日渐兴盛。唐朝的许多文人墨客，都是从学帖入手，掺以碑学，融会贯通，而成为书法大家的。宋朝以后，帖学逐渐占据了书坛的主导地位，直至清代中期，碑学才又重新兴盛起来。帖与碑，本是书法艺术史上的一双并蒂莲，同根同源，绝代芳容，难分轩轾。在历史文化的长河中，它们对书法艺术的传播、继承、发展，都发挥了积极的作用。

从古至今，流传于世的书法名帖数以千计。字体有篆、隶、楷、魏、行、草，以及自成风格的历代书法名家之作。种类有奏文、纪事、书牍、信札、随笔等等。还有后人将前代书法家们的墨迹精选剪帖装订成卷册，或刻版拓印，流行于世的，也都称为帖。对名帖的嗜好赏玩，是历代文人雅士们的一种风尚。历史上的许多东西，都被时间的风沙所湮没了，但书法名帖所具有的艺术魅力，迄今仍闪耀着绚丽的光华。

一　历代书家名帖杂说

书法艺术发展到东汉，由篆书演变而来的隶书日臻完美，并出现了楷书、章草、飞白等多种书体，书法艺术由此变得更为丰富多彩。这个时期，出现了许多造诣高深、独擅一时的书法家，如崔瑗、杜操、张芝、蔡邕等人。他们的书法墨迹，除了大量的碑刻，还有帖流传后世。如张芝便有草书《冠军帖》、章草《消息帖》，北宋《宣和书谱》曾有记载。

魏晋南北朝时期，是我国书法艺术发展史上一个璀璨耀目的阶段，出现了灿若繁星的书法名家，如钟繇、邯郸淳、韦诞、皇象、卫瓘、索靖、陆机、卫夫人（卫铄）、庾翼、王羲之、王献之、王珣、王珉、谢安、羊欣、萧道成、王僧虔、贝义渊、郑道昭、陶弘景、萧子云、朱义章等。其中尤以钟繇、王羲之等人最为著名。在他们的生平经历中，曾留下了许多富有传奇色彩的故事，为风雅文化增添了情调和风趣。

钟繇（151—230年）字元常，颍川长社（今河南长葛东）人，年轻时曾在抱犊山学书三年，东汉末为黄门侍郎，后为曹操重用，魏明帝时官至丞相、太傅，世称

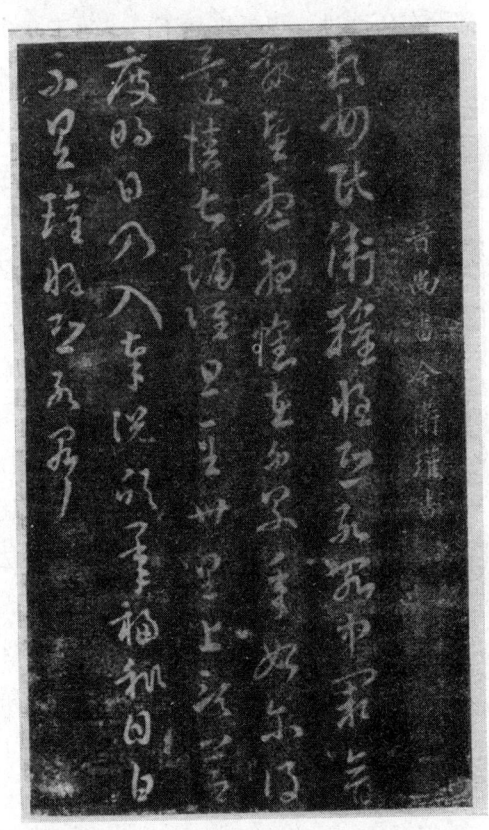

卫瓘《顿首州民帖》

"钟太傅"。他在书法上学习曹喜、蔡邕、刘德昇等前人，博采众长，融会贯通，自成风格。有次，曹操设宴，召集钟繇、韦诞、邯郸淳等书家名流，高谈阔论，赏玩书法。钟繇从闲谈中得知，韦诞（179—253年）在书法上学习张芝和蔡邕，手中拥有蔡邕书写的《笔法论》，每日钻研学习，因而书法大进。钟繇十分惊讶，《笔法论》是蔡邕在嵩山石室得到神授天书《用笔论》与《九势》之后，研读三年，苦练书艺，然后根据自己的心得体会写成的一部著述，没想到这部绝世之作竟会落在韦诞手中。钟繇心中百感交集，当即向韦诞请求借阅三天，一定完璧归赵。哪知韦诞不讲情面，竟然一口拒绝，说这是家传秘宝，从不外借。钟繇郁郁不乐，回家后便病倒在床上，心中对韦诞的不讲交情又气又恨，却又无可奈何。想到学习书法这么多年，竟连蔡邕的《笔法论》都没有研读过，更是怅然不已。过了几年，韦诞因病去世，临死前留下遗言说，要家人将他平生喜爱的书法名帖特别是蔡邕的《笔法论》一起随葬于墓中。钟繇知道后，按捺不住对《笔法论》的渴望，派人悄悄掘开了韦诞的坟墓，盗走了《笔法论》。当钟繇将这部梦寐以求的绝世珍宝终于拿到手中的时候，真是感慨万千而又喜不自胜。钟繇与韦诞的生卒年代与这件轶闻所说不同，故事是否可信，值得怀疑。但钟繇师法蔡邕，嗜帖入迷，却是真实的。钟繇后来的书法境界日见高妙，独步一时，形成了飘逸萧疏、由隶入楷的新面目新书风，对后来的书家产生了深远影响。唐代张怀瓘《书断》评价钟繇说：真书绝妙，乃过于师，刚柔备焉，点画之间，多有异趣；可谓幽深无际，古雅有余，秦汉以来，一人而已。钟繇留下

索靖《月仪帖》

的墨迹法帖有：《力命表》《宣示表》《昨疏还示帖》《丙舍帖》《贺捷表》《调元表》《荐季直表》等。流传至今的，可惜已不是真迹，大都是后人摹刻。但后人临摹的钟繇法帖，也有无价墨宝，如王羲之曾临写了钟繇的著名五表。《力命表》临本被后人收入《快雪堂帖》本中，风流妍美，精彩异常。《宣示表》临本被收入《淳化阁帖》《大观帖》《泼墨斋帖》等多种帖本之中，宋徽宗赵佶鉴赏后特地写了标题。

陆机（261—303年）字士衡，是钟繇之后、王羲之之前的西晋著名文学家和书法家。陆机的祖父陆逊，父亲陆抗，都是三国吴的名将。陆机自幼居家苦读，西晋太康末，陆机与胞弟陆云同赴洛阳，文才倾动一时，时称"二陆"。陆机后来担任过平原内史的官职，所以又称为"陆平原"。在司马氏家族争权夺利的斗争中，陆机曾任为后将军、河北大都督，因兵败被谗，被成都王司马颖杀害。陆机的一生，可谓充满了传奇色彩。陆机的书法造诣，在当时享有很高的声誉，尤其擅长行书和草书。陆机流传后世的墨迹，主要有《平复帖》，为草书体，9行，共84字。自从钟繇的书法真迹亡佚之后，《平复帖》便成了我国现存书法家墨迹中时代最早的一件。《平复帖》真迹，在北宋时被收入宣和内府，明朝万历年间被韩世能获得珍藏，后来又落入张丑手中，董其昌观赏后为此帖写了题跋。据《墨缘汇观》等书记述，《平复帖》到了清代初期，又先后被冯铨、梁清标等人收藏，后被安岐获得。其后献入清廷内府，乾隆皇帝将其赐给成亲王永瑆赏玩。永瑆如获至宝，特地取了个斋名叫"诒晋斋"。后来一直辗转收藏于清朝皇族家中，到了近代，为张伯驹所有。现在收

钟繇《荐季直表》

藏于故宫博物院内。《平复帖》的遭遇，也可谓充满了传奇色彩。此帖字体，秃笔枯锋，笔意古雅。明代张丑得到此帖后兴奋地说："《平复帖》最奇古，与索幼安（靖）《出师颂》齐名。笔法圆浑，正如太羹玄酒，断非中古人所能下手"（《清河书画舫》）。《平复帖》被历代的文人雅士们公认为是法帖之祖，曾为《秋碧堂帖》《南雪斋帖》《诒晋斋帖》《盼云轩帖》《邻苏园帖》等多种帖本摹刻，流传于世。

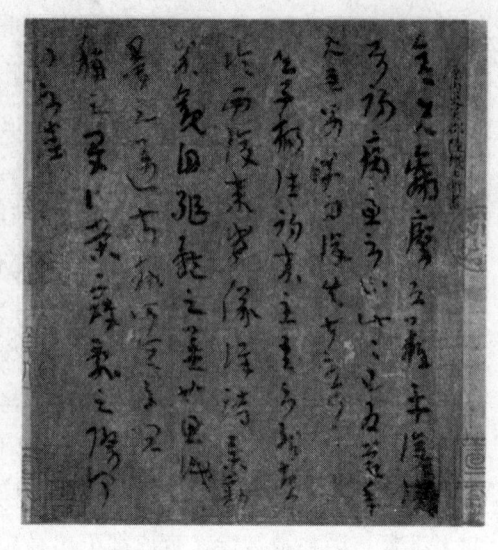

西晋陆机《平复帖》卷局部

王羲之（321—379年，一作303—361年，又作303—365年），字逸少，琅邪临沂（今属山东）人，出身于贵族家庭，曾官至右军将军、会稽内史，世称"王右军"。因与显贵不和，辞去官职，定居于会稽山阴（今浙江绍兴）。王羲之早年师从卫夫人（卫铄）学习书法。卫夫人是东晋著名女书法家，是钟繇的传人，写一手极漂亮极柔美的好字，《唐人书评》称誉说："如插花舞女，低昂美容；又如美女登台，仙娥弄影，红莲映水，碧沼浮霞。"这对王羲之的书法风格影响很大。后来王羲之渡江北游名山，遍览前代名家法书墨迹，大开眼界，不再满足于走原先的柔美之路，遂改变初学，博采众长，精研体势。自成一家。王羲之擅长多种书体，真书得力于钟繇，草书取法于张芝，行书则自创新体，遒媚劲健，千变万化，妍美自然。当时已将他与钟繇并称为"钟王"，后世的文人墨客们更将他推誉为"书圣"。

王羲之是东晋书坛上的一座高峰。他在书法艺术上精深的造诣和高超的境界，堪称是风雅文化中的一项奇观。他不仅对我国书法艺术的发展作出了继往开来的巨大贡献，对日本书法界也产生了深刻影响。这样的一代书法大家，在他的平生经历中，留下了数以百计的珍贵墨宝，同时还留下了许多富有浪漫色彩的传闻故事,至今仍为人所津津乐道。最著名的故事有"坦腹东床"、"以书换鹅"、"兰亭醉书"等。据《晋书》本传、《世说新语》、《太平御览》等书记载,王羲之青年时代,太傅郗鉴派门生去丞相王导家商议婚事,当时都知道郗太傅的女儿郗璿才貌双全,王丞相一口答应下来,说:"君往东厢,任意选之。"王府的几位公子听说此事后,都穿上新衣,打扮一番,神色矜持地等着来人挑选,只有王羲之仍像往

东晋王羲之像

常那样读书练字,倦了便在床上坦腹而卧,根本不把选婿当回事儿。来人回去后,向郗公如实汇报说:"王家诸郎,亦皆可嘉,闻来觅婿,咸自矜持。唯有一郎,在床上坦腹卧,如不闻。"郗公是个很有见识的人,当即说:"就选那个坦腹东床的吧!"不久,便将女儿郗璿嫁给了王羲之。"坦腹东床"这个典故,从此便成了一句成语。由此可知王羲之年轻时代的俊逸脱俗。王羲之的嗜好也与众不同,平生特别喜欢鹅。大概是这种家禽洁白典雅的体态,头上红冠显示出的孤傲模样,以及在水中怡然自得的神情,打动了他,使他产生了艺术上的联想吧?王羲之闲暇时,经常去会稽城外的乡村里观鹅。有次,他在一位山阴道长那里看到了一群鹅,是他从未见过的优良品种,体大神俊,活泼逗人,使他越看越爱,当即向山阴道长商量,能否将这群鹅全部买走,便于今后经常观赏。山阴道长似乎早已猜到王羲之会提出这个要求,便含笑道,如果王右军能为道观写一本《黄庭经》,便以群鹅相赠。王羲之也笑道,好啊,用一纸书法换一群鹅,这太划算了啊。他当即研墨铺纸,笔走龙

蛇，用潇洒超逸的笔法为山阴道长写了一本《黄庭经》。山阴道长大喜过望，连声称谢。王羲之也十分高兴，笼鹅而归。各获所求，皆大欢喜。

东晋永和九年（353 年）三月三日，王羲之和谢安、孙绰等四十一人，在山阴（今浙江绍兴）兰亭聚会，行

浙江绍兴兰亭

"修禊"之礼，饮酒赋诗。"修禊"是古代的一种传统习俗，《后汉书·礼仪》说：三月"上巳，官民皆絜于东流水上，曰洗濯祓除去宿垢疢为大絜"。曹魏以后，定为三月三日，成了文人雅士们聚会饮宴、郊外游春的节日。《荆楚岁时记》说："三月三日，士民并出江渚池沼间，为流杯曲水之欢。"称为"流觞"。王羲之和谢安等人的这次聚会，来的都是当时的名流，堪称一时之盛。王羲之《临河叙》记述当时的盛况说：

> 永和九年，岁在癸丑，暮春之初，会于会稽山阴之兰亭，修禊事也。群贤毕至，少长咸集。此地有崇山峻岭，茂林修竹。又有清流激湍，映带左右，引以为流觞曲水，列坐其次。是日也，天朗气清，惠风和畅，娱目骋怀，信可乐也。虽无丝竹管弦之盛，一觞一咏，亦足以畅叙幽情矣。故列序时人，录其所述。右将军司马太原孙丞公等二十六人，赋诗如左，前余姚令会稽谢胜等十五人，不能赋诗，罚酒各三斗。
>
> （《全晋文》卷二十六）

王羲之在这次风雅盛会中放怀畅饮，乘着酒兴，用蚕茧纸、鼠须笔，即席写了一篇《兰亭序》，全文共 28 行，324 字。因为是草稿，即兴挥洒，无意于求工，所以显得格外潇洒自然，情韵非凡。通篇一气呵

成，遒劲飘逸，字势纵横，变化无穷，如有神助。《兰亭序》堪称是书法史上的千古绝唱，被后人推崇备至，誉为"天下第一行书"。据说王羲之酒醒之后，自己也大吃一惊，以后多次抄写《兰亭序》，却始终达不到草稿字里行间所洋溢出的神韵。由此可知，《兰亭序》乃是王羲之全神贯注进入了忘我的艺术境界之中的得意之作，是他数十年潜心书法造诣高深的

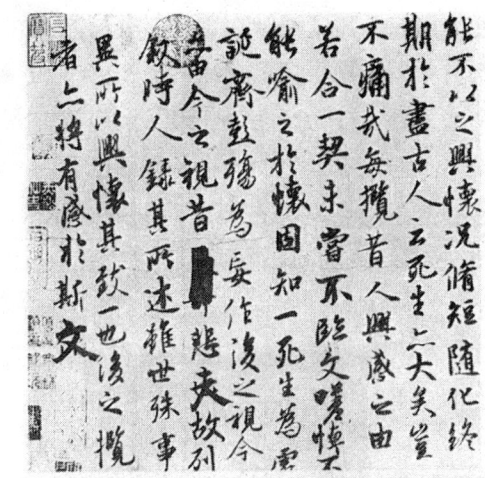

王羲之《兰亭序》

最佳结晶。同时也是王羲之超群脱俗的个性和"飘如游云、矫如惊龙"（《世说新语·容止》）的风采，以及魏晋时代风貌，在书法艺术中的佳妙体现。有《兰亭序》传世，王羲之也就无愧于"书圣"的称号了。

王羲之遗留下来的墨迹甚多，按书体可分为章草、今草、楷书、行书等四大类。《豹奴帖》是章草的代表。今草类有《十七帖》《近得书》《旦极寒》《适重熙》《王略帖》等名帖。楷书有《黄庭经》《乐毅论》《东方朔画赞》等佳制。行书除了千古绝唱《兰亭序》之外，还有《快雪时晴帖》《奉橘帖》《丧乱帖》《孔侍中帖》等。这些名帖，受到了历代文人雅士们的珍爱，摹刻极多，广为流传，对书法艺术发展产生了重大而又积极的作用。

王羲之的儿子玄之、凝之、徽之、操之、涣之、献之六人也都是书法高手，称得上是书法世家。其中以王献之的书法成就最为突出，他在继承了父亲衣钵的基础上，更有所创新，在书法史上与王羲之并称为"二王"。王献之（344—386年），字子敬，小字官奴，曾官至中书令，所以人称"王大令"。他自幼便在父母的督促下学习书法，据说他练字十分专注，他的父亲从后面拔其笔而不得，对家人说：这孩子日后必有大名。并特地写了《乐毅论》一篇供他临习书法。王献之年纪不大，

便能用扫帚沾了泥汁在墙壁上书写方丈大字,也得到了父亲夸奖,认为很有本领。据张怀瓘《书议》记载,王献之十五六岁时,和父亲谈论书法,见识极为高超,建议父亲超越古人开创新体,由此可知王献之的卓尔不群。王献之的才华与机智也非同一般,有次为人题写扇面,不小心滴落了两点墨汁在上面,于是他随机应变画了一头牛。对这将错就错、妙趣天成的画,观者无不叹服。王献之的书法气势开张,英俊爽迈,逸气逼人,称雄一代。张怀瓘《书议》评价说:"逸少秉真行之要,子敬执行草之权,父之灵和,子之神俊,皆古今之独绝也。"王献之的草书自创风格,往往通篇纵情挥洒一气呵成,被称为"一笔书"。唐代李嗣真《书后品》说:"子敬草书,逸气过父。"宋代米芾说:"大令《十二月帖》,运笔如火筋画灰,连属无端末,如不经意,所谓一笔书,天下子敬第一帖也。"王献之的传闻故事也很多。据说有一位少年书法爱好者,穿一件白衣衫,去拜见王献之,谈得高兴,趁机求字。当时有笔墨而无好纸,少年急中生智说:就写在我这白衫上吧。王献之很兴奋,便龙飞凤舞挥洒起来。围观者羡慕得要死,争抢那件写满了字的白衣衫。少年突围而逃,只剩下一只衣袖,尽管如此,仍然很高兴。王献之后来还在外甥羊欣的白绢裙上写过字,可知这乃是王献之的一个嗜好。王献之与东晋著名人物谢安之间也发生过一些故事。王献之少年时代,曾带着自己的书法作品去拜望谢安,希望得到谢安的称赞和指点,哪知谢安随手在上面写了几句批语,对他的书法作品毫不珍视,使王献之大为懊丧。王献之成名后,谢安请他为新盖成的朝廷太极殿题写榜额,王献之一口拒

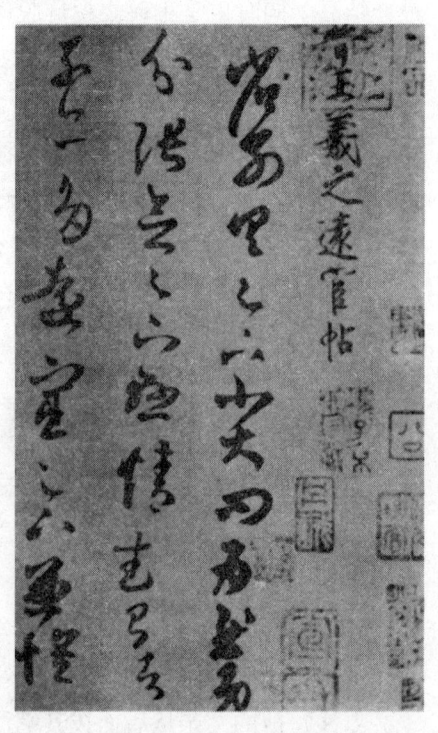

王羲之《远宦帖》

绝了，谢安亲自去见王献之，用曹魏书法家韦诞曾为凌云阁题榜的故事进行劝说，王献之说，韦诞乃魏之大臣，魏朝强迫大臣题榜，还有什么贤德可言？"王曰：'魏阼所以不长。'谢以为名言"（《世说新语·方正》）。谢安还是很有雅量的，不再强勉王献之。这几个故事很能表现王献之争强好胜、才气逼人的个性。自晋末到唐初，王献之的书艺备受重视，为学书者所纷纷效法。唐太宗李世民也是学习王献之的，他写的《温泉铭》便是例证。后来李世民得到了王羲之的《兰亭序》，便开始贬抑起王献之来，臣下闻风效尤，以至于王献之的不少传世墨迹，竟被抹去名字，改为羊欣、薄绍之等人之作。这无疑是王献之身后所遭逢的一场劫运，使得他的书法真迹流传甚少。迄今只有《鸭头丸帖》和《送梨帖》摹本，《宝晋斋法帖》中的《十二月割至残帖》《洛神赋十三行》，以及《淳化阁帖》和《大观帖》中的草书帖数种。另有名气很大的《中秋帖》，据后人鉴赏考证，可能是米芾临写而不是王献之真迹。

南朝受二王遗风影响，帖学之风，方兴未艾。书坛上相继涌现了羊欣、王僧虔、萧子云、智永四位书法大家。羊欣（370—442年）字敬元，泰山南城（今山东费县）人，历官至中散大夫、义兴太守，王献之曾亲自向他传授过书法。羊欣喜好黄老思想，崇尚清静无为，学习王献之达到了惟妙惟肖的地步。当时流传着这样一句谚语："买王得羊，不失所望。"羊欣擅长多种书体，隶书、楷书、行书皆深获好评，被《古今书评》等誉为"一时妙绝"。但也有认为他太似

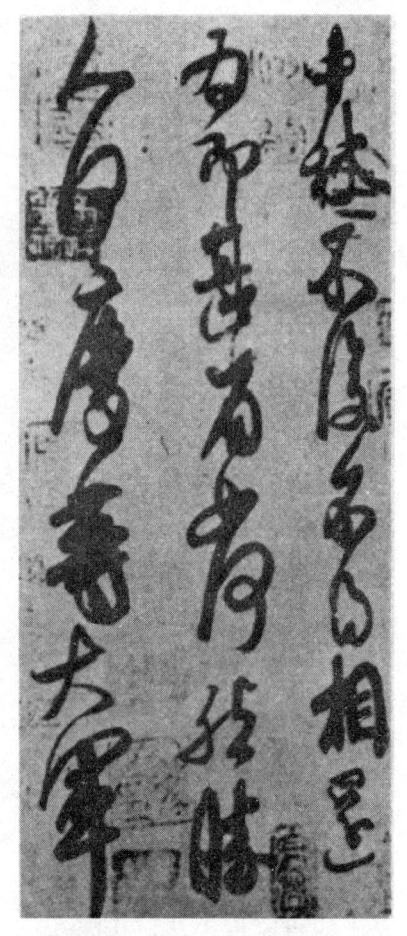

王献之《中秋帖》 宋米芾临写

王献之而无自己风格,梁武帝萧衍便说过"羊欣书如大家婢作夫人"的话,这当然是一种调侃。王僧虔(426—485年),字简穆,是王羲之的四世族孙,在南朝的宋、齐两朝做官至尚书令,在书法上继承了祖风,丰厚淳朴,气骨风流。《述书赋》评价他的书法说:"神高气全,耿介锋芒,发卷伸纸,满目辉光。"王僧虔的书法在当时享有很高的声誉。齐高帝萧道成也是一位书法家,有次召见王僧虔,与他赌书争胜。萧道成问:"谁为第一?"要王僧虔问答。这是个很难回答的难题。王僧虔略作沉吟,巧妙地答道:"臣书第一,陛下书亦第一;臣书臣中第一,陛下书帝中第一。"显示了他过人的才智和胆略。王僧虔曾用飞白书在尚书省墙壁上题写了一篇短文,被当时人比作座右铭。王僧虔还精于鉴赏,对古代名家墨迹如数家珍,了如指掌。王僧虔的传世墨迹主要有《王琰帖》。萧子云(486—548年),字景乔,兰陵郡(今江苏常州)人,梁武帝时官至侍中、国子祭酒,书法上师承钟繇、王羲之,擅长行、草、小篆,笔力劲俊,意趣飘然,妍妙至精。萧子云曾飞白大书一个"萧"字,后来为唐朝宗室画痴李约获得,大喜过望,日日赏玩,赞叹不已,将自己的书斋特改称为"萧斋",并写了一篇《萧斋记》记述其事。萧子云晚年,"名盖当世,举朝效之",遇到侯景之乱,宫城陷落,逃入显灵寺僧房躲避,断炊饿死。智永,名法极,是王羲之的七世孙,出家为僧,住永欣寺(故址在今绍兴),人称永禅师。智永在书法上深得家传祖法,并深入钻研学习过钟繇等前代大家,

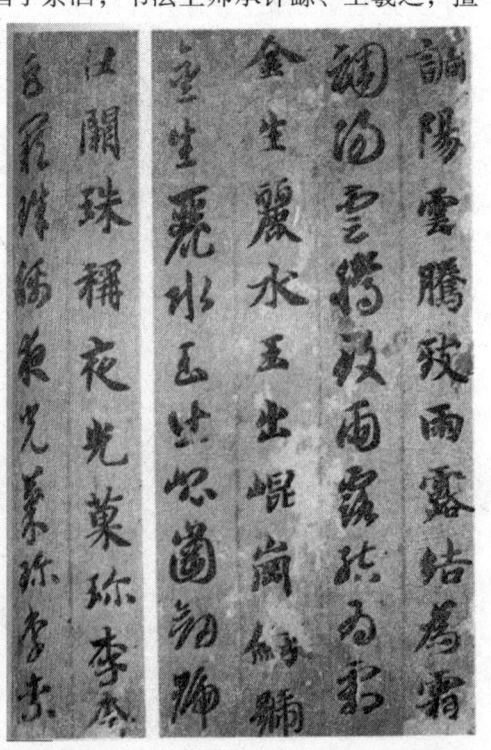

智永《真草千字文》局部

造诣高深，勤奋异常，在当时享有很高的书名，智永多年闭户不出，用真草书写《千字文》八百多册，分赠给浙东诸寺。用坏和写秃的笔头装在大竹簏里，这种大竹簏可容纳一石（120市斤）多稻谷，一共装满了五只大竹簏，埋在房后，号为"退笔冢"。智永手迹流播既广，蜚声天下，前来向他求书的人常年络绎不绝，将他住处的门槛都给踏破了，乃以铁叶裹之，人称"铁门槛"，被世人传为佳话。米芾《海岳名言》称赞智永的书法："秀润圆劲，八面俱备。"苏轼《论书》赞誉说："永禅师书，骨气深稳，体兼众妙，精能之至，返造疏淡。如观陶彭泽诗，初若散缓不收，反复不已，乃识其奇趣。"据《东大寺献物帐》著录，智永的墨迹曾传到了日本，日下部鸣鹤便珍藏有智永所书《正草千字文》。另有石刻本（世称关中本），保存于西安碑林。智永传世墨迹还有行书《归田赋》，仅六行，书法清劲，为世所重，明代时真迹尚存，曾刻入《余清斋帖》，后又刻入《秀餐轩帖》。

唐朝书家辈出，是我国书法艺术发展史上继晋朝之后的又一个高潮。唐朝的著名书法家甚多，如初唐四家欧阳询、虞世南、褚遂良、薛稷，之后有大书法家颜真卿，有以善写狂草而闻名的张旭和怀素，又有柳公权、钟绍京等书法大家，此外还有李邕、孙过庭、李阳冰、贺知章、杜牧、沈传师等名家，如繁星灿烂，不胜枚举。他们留下的法书名帖，更是洋洋大观。综观唐代书风，初唐崇尚清丽，中唐更为雄放，晚唐渐趋疏淡。面对着这样一个璀璨的时代，我们不可能介绍全部书法家们的故事，只能择其简要而述之。

张旭和怀素，是唐代善写狂草的两位大书法家。张旭字伯高，苏州吴郡（今江苏苏州）人，生活在盛唐时代，生卒年不详，曾做过金吾长史的官，人称"张长史"。张旭是一位才气横溢的天才艺术家，年轻时即崭露头角，不仅能作诗，更写得一手极漂亮的书法，经常和当时的名士们聚会，诗酒欢歌，与李白、贺知章等人合称"酒中八仙"。张旭性情旷达，平生嗜酒如命，喝醉了便挥笔纵情书写狂草，甚至用头发沾了墨汁在纸上飞舞写字。杜甫《饮中八仙歌》说："张旭三杯草圣传，脱帽露顶王公前，挥毫落纸如云烟。"非常生动地描述了张旭酒后的神态举止。《新唐书》本传也作了精彩记载："（张旭）每大醉，呼叫狂走,乃下笔,或以头濡墨而书,既醒自视,以为神,不可复得也。世呼张颠。"张旭的草书继承了东汉张芝、东晋王献之的"一笔书"特点,并将其尽情发挥,推向了极致。其笔势恣肆逆纵,线条厚实饱满,体态奇峭狂放,连绵回绕,跌宕多姿,开创了草书艺术的新风格。张旭的狂草,千变万化,气势磅礴,惊世骇俗,对当代与后世产生了很大影响。文人墨客与王公贵族对他那充满了灵气和浪漫色彩的狂草,无不为之赞叹倾倒。唐人赞扬张旭狂草的诗文甚多,连唐文宗皇帝都下诏,将李白歌诗、裴旻剑舞、张旭草书,称为三绝。后人更将张旭誉为"草圣"。张旭在草书上的造诣和成就,不仅与他的个性和才情有关,还在于他的善于学习。他除了对传统书法融会贯通,还善于从日常生活和自然界中去体会书法的奥妙。据陈思《书小史》等记载,张旭自述说:他看见公主、担夫争道,又闻鼓吹,而得笔法意,观看公孙氏舞《剑器》而得其神。韩愈《送高闲上人序》说:"张旭善草书,不治他技,喜怒窘穷,忧悲愉佚,怨恨思慕,酣醉无聊不平,有动于心,必于草书焉发之。观于物,见山水崖谷,鸟兽虫鱼,草木之花实,日月列星,风雨水火,雷霆霹雳,歌舞战斗,天地事物之变,可喜可愕,一寓于书。故旭之书,变动犹鬼神,不可端倪,以此终其身而名后世。"张旭以造化为师,所以书法意蕴超妙,不同凡响。他的狂草虽然变化莫测,但仍包含着严格的楷法准则。正如《宣和书谱》所说:"其草字虽奇怪百出,而变其源流,无一点画不该规矩者。"所以称为"张颠不颠"。张旭的传世墨迹有《古诗四帖》《千字文》《心经》《肚痛帖》数种。《古诗四帖》书于五色笺上,草书40行,共188字,是张旭留下的

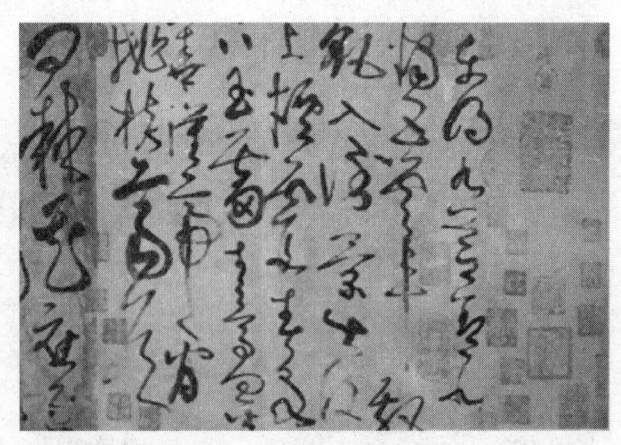

唐代张旭《古诗四帖》局部

唯一真迹，其他皆为摹刻。此帖笔势如惊电轰雷，一气呵成，被后世视为绝世珍宝，北宋时被收入内府，靖康之乱流散于民间，南宋时落入贾似道手中，元明时又历经多人之手，清代又被收罗进入朝廷，现藏于辽宁省博物馆。张旭不仅狂草登峰造极，楷书也精妙绝伦，流传下来的有《郎官石柱记》刻石拓本，书法规矩方正，清俊可爱。颜真卿年轻时虚心向张旭请教过书法，张旭向他传授了笔法十二意，颜真卿豁然顿悟，成为一代书法大家。颜真卿后来写了《述张长史十二意笔法》一文，专门记述此事。宋代朱长文《续书断》说："至张旭后，则鲁公得尽于楷，怀素得尽于草。"后世评论历代书家，各有褒贬，唯独对张旭赞颂备至而无异词，足见张旭书法在历史上的地位和影响。

怀素（725—785 年），俗姓钱，字藏真，长沙人，幼年时出家为僧。怀素是个很古怪的和尚，性情疏放，经常违犯佛门戒律吃鱼吃肉，又喜豪饮，一日九醉，喝醉了便笔走龙蛇，在墙壁上器物上衣裳上随心所欲地挥洒草书，被当时人呼为"醉僧"，称他的字是"醉僧书"。怀素写字时，运笔如骤雨旋风，飞动圆转，变化莫测，展现出一种扑朔迷离、深邃开阔、激情回荡的艺术境界。他将严谨的法度蕴藏于癫狂之中，貌似怪诞而皆中绳墨。怀素在书法上的破格和无法，他随心所欲的挥洒，其实是以深厚的功底作基础的。他学习书法非常刻苦，曾跋涉千里向颜真卿请教笔法。并外师造化，从观赏奇异的山峰和云彩的缭绕变化中，感悟草书的神韵，从而产生了"其痛快处如飞鸟出林、惊蛇入草"的玄妙感觉。由于贫困，买不起纸张，便种植了一万多株芭蕉，每天在芭蕉叶上练习写字，给住处取了

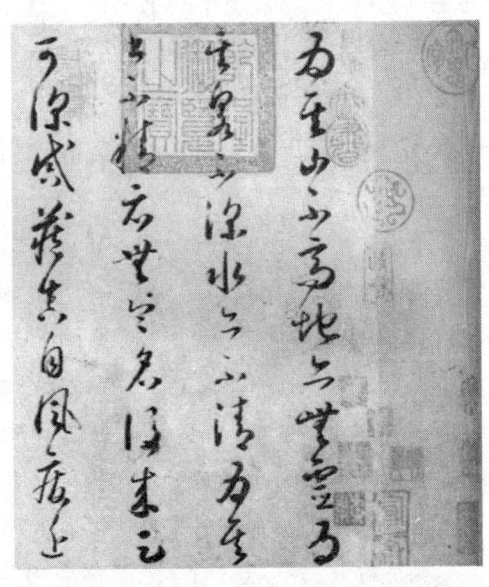

唐代怀素《论书帖》局部

个名字叫"绿天庵"。但芭蕉叶仍不够他需用,他又在漆盘与漆板上练字,宋代陈思《书小史》记载说:"书不足乃漆一盘书之,又漆一方板,书至再三,盘板皆穿。"他将写秃的笔头堆积在一起,埋于山下,号称"笔冢"。当时的御史李舟评论说:"昔张旭之作也,时人谓之张颠;今怀素之为也,余实谓之狂僧。以狂继颠,谁曰不可?"怀素的草书确实继承了张旭狂草的特点,气势如暴风骤雨,万马奔腾。性格上也与张旭一样桀骜不驯,狂放不羁。黄庭坚说:"盖张妙于肥,藏真妙于瘦。此两人者,一代草书之冠冕也。"怀素晚年的书风,渐趋于平淡雅致,更具一种圆熟丰美的神韵。怀素留下的著名墨

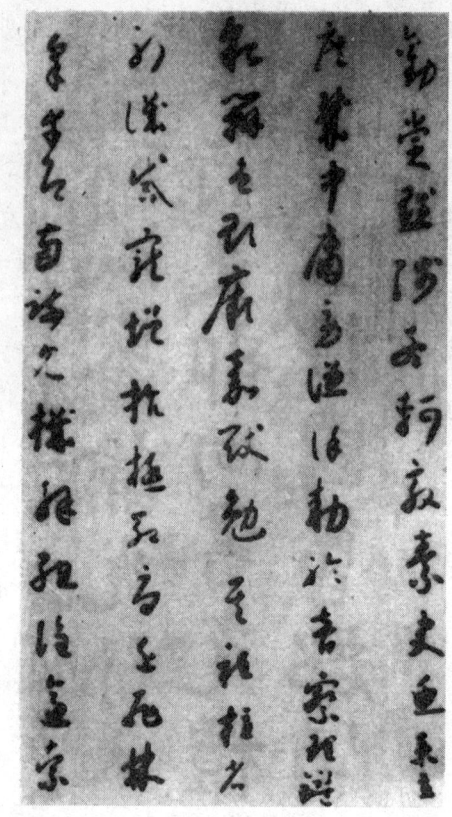

唐代怀素小草千字文

迹有《自叙帖》《苦笋帖》《食鱼帖》《论书帖》《藏真帖》《千字文》等。其中《食鱼帖》草书8行共56字,书法放逸,清劲秀润,被誉为怀素草书中的妙品。宋代李璜评价说:"藏真既食鱼肉,公然举以向人,计其胸中当无一毫讳吝,所以书法超妙。"杨震方《碑帖叙录》说:《食鱼帖》真迹近代曾藏丁氏韵秀楼,以照片公之于世;现藏辽宁省博物馆,有文物出版社影印本。《自叙帖》草书126行,共698字,书于大历十二年(777年),是怀素最精妙的草书杰作,其书法雄健飘逸,枯润有致,苏东坡倍加赞誉:"《自叙帖》盖无毫发遗恨。"真迹现藏在台湾,并有多种刻本流传于世。

柳公权(778—865年),也是值得一提的唐代书法家中的集大成者,其楷书清劲挺拔,俊秀深厚,被称为"柳体"。柳公权字诚悬,京

兆华原（今陕西耀县）人，元和初考取进士，历经唐穆宗、唐敬宗、唐文宗三朝，为翰林侍书学士，后官至太子少师，世称"柳少师"。柳公权在书法上学习王羲之、欧阳询、颜真卿等大家，融会贯通，自立新意而别树一家，在当时享有很高的地位和极大的影响。皇帝和学士们联句赋诗，让柳公权写在殿壁上，赐给他很多的锦缎和银器。"外夷入贡"，也常常带着专款来求购柳公权的书法。当时的公卿大臣和官宦富豪们，更是争相用重金请柳公权书写碑文，若得不

唐代柳公权《玄秘塔碑》

到其手书碑文则视为子孙不孝。柳公权很自然地发了大财，收入巨万，但他对理财一窍不通，只知道与笔墨纸砚打交道。他将珍宝钱财锦帛，交给家仆管理。有一天他问家仆，箱子锁得好好的，里面的银器怎么都不见了呢？家仆说，不知道呀。柳公权笑道，可能是长了翅膀飞升成仙了吧？柳公权的书法，流传极广，被后世奉为标准书体之一，与颜真卿并称"颜柳"。柳公权留下的碑刻书法甚多，传世墨迹主要有《送梨帖题跋》《蒙诏帖》《兰亭诗》等。

　　五代十国时期的书法家杨凝式（873—954年），也是个狂放不羁的人物。杨凝式是华阴（今属陕西）人，字景度，号虚白、癸巳人、希维居士、关西老农，人称杨疯子。杨凝式出身官宦世家，年轻时便已饱读诗书，崭露头角，因不满于身为宰相的父亲把传国玉玺送给篡位的朱温，从此便佯狂起来，借以自晦。杨凝式疯疯癫癫的，官运却极为亨通，一直做到少傅、少师、太子少保，世称"杨少师"。他身居高位，

却稀里糊涂,终日游山玩水,闲逛寺庙。有次他带仆人外出,仆人看他走累了,要他骑马,他却说骑马哪有走路快?他要去东边的古寺,走的却是往西的方向,弄得仆人哭笑不得,只好随他。他有一手好书法,却很少留意书翰,经常在断垣残壁上挥洒一些疯狂的颠草。他就这样漫不经心的,在狂怪放肆的艺术境界中,使自己成为五代时期最有成就的书法大家。他留下的行楷《韭花帖》,笔势雄俊,精美秀拔,深得王羲之《兰亭序》遗韵。原迹7行,共63字,为罗振玉所收藏。《宣和书谱》称赞说:"凝式善作字,尤工颠草,笔迹独为雄强,与颜真卿行书相上下,

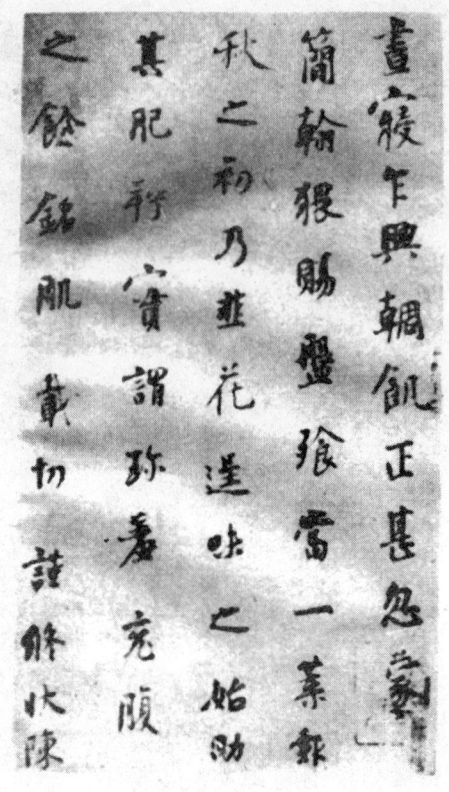

五代杨凝式书《韭花帖》

自是当时翰墨中豪杰。"黄庭坚赋诗说:"世人尽学《兰亭》面,欲换凡骨无金丹。谁知洛阳杨风子,下笔便到乌丝栏。"杨凝式传世书迹还有《神仙起居法》《庐鸿草堂十志图题跋》《夏热帖》等,都很奇妙,为后世书法家和文人雅士们所珍爱。

宋、元、明时期,帖学大为兴盛。宋初四家之后,元代的赵孟頫(1254—1322年)堪称是一位多才多艺的书法大家。他擅长篆、籀、分、隶、真、行、草,无不精绝,用笔圆转遒丽,骨力秀劲,自成一家,世称"赵体"。赵孟頫字子固,将住处称为"松雪斋",自号松雪道人,别号水精宫道人,所居之处修建了鸥波亭,所以又以鸥波称之。他是宋太祖十一世孙,父祖做过大官,嗜好书画,收藏甚富。宋朝亡国后,他在家中以书画为业。后为元朝征用,授兵部郎中,官至翰林学士

承旨，封魏国公。赵孟頫潜心学习过前代书法诸大家，深得众家之妙，正如《钝吟书要》所说："赵松雪出入古人，无所不学，贯穿斟酌，自成一家，当时诚为独绝也。"他临摹前贤书法，达到了使人难辨真假的地步，却又能荟萃众美，化为己用，形成了赏心悦目、雅俗共赏的自家书风。他才高艺广，绘画开创了元代新画风，擅长诗文词曲，还精通音乐，工于篆刻，擅长鉴定古代器物。他留下的书迹、绘画、碑刻、诗文甚多，对明、清书家产生了重大影响。

二 兰亭真迹何处觅

书圣王羲之的书法，生前已被人视若珍宝。他曾为一位卖竹扇的老姥在每把竹扇上题写数字，对老姥说："但言是王右军书，以求百钱。"老姥将信将疑，果然人竞买之，一抢而空。王羲之身后，留下的真迹更被人视若绝世珍迹。不仅文人雅士们珍爱异常，历代的文雅帝王们更是刻意搜求，甚至不择手段想方设法地罗致到手。梁武帝说："羲之书字势雄逸，如龙跳天门，虎卧凤阁，故历代宝之，永以为训。"曹勋说："逸少自六朝以降，一人而已，故历代宝之，以为大训。唐太宗殊加爱重，至为亲作传。绍兴天子尤喜之，以千金易一字。真迹遂多。"这些记叙，很真实地说明了王羲之墨迹为世所重的情形。

唐太宗李世民（599—649年）是一位文才武略称雄一世的封建帝王，同时也是一位崇尚风雅、造诣相当高深的书法家。他在位二十三年，励精图治，促使了经济文化的繁荣发展，历史上誉为"贞观之治"。在书法上，他学习王羲之书法，心摹手追，达到了痴迷的程度，不惜耗费巨金寻觅收罗天下所存王羲之真迹，供自己珍藏赏玩。他亲自撰写了一篇《王羲之传论》说：

> 详察古今，研精篆素，尽善尽美，其惟王逸少乎。观其点曳之功，裁成之妙，烟霏露结，状若断而还连；凤翥龙蟠，势如斜而反直。玩之不觉为倦，览之莫识其端。心摹手追，此人

而已。其余区区之类,何足论哉。

该文生动地叙述了他对王羲之推崇备至的心态。李世民还写了一篇《笔意论》,更是强调"夫学书者,先须知有王右军绝妙得意处"。李世民的嗜好,对当时的书坛产生了重大影响,开启了崇王风气。李世民的行草师法二王,并擅长飞白书,笔力遒劲,被誉为一时之绝。《山谷题跋》说:"太宗英睿不群,所学辄便过人。末年诏敕,有魏、晋之风,亦是富贵后能不废学尔。"张丑《管见》说:"文皇书法,远接右军。晚来手敕,清远绝伦。"这些评价很能说明李世民学习王羲之,在书法艺术上所达到的成就。

李世民不遗余力地搜求王羲之墨迹,在贞观初,已拥有右军凡二千零二十纸,装二十帙,一百二十八卷,可谓洋洋大观。李世民并不满足,又下诏继续搜访王羲之真迹,凡有所获,便让魏征、虞世南、褚遂良等人鉴定其真伪,置名其后,装成卷册,供他赏玩。到贞观中期,内府收藏的二王墨迹已经相当丰盛,但最有名的《兰亭序》却一直没有搞到手,使李世民怏怏不乐。

唐太宗像

《兰亭序》又称《兰亭宴集序》《兰亭集序》《临河序》《禊序》《禊帖》，是王羲之平生最得意的书法作品，被誉为"天下第一行书"。这件中国书法作品中的千古绝唱，王羲之后来曾誊写数遍，均不及草稿，遂倍加珍爱，后由子孙作为家传珍宝，代代相传。二百年后，《兰亭序》传到了王羲之七世孙智永禅师手中。智永是南朝陈至隋朝时期的书法大家，曾闭户书写《千字文》八百余册分送浙东诸寺。智永圆寂前，将《兰亭序》传给了弟子辩才。辩才俗姓袁，是南朝梁司空袁昂之后，出家后师事智永禅师学习书法，尽得师传，临写智永的书法能达到乱真的程度。据唐代何延之《兰亭记》记述，辩才是个博学多才的和尚，琴棋书画，皆得其妙。这位精通书艺的高僧，当然知道此帖的价值，如何保护珍藏此帖，很费了一些心思，后来终于想到了一个办法，在自己就寝的僧房梁上，凿了一个暗槽，将《兰亭序》秘密地藏在了里面。

唐代魏征画像

李世民经过多年搜寻，终于打听到了《兰亭序》的下落，颁发诏令，派人将年事已高的辩才从越州永欣寺接到长安，以上宾相待，许诺给以各种优厚待遇，动员辩才交出《兰亭序》。辩才不为所动，说自从智永逝世后，几经世乱，兰亭真迹早已不知去向。李世民三次召辩才入宫，软硬兼施，威逼利诱，追问此帖下落。辩才一口咬死说早已丢失，无论皇恩多么浩荡，辩才就是不改口。李世民无可奈何，只好放辩才回去。李世民对《兰亭序》朝思暮想，寝食难安，当然不会就此罢手，遂问计于群臣。经过分析，决定以计赚取之，委派了足智多谋、六艺俱精的御史萧翼前去完成这个特殊使命。

萧翼微服乔装，来到越州，在永欣寺见到了辩才，寒暄交谈，十分投合。萧翼谎称是北方书生，来南方做蚕种买卖。经过十多天的交往，两人朝夕相处，诗酒为乐。萧翼的博学多才和潇洒风雅，很容易地获得了辩才的好感。有天他们谈起了书法，萧翼拿出几件王羲之的真迹给辩才观赏。辩才欣赏后，兴奋地说，虽是书圣真迹，但不是上品。萧翼故意激辩才说，他不相信还会有比这些更好的名帖了。辩才这时已松懈了防范之心，说他便有非同一般的真迹。萧翼问是什么真迹？辩才说是《兰亭序帖》。萧翼哈哈笑道，这件天下第一行书，真迹早已失传，恐怕是响拓的伪作吧？辩才经不住这么反复激将，便分辩说，这是先师智永亲手托付给我的，岂会有错？随即将藏在房梁上的《兰亭序》真迹取下，让萧翼观赏。萧翼不动声色，故意指着上面的涂改之处说，果然是响拓本嘛。辩才不服气，两人争论不休。此后几天，两人往来更密，日日以赏玩书圣墨迹为乐。一天，辩才被人请去吃饭，萧翼来到寺中，诈称有东西忘在僧房内，哄小和尚打开门后，将《兰亭序》真迹与他带来的数帖一起揣入怀中，出寺骑马而去。萧翼随即以御史身份，在当地官府召见辩才，说明自己是奉敕来取《兰亭序》真迹，今已得到，特向禅师告辞。辩才大惊失色，知道自己上当了，当即昏厥过去。萧翼回长安复旨，受到重赏。辩才也收到了朝廷赐给的锦帛三千段、谷三千石，作为安慰。但再多的赐赏又怎么能弥补《兰亭序》真迹被夺走的愤懑与痛惜呢？辩才一病不起，不久便溘然而逝。

李世民获得了《兰亭序》真迹，大喜过望，朝夕赏玩，赞叹不已。命令翰林供奉拓书人赵模、韩道政、冯承素、诸葛贞四人，各拓《兰亭序》数本，以赐皇太子诸王近臣。又命拓书人汤普彻拓《兰亭序》赐给房玄龄等八名大臣。汤普彻悄悄多拓了几本，使拓本流传到了外面。贞观二十三年（649 年），李世民病重不起，留下临终遗言，将《兰亭序帖》真迹陪葬昭陵。李世民对《兰亭序》真迹的迷恋，已经到了连死都不愿分离的地步。"天下第一行书"就这样随同唐太宗的龙体葬入了坟墓。但唐太宗在弘扬二王书法方面，还是卓有功绩的。

《兰亭序》帖流传后世的唐人摹本，主要有以下几种：（一）神龙本，因帖的前后钤有唐中宗李显年号"神龙"左半印，而得名，又称冯承素摹本。（二）虞世南临本，帖尾有"臣张金界奴上进"七小字，所以又称为"张金界奴本"。（三）褚遂良临本，帖前标题有"褚摹王羲之兰亭帖"，帖后有米芾题七言古诗一首，也有人认为可能是米芾临本。以上数种，均藏于故宫博物院。（四）黄绢本，或称"领字从山本"，认为也是褚遂良所临，帖后有米芾、莫士龙、王世贞、文嘉、翁方纲等名人题跋，此本现在海外。（五）清代梁章钜藏本，认为也是褚遂良所摹，现藏于湖南省博物馆。除了以上所举的帖本外，还有石刻本。据载，唐太宗曾命欧阳询把真迹勾摹刻石，置放在宫廷内。五代战乱纷起，契丹将刻石装在车上运往北方，丢

神龙半印本《兰亭序》

弃在杀虎林，后来被李学究获得，珍藏在家中。李学究死后，他的儿子利用刻石捶拓本出售，每本售钱一千，好古者纷纷争购，供不应求。后来，其子负债，石刻被收入公库。宋朝熙宁年间（1068—1077年）薛师正出守定武，其子薛绍彭参照拓本另外摹刻了一石作为替换，将原石悄悄带回长安，并凿损了"湍、流、带、右、天"五个字作为暗记，以辨别真伪。后来被嗜好书画的宋徽宗知道了，下诏索取，将刻石收入宣和殿。靖康末，金兵攻破开封，石刻辗转流失，下落不明。其拓本流传甚广，称为"定武本"。因为摹刻者太多，所以《兰亭序》石刻拓本在宋代以后已多达百种以上。据宋代桑世昌《兰亭考》记载，北宋苏过的好友康惟章，便藏有定武兰亭石刻拓本百种。元代陶宗仪《辍耕

录》记载，南宋理宗内府藏有《兰亭序》刻本一百十七种。元代赵孟頫说："江左好事者，往往家刻一石，无虑数百十本。"到了清朝，吴云藏有《兰亭序》的各种临摹响拓石刻本二百种，号称"二百兰亭斋"。其间真伪讹杂，难以考辨，堪称是《兰亭序》拓本的广为流传已到了泛滥的程度。

历史上嗜好王羲之书法墨迹的风雅帝王并非唐太宗一人。在唐太宗之前，南朝梁武帝萧衍（464—549年）就是一个酷爱王羲之墨迹的书法迷。萧衍字叔达，兰陵郡（今江苏常州西北）人，曾任齐朝雍州刺史，镇守襄阳，后乘齐朝内乱，起兵夺取帝位，在位四十八年（502—549年），笃信佛教，全国因而大建寺庙多达2800余所。"南朝四百八十寺，多少楼台烟雨中。"唐人诗中所说，是遗留下来的著名寺院。萧衍本人曾三次出家当和尚，每次又被群臣以亿万金钱赎回。这么一个荒唐的皇帝，却十分风雅，长于文学，精通乐律，擅长书法，好与文人墨客谈书论艺，广为收罗历代名家真迹，亲自著书立说，著有《观钟繇书法十二意》《书评》等，对书学理论、书法技巧，以及钟繇、王羲之书法艺术成就方面的特点，颇有精到之见。他好写草书，唐代张怀瓘《书断》说："帝好草书，状貌虽古，但乏于筋骨，无奇姿异态。"比起南朝另一位风雅皇帝齐高帝萧道成的书法造诣，要略逊一筹。萧衍收藏的王羲之真迹甚多，有一天，他命令一位擅长书法的官员，从大内珍藏的王羲之真迹中，响拓出一千个不同的字，制成帖本，分赐给诸王、近臣临摹学习。后来又命周兴嗣将这千字编撰成四言韵文形式的

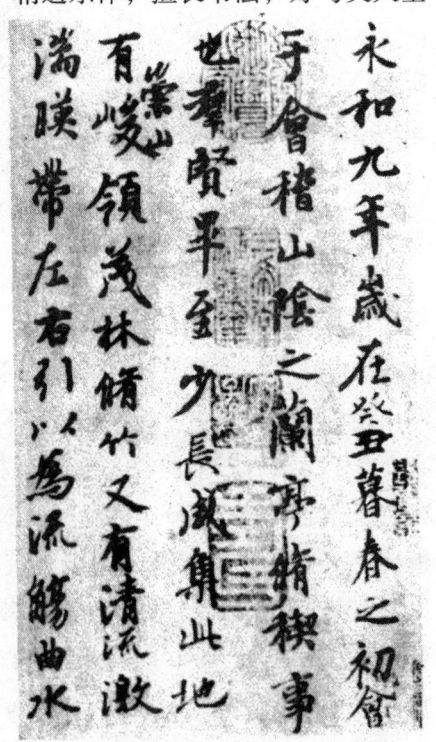

王羲之《兰亭序》　唐代冯承素摹本

文章，称为《千字文》。周兴嗣编撰此文一夜而成，因用脑过度，竟满头白发。《千字文》内容广博，涉及天文、地理、服饰、鼓乐、礼仪、技艺、饮食、娱乐，不仅是一部法书名帖，也是一部佳妙的启蒙教科书。梁武帝萧衍虽然荒唐昏庸，但编撰《千字文》这件事情，却功德无量，历来为文人雅士们所津津乐道。后世的著名书法家，大都抄写过千字文，以便于向初学者传授书法。如智永、欧阳询、褚遂良、赵模、孙过庭、张旭、怀素、梦英、米芾、

梁武帝萧衍像

宋高宗赵构、王昇、赵孟頫、鲜于枢等名家，所以《千字文》广为流传，备受珍爱。

  唐太宗李世民酷爱王羲之书法，曾编撰了一本著名的王羲之草书法帖《十七帖》。这是王羲之草书简札的连卷刻本，以丈二为一卷，因卷首有"十七日"几个字，所以称为《十七帖》。据杨震方《碑帖叙录》等书记载，《十七帖》历来刻本甚多，既有唐摹原本，又有唐人临写本，还有后人模仿伪造本。传世的《十七帖》墨本主要有敕字本、贺本、陕本三个系统。（一）敕字本共有38帖，134行，每行10字左右，帖后有一大写的"敕"字，下面正书"副直弘文馆臣解无畏勒充馆本臣褚遂良校无失"20个字。这是最完善的拓本了，历经周折，明代为吴宽收藏，张正蒙在上面题写了长跋，到了近代，被北京文物商店购得，后售给上海图书馆珍藏。（二）贺本相传为贺知章临刻本，曾收入《澄清堂帖》和《淳化阁帖》中。（三）陕本为何人所临，已不可考，其书法体势雄健，是保存至今唐人临本中最精美的帖本了。除上述几种外，还有明代文征明朱书释文本；清代冯铨收藏的唐拓本，现藏于河南开封博物馆；清代姜西溟收藏的北宋拓本，民国初年流往海外；此外还

有在敦煌发现的《十七帖》中《瞻近》《龙保》二帖墨迹本，被盗往国外，现藏于不列颠博物馆。《十七帖》堪称是唐代最早的官本法帖了，对后代产生的影响十分重大，历代均取作草书范本。

武则天（624—705年）是中国历史上的一位女皇帝，同时也是一位女书法家。她同唐太宗一样，也酷爱王羲之书法，嗜好古代书家名迹。她临朝称制后，便开始收集历代大家遗墨。据《石渠宝笈》等文献记载，万岁通天二年（697年），武则天得知王羲之后代子孙王方庆藏有先祖墨迹，下诏征集，王方庆只好将珍藏的从十一代祖王导至曾祖王褒共28人书法真迹共十卷献出。武则天得之大喜，日日观赏，赞叹不已，随即命人将其全部双钩摹拓，称为《万岁通天帖》。因为是王氏所捐，又称为《王氏宝章集》。武则天的笔力晚年更加精进，与受益于《万岁通天帖》有很大的关系。武则天在圣历二年（699年）用行书撰写《周昇仙太子碑》，以及行书《一夜诗》《荐福寺天后飞白题额》《崇福寺武后题额》，宋代为御府收藏，颇受好评。《述书赋》称誉说："武后君临，藻翰时钦。"武则天命人摹拓的《万岁通天帖》，是继唐太宗汇刻《十七帖》之后的又一部唐代官本法帖，其中王羲之《姨母帖》《初月帖》，王徽之《二日帖》，王献之《廿九日帖》，王僧虔《太子舍人帖》等，摹拓极为精良。原本传到宋代时，为岳珂收藏，并作了题跋，元代时为其子孙岳仲远珍藏。宋人曾将其刻入《太清楼续法帖》。

到了明代，原本为无锡华中甫所得，藏于真赏斋，文征明、董其昌等人观赏后，皆在上面作了题跋。后来真赏斋发生火灾，《万岁通天帖》幸被抢出。清代时为内府所得，刻入《三希堂法帖》，后乾清宫发生大火，《万岁通天帖》几乎被焚，今卷上尚有火焚痕迹。现在原迹为辽宁省博物馆珍藏。

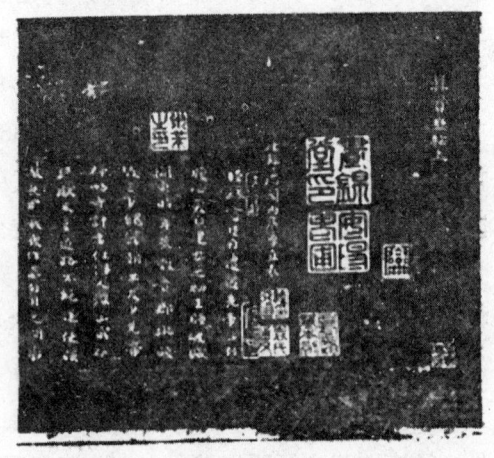

《真赏斋帖》

南唐后主李煜（937—978年），是一位著名的风雅皇帝，政治上没有治国的才干，但在文学艺术上却才情出众，工于诗词，擅长书画。他填写的词，至今脍炙人口。他的书法也妙绝一时，《书史会要》说："后主喜作行书，落笔瘦硬，而风神溢出，然乏姿媚。"他写字时，喜作颤笔，遒劲如寒松霜竹，称为"金错刀"。他还能使用卷起的帛，来书写大字，挥洒如意，世谓撮襟书。他在书法上主要学习"二王"，将他珍藏的历代名家书迹汇编成帖，命徐铉拓刻，称为《昇元帖》。后人评论，认为这是一部最早的汇编法帖了。《昇元帖》因为卷末有"建业文房之印"，所以又称为《建业文房帖》，又称为《保大帖》，也有人认为《保大帖》与《昇元帖》是两种帖。《昇元帖》置放在澄心堂，又称为《澄心堂帖》，后来讹传为《澄清堂帖》，对此历来有争议。南宋时有伪刻本流传。李煜汇编的这部官本法帖，可谓是对书法艺术做了一件莫大的好事。他还设立画院，网罗人才，在唐末战乱纷起、中原文物蹂躏殆尽的情形下，保护了一大批书画艺术人才，与后蜀成都成为艺术人才荟萃的两大中心。这也是值得称颂的一件好事。他还发明了"澄心

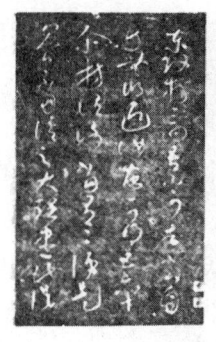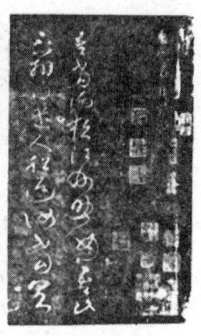

宋《淳化阁帖》

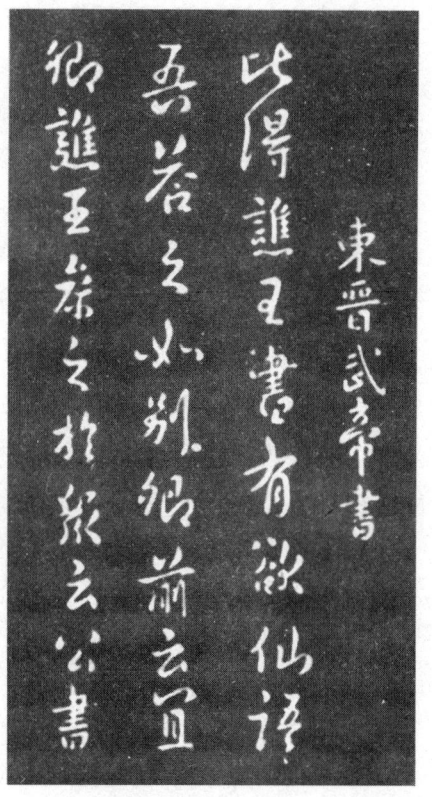

宋《淳化阁帖》中的梁武帝书

堂纸"，为后代书家所珍爱。李煜在位十五年，自号白莲居士、钟山隐翁、钟隐后人等等。从这些雅号中，很能窥见李煜的风雅个性。南唐亡国，李煜归降宋朝，封违命侯、陇西郡公，后被毒死，卒年四十二岁，追封为吴王。一个书画诗词皆精的风雅皇帝，结果却成了政治的牺牲品。

帖学到了宋朝，大为兴盛，这与宋朝皇帝的崇尚风雅、嗜好书画大有关系。淳化三年（992年），宋太宗赵光义将秘阁（皇帝的私人图书馆）所藏历代法帖集中起来，命侍书学士王著汇编成帖，摹刻于禁中，用澄心堂纸、李廷珪墨拓印，大臣登二府者赐帖一部。此帖称为《淳化秘阁法帖》，简称《淳化阁帖》或《阁帖》，共十卷，收录的历代名家墨迹有：张芝、崔瑗、钟繇、王羲之、王献之、庾亮、萧子云、唐太宗、唐玄宗、颜真卿、欧阳询、柳公权、怀素等，其中以"二王"书迹最多，占了一半以上，可谓洋洋大观。但王著学识不足，采择不精，标题多误，在编排次序上也比较杂乱，甚至混入了伪迹，受到了苏轼、米芾等人的批评。据宋人记载，《淳化阁帖》是摹刻在枣木板上，但每卷卷末刻有"淳化三年壬辰岁十一月六日奉圣旨摹勒上石"题记，好像又是刻在石上的。因为是朝廷拓刻的官本法帖，原拓数量控制极严，"故不及百年，原拓已极难得"（《碑帖叙录》）。至于原拓究竟是木刻还是石刻，已很难考定。后来翻摹者甚多，著名的如《绛帖》《潭帖》《清江帖》《武陵帖》等，都是参照《淳化阁帖》，或照原样摹刻，或纠正谬误重新加以取舍选择并增加遗漏的名迹而刻拓的，流传极为广泛。《淳化阁帖》虽然算不上完美，但它仍是一部有影响的官本法帖，它将历代书法大家的墨迹汇编成帖，对继承和推动书法艺术的发展发挥了积极作用。所以，《淳化阁帖》历来为文人雅士们所珍爱，对其进行研究的也很多，如清代王澍有《淳化阁帖考证》十二卷，综合了米芾、黄伯思、顾从义三家对《阁帖》的辨证之言，详细考证了《阁帖》中的伪误依托等不足。

摹刻的《绛帖》，是淳化三年（992年）潘师旦刻于山西绛州（今山西新绛县）的一部法帖，因地名而称为《绛帖》。当时《淳化阁帖》刚刚面世，潘师旦感觉到了其中的不足，便以《阁帖》为基础，增添了许多名家墨迹，汇编成二十卷。前十卷内容为：一、诸家古法帖；二至五、历代名臣法帖；六至七、王羲之法帖；八至十、王献之法帖。后十卷内容为：一、宋帝王书、太宗书；二、历代帝王书；三至六、王羲之法帖；七至八、历代名臣法书；九、张旭法帖；十、颜真卿、怀素、高闲等各家书。摹刻甚精，历代重之。潘师旦死后，两个儿子将《绛帖》刻石分成两份，长子分得前十卷，次子分得后十卷。后来，长子因负官债，前十卷刻本被收入绛州公库，绛州太守补刻了后面的十卷以恢复原貌，称为"公库本"或"东库本"。次子也补刻了前面的十卷，称为"私家本"。这两部刻本于靖康年间（1126—1127年）落入官吏手中，金代有好古者重新作了摹刻，称为《新绛帖》。因金人避"亮"字讳，帖中"亮"字有缺笔，故称"亮字不全本"。《绛帖》原拓流传极少，其中有流入日本者，中村不折氏书道博物馆收藏有原拓本六册和零本一册。上海图书馆藏有宋拓本。北京图书馆藏有元代和明初的翻刻本。

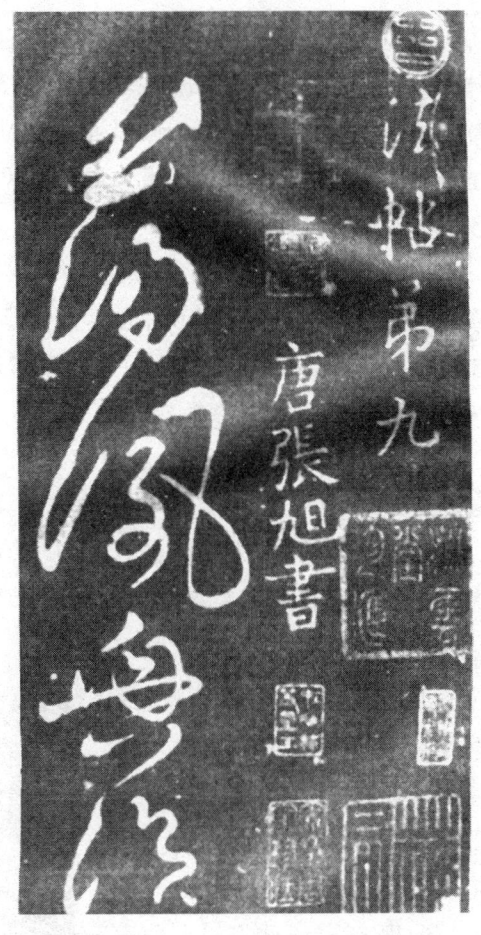

宋《绛帖》中的张旭草书

《潭帖》是宋代刘沆守潭州时，命僧人希白以《淳化阁帖》原拓本模刻于长沙郡斋，因地名又称为《长沙帖》。共十卷，与《淳化阁帖》不同的是，此帖字行稍高，并增加了王羲之《霜寒帖》和《十七日帖》，以及王濛和颜真卿诸帖。各卷末刻有"庆历五年（1045年）"或"庆历八年（1048年）"纪年。刘沆又另外刻了一本置放在私第中，称为"私第本"，特点是字画比较圆润，卷尾没有纪年。此后又有长沙碑匠的重刻本。原刻毁坏于靖康、建炎年间（1126—1130年）。后来又有各种重刻本流传于世。

《清江帖》又名《临江帖》《戏鱼堂帖》。宋代刘次庄获得了吕和卿珍藏的《淳化阁帖》，于元祐七年（1092年）摹刻于临江（今江西清江县），在内容上，又增添了一些书家名迹，并附有吕和卿释文，拓刻甚精。南宋时，四川总领权安节摹刻了一种《戏鱼堂帖》本，称为"利州本"。原刻近代恐怕已经失传，流传的大都是后来的翻刻本或伪刻本。

《武陵帖》是南宋武陵郡守张斛于绍兴十一年（1141年）刻于郡斋，此帖汇集了各种《秘阁法帖》，并参照了《潭帖》《绛帖》《临江帖》《汝帖》等各种帖本，加以选择取舍，汇编为二十二卷，武陵在宋代属于鼎州，所以又称为《鼎帖》。此帖为木刻，卷首与卷尾下方刻有"武陵"二字。原拓已流入日本。上海图书馆收藏有宋拓残本，上面有翁方纲考跋。

宋朝大观初，宋徽宗赵佶发现《淳化阁帖》原刻板因年代久远已经断裂，加上王著汇编时的种种错误与不足，便下诏汇集内府收藏的全部墨迹，命龙大渊等人重新汇编成帖，刻石于太清楼下，又任名蔡京负责审核校定此事。蔡京虽然奸佞，但在书法与学识上则比

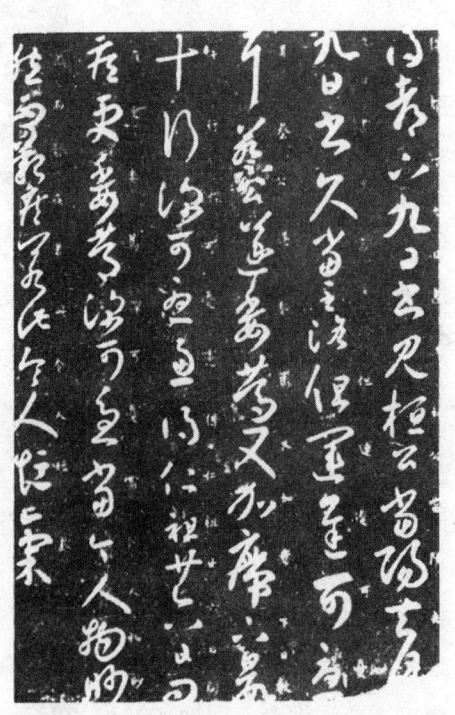

宋《大观帖》

王著要高出许多，所以汇编成的《大观帖》（又名《太清楼帖》），比《淳化阁帖》要好，不仅选择谨严，摹刻也十分精良。《大观帖》中的标题，为蔡京手书，每卷末刻有"大观三年（1109年）正月一日奉圣旨摹勒上石"，每板前刻有小字记卷数，中记版数，下边记刻者姓名。《大观帖》的拓本控制极严，宋徽宗只将它赐给少数大臣，十七年后遭靖康之乱，文物图籍大都流散，所以原拓传世极为稀少。南宋时有拓榷场本，系原石所拓，传世也很少。元代和明代时有重刻本，其中有诈冒原刻的伪帖，清代周行仁《淳化秘阁法帖源流考》等书对此考证颇详。现在只有北京图书馆藏有宋拓本卷一卷二。

《淳化阁帖》和《大观帖》是北宋两部重要的官本法帖。南宋统治者对《阁帖》也极为重视。到了淳熙十二年（1185年），宋孝宗赵昚下诏以内府收藏的《淳化阁帖》原拓本重新刻石于禁中，要求同原本一样不加任何变动。卷末有楷书题字"淳熙十二年乙巳岁二月十五日修内史恭奉圣旨摹勒上石"。这种由皇帝下诏督办的内府翻刻本，被称为《淳熙修内司本淳化阁帖》。过了一年，宋孝宗赵昚于淳熙十三年（1186年）三月，又命人将南渡后所收集得到的历代书家名迹，汇编成《淳熙秘阁续帖》十卷，勒刻上石。其内容，卷首为钟繇、王羲之帖；二、王献之书、褚遂良临本；三、欧阳询、萧瑀、褚庭诲、孙思邈、狄仁杰、张旭、颜真卿等七贤书；四、唐明皇批答裴耀卿等奏状；五、李白、胡英、李邕、白居易帖；六、张九龄三相暨李绅告身；七、李阳冰篆书、李德裕、毕诚、李商隐书；八、怀素颠草；九、高闲、亚栖、齐己书；十、杨凝式、无名氏帖。由此可知此帖收罗内容的广泛。帖上还有内府图书、宣和、绍兴小印或睿思殿印。宝庆年间（1225—1227年）宫廷发生火灾，原石佚失，所以此帖流传下来的极为稀少。

南宋末，权相贾似道有个食客叫廖莹中，是个临摹能手，他将贾似道所藏《淳化阁帖》原拓本钩摹下来，命石刻高手王用和勒刻上石。由于两人技艺高超，翻刻本几可乱真。与原本唯一的差别是，翻刻本中的索靖书迹多了数行。后人将这个翻刻本称为《贾似道本淳化阁帖》。与此同时，廖莹中又自刻一本，称为"世彩堂本"，摹刻的也极其精善。后来又有多种翻刻本，如刻于明朝嘉靖四十五年（1566年）的

"顾氏本"和刻于万历十一年（1583年）的"潘氏本"等。

明朝肃庄王朱楧受封兰州时，明太祖朱元璋曾赐给一部《淳化阁帖》真本。这部御赐的真本，后来传给了肃宪王朱绅尧。万历年间（1573—1620年），洮泯道张鸣鹤得到了一部"李子崇藏本"，又在甘肃皋兰得到了一部"材官本"，张鸣鹤设法借到了肃宪王朱绅尧的赐帖，与他所得到的两种帖本进行校对，并请温如玉、张应召将帖本双钩成响拓本。朱绅尧知道后，命人刻石，不久朱绅尧去世，由他的儿子朱识鋐完成了这件事情。前后耗费了七年时间，刻石144块，拓成帖本共计253纸。初拓本使用的是太史纸和程君房墨，现在已极难见到。卷末刻有隶书体"万历四十三年（1615年）乙卯岁秋八月草莽臣温如玉张应召奉肃藩令旨重摹上石"。后人将其称为《肃府本淳化阁帖》，又名《兰州本》或《遵训阁本》。刻石留存到清朝，顺治十一年（1654年）洮泯道陈卓对其作了补刻，并有翻刻本流传于世。

清高宗弘历也是一个嗜好书法的风雅皇帝。乾隆初，弘历收罗天下历代书家名迹，获得了王羲之的《快雪时晴帖》、王献之的《中秋帖》、王珣的《伯远帖》三件真迹，乾隆欣喜异常，视为希世珍宝，遂名其室为"三希堂"。《快雪时晴帖》是王羲之尺牍，真迹为素笺本，高七寸一分，宽四寸六分，行书3行，后有"山阴张侯"一行，共28字。唐朝和宋朝为朝廷秘府收藏，后为米芾摹拓刻入《宝晋斋法帖》，并刻写了题跋。元朝时，真迹为御府所获，明朝时又为王穉登所

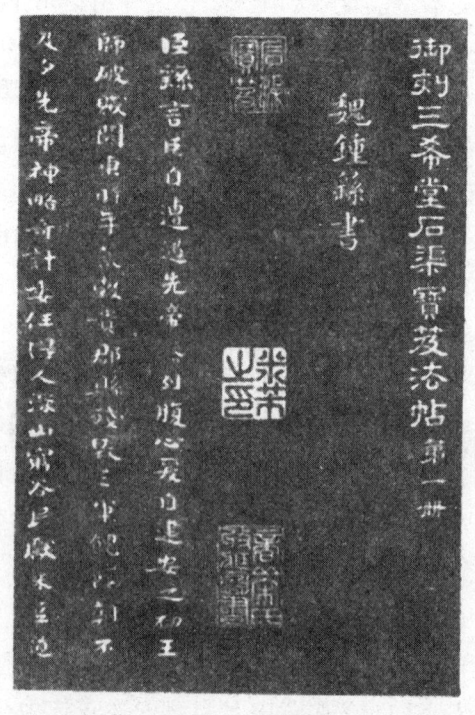

《三希堂法帖》

有，后又辗转于吴廷、刘承禧、冯铨等人之手。冯铨为明末清初涿州（今河北涿县）人，得此帖后即命其居为"快雪堂"，并请铁笔名家刘光旸镌刻了《快雪堂法帖》五卷。冯铨的子孙不守家业，《快雪时晴帖》原迹和《快雪堂法帖》刻石均为他人所得，最后进入清廷内府，为乾隆皇帝弘历所有。

乾隆十二年（1747年），弘历汇集内府所藏历代法帖墨迹，敕命梁诗正、汪由敦、蒋溥等人主持选编一部清代的官本法帖，称为《三希堂石渠宝笈法帖》，简称《三希堂法帖》，选派良工摹刻，历时三年，至乾隆十五年（1750年）才完成。这部官本法帖共32册，收录了历代书法名家134人，共340余帖，刻石495方；卷帙浩繁，规模宏大，摹刻精良，堪称是丛帖中的皇皇巨著。《三希堂法帖》在摹、刻、拓三个环节上，使用的都是全国有名的良工巧匠，所以质量极其完美。初拓本使用的纸墨非常讲究，浓黑发亮，称为"乌金拓"，乾隆皇帝用来赐给王公大臣，使获得者倍加珍视。乾隆十九年（1754年），弘历又汇集内府所藏褚遂良等名家墨迹，命蒋溥、汪由敦、嵇璜等人编校，镌刻成《三希堂续帖》四卷，此帖又名《墨妙轩法帖》，原石在万寿山，现石已不存。道光十九年（1839年），《三希堂法帖》被加刻了花边，俗称龙边，拓本多用淡墨。咸丰年间，因捶拓太多，刻石已渐磨损。现存北京北海公园阅古楼。《三希堂法帖》流传极广，影响深远，对书法艺术的继承与发展发挥了十分重要的作用。

乾隆皇帝弘历在位六十年，内府所刻汇帖甚多。除了规模宏大的《三希堂法帖》，还补刻了《快雪堂法帖》五卷。此帖原为冯铨所刻，被子孙将刻石售于福建黄可润，黄氏后人亦不能守，乾隆初被总督杨景素（朴园）购得，进奉给皇帝。《快雪堂法帖》卷数虽少，但其中诸帖大半由真迹摹拓，镌刻精美，弘历大为欣赏，亲笔撰写了《快雪堂记》，并题写了《补刻木板及补刻石版》二诗，又特建"快雪堂"，为廊以嵌帖石。由于乾隆皇帝的倡导，从此以后《快雪堂法帖》风行一时。传世拓本有"涿拓"、"建拓"、"内拓"、"京拓"等区别。后来翻刻颇多，流传甚广。《快雪堂法帖》同《三希堂法帖》一样，同样也是一部非常有影响的官本法帖。

上述的这些官本法帖，都收入了"天下第一行书"《兰亭序》。乾隆皇帝对《兰亭序》的雅爱，其兴趣之浓并不亚于唐太宗。乾隆四十四年（1779年），他将内府收藏的四种《兰亭序》帖本、柳公权《兰亭诗》及后序、董其昌临摹的《兰亭诗》帖，加上弘历御笔临摹的《兰亭诗》帖，作八卷，镌刻在八根石柱上，称为《兰亭八柱帖》。其中，虞世南临本，乾隆皇帝列为"兰亭八柱第一"；褚遂良临本，列为"兰亭八柱第二"；冯承素摹本，即"神龙本"，列为"兰亭八柱第三"；柳公权兰亭诗墨迹，列为"兰亭八柱第四"；戏鸿堂刻柳公权兰亭诗原本，列为"兰亭八柱第五"；于敏中补戏鸿堂刻柳公权书兰亭诗阙笔，列为"兰亭八柱第六"；董其昌仿柳公权书兰亭诗，列为"兰亭八柱第七"；乾隆皇帝临董其昌仿柳公权书兰亭诗，列为"兰亭八柱第八"。八帖帖首有乾隆皇帝撰写的题记，帖后附刻有历代名人题跋。刻工精良，笔意墨趣神采毕现。兰亭八柱刻成后，置于圆明园文源阁。圆明园被毁后，1917年将兰亭碑及碑亭石柱移入北京中山公园，现存该园兰亭碑亭内。《兰亭八柱帖》初拓本，每册前后有"乾隆御览之宝"印章，现藏于故宫博物院。

关于《兰亭序》帖本的研究考证，历代学者的著述甚多。1965年《文物》第6期刊载了郭沫若《由王谢墓志的出土论到兰亭序的真伪》一文，提出了一种新看法，认为王羲之《兰亭序》为后世依托，指出是隋朝僧人智永所摹写，其序文亦经后人篡改。但也有学者不同意这种说法。1973年文物出版社将不同观点说法汇编成《兰亭论辩》一书出版。《兰亭序》由于真迹的失传，因而蒙上了一层扑朔迷离的神秘色彩。此谜迄今尚未最后解开。

三 嗜帖如宝的名士墨客

古代的文人雅士们，喜爱碑帖，赏玩珍藏，是一种风尚。苏东坡有诗说："家藏古今帖，墨色照箱筥。"南宋大儒朱熹在《跋官本十七帖》中更是直言不讳地说："官本法帖，号为佳玩。"清代汪士鋐说："不学古隶，不知波折行复之理；不习晋帖，不知回环牵结之妙；不玩唐碑，不知古人各有成家之法。"更有人形容说："如士人不知晓碑帖，直若农夫不辨菽粟，工匠不识绳墨一般。"上面引述的这些话，很能说明历代名士墨客珍爱碑帖的心态。在这种历代相传盛行不衰的风雅传统中，不仅体现了中国文人雅士们的学识素养，同时也显示了书法艺术所具有的强大艺术魅力，表达了一种浓郁而又深厚的情感。古人在这方面留下的故事轶闻甚多，有些迄今仍为人们所津津乐道。

王羲之从父王导，是晋朝名臣，官至丞相。王导（276—339年）字茂弘，小时师从钟繇、卫瓘学习书法，勤奋异常，融会贯通，自成一格。他擅长多种书体，尤以行草最佳。王愔说："王导行草，见贵当世。"王导在当时书坛有很高的声望，是士族集团中的风云人物。西晋末年，中原地区战乱纷起，朝廷迁往江南，士民百姓纷纷渡江南下。在这种兵荒马乱的情形下，王导对家中的金银财宝并不怎么重视，却随身携带着钟繇的墨迹《宣示表》，为了途中不发生意外，特将此帖密缝于衣带内，终于安全带往江南。《宣示表》是钟繇留下的楷书名帖，是书法艺术宝库中不可多得的一份珍贵遗产。王导对《宣示表》的珍视和保护，在当时深受好评，传为佳话。《宣示表》后来放在王羲之处，供王羲之观赏临摹，对王羲之的书法艺术起到了有益的作用。王僧虔《书录》记载说："太傅《宣示》墨迹，为丞相始兴宝爱。丧乱狼狈，犹以此表衣带，过江后在右军处。右军借王修，修死，其母以其子平生所爱，纳诸棺中，遂不传。所传者，乃右军别临本。梁武所谓势巧形密，胜于自运者也。"王修的慈母因爱铸错，致使《宣示表》真迹失传，实在是件遗憾的事情。王羲之的临本，后来刻入了《淳化阁帖》《大观帖》《东书堂帖》《宝贤堂帖》《停云馆帖》《秀餐轩帖》《墨池堂帖》《玉烟堂帖》《泼墨斋帖》等汇帖之中，另外还有"贾似道刻本""廖莹中刻本"等单帖本，广为流传，影响深远，这又是不幸中的大幸了。

王羲之的叔父王廙（276—322年），字世将，官至平南将军，也是一位博学多才的书法家，而且擅长绘画。他在书法上学习张芝、钟繇、卫夫人、索靖等前代名家，加以变化，深得其妙，善写隶、草、行、飞白诸体，取得了很高的成就。王僧虔《论书》说："王平南是右军（羲之）

叔,自过江东,右军之前,唯廙为最。"《书断》说:"廙工于草、隶、飞白,祖述张、卫遗法,亦好索靖之风。其飞白志气极古,垂雕鹗之翅羽,类旌旗之舒卷。时人云,王廙飞白,右军之亚。"这样一位造诣高深的书法家,对古代书家名帖,也极为珍爱。据载,王廙曾获得了索靖的真迹《七月二十六日帖》,视为奇珍,反复赏玩,倍加爱惜。永嘉南迁时,他将此帖叠起来缝在衣裳内,安全带往江南,在当时也同样传为美谈。

唐代书法家钟绍京,字可大,虔州赣(今江西赣州)人,是三国曹魏时期大书法家钟繇的后代。钟绍京曾辅佐唐玄宗平定韦氏之难,后官至中书令,封越国公。他工书善文,字画妍媚,笔势圆劲,在书坛上有很高的声望。《唐书》本传记载说:"则天时日月堂门额,九鼎之铭,及诸宫殿门榜,皆绍京所题。"明代大家董其昌评价说:"绍京书《遁甲神经》,笔法精妙,回腕藏锋,得子敬(王献之)神髓。赵文敏(孟頫)正书实祖之。"这些都说明了他的书法成就和影响。因此时人常将钟繇称为"大钟",而将钟绍京称为"小钟"。钟绍京在书法艺术上的高深造诣,与他嗜好碑帖大有关系。他喜欢收藏,精于鉴赏,每获得一件前代名家真迹便喜不自禁,甚至不惜耗费巨资,以觅求"二王"墨迹。经过多年收集,他珍藏的历代名家法帖有数十百卷之多,其中王羲之、王献之的墨迹就有几十件,除了唐太宗李世民内府所藏,当时就数他收藏的法帖最为丰富了。他收藏的唐初书家名迹亦甚多,种类丰富,令人叹为观止。钟绍京堪称是真正嗜帖如宝的一代大家。他留下的传世墨迹有

唐代李白像

《灵飞经帖》、《维摩经帖》、《转轮王经帖》等。其中《灵飞经帖》为唐代以后的著名小楷范本,明代真迹尚存于世,被刻入《渤海藏真帖》中。后来翻刻者甚多。《维摩经帖》真迹已失传,明代被董其昌刻入《戏鸿堂帖》中,又被陈元瑞刻入《玉烟堂帖》内。

唐代著名诗人李白(701—761年),字太白,号青莲居士,才华横溢,诗文超群,喜欢饮酒赋诗,击剑任侠,云游天下。贺知章读其诗文,惊叹为"谪仙",言于朝廷。唐玄宗特地召见李白,诏令供奉翰林,后来有"御手调羹"、"高力士脱靴"、"醉写吓蛮书"等故事,因得罪权贵,被放归。李白的一生充满了浪漫色彩,被誉为"诗仙"。其实,李白还是一位造诣高深的书法家,擅长行草,笔法飘逸,风格高古,受到了时人很高的称誉。《书系》说:"李白不以书名,乃乘兴一帖,字画飘逸,行笔不让古人。"裴敬《李白墓碑》说:"翰林字,思高笔逸。"赵德林《跋太白帖》说:"虽自九天分派,不与万李同林,步处雷惊电绕,空余翰墨窥寻。"李白这样一位浪漫的诗人和书法家,对古代书法碑帖亦珍爱异常,在漫游中观赏碑帖,曾见于其诗作之中。他自己留下的墨迹亦很多,遗憾的是大都在他颠沛流离中失散了。宋代宣和年间,御府收藏有李白的

《太白醉酒图》 清代苏六朋作

行书《太华峰》《乘兴帖》；草书《岁时文》《咏酒诗》《醉中帖》。其《乘兴帖》："乘兴踏月，西入酒家，不觉人物两忘，身在世外。"飘逸潇洒，尤为名士墨客们所珍爱。

唐代诗人杜牧（803—852年），字牧之，是一位造诣高深的书法家。他进士出身，历任监察御史和黄、池、睦诸州刺史，官至中书舍人。

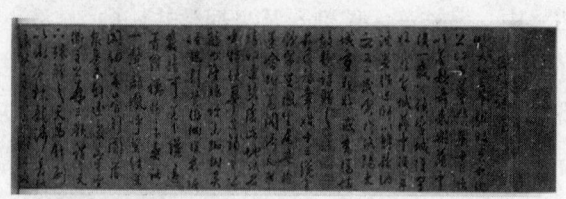

唐代杜牧书《张好好诗》局部
北京故宫博物院藏

他的诗，情致豪迈，世人号为"小杜"。他的行草书法，笔力遒劲，气格雄健，与其文章相表里，称誉一时。董其昌《容台集》评价说："余所见颜、柳以后，若温飞卿与（杜）牧之亦名家也，"称赞其书法"大有六朝风韵"。太和九年（835年），杜牧写了一首诗赠给沦落风尘的歌妓张好好，诗前有序文，写了张好好的不幸际遇。后裱装为长卷，纵宽28.2厘米，横长162厘米，行书48行，每行8字或10字不等，字体恣媚，用笔劲健，成为杜牧留存至今的唯一墨迹名帖。宋代时，诗卷为御府所得，宋徽宗在卷前月白绢签题了"唐杜牧张好好诗"。元代至明代，诗卷历经多人之手，卷后纸上留下了这些赏玩者的题名和藏印。清代又经张孝思、年羹尧之手，乾隆时真迹又被内府所得，近代为张伯驹所获，现藏于故宫博物院。诗卷明代时被摹刻入《戏鸿堂帖》，清代又被刻入《秋碧堂帖》。杜牧的《张好好诗》卷，不仅给后人流传下来一个浪漫的故事，更显示了历代的风雅和对名帖的珍爱。诗卷本身的经历，就是一个富有传奇浪漫色彩的故事。

北宋大文豪苏轼（1037—1101年），字子瞻，号东坡居士。他不仅在文学上是"唐宋八大家"之一，在书法上也自成一家，擅长行书、楷书，与黄庭坚、米芾、蔡襄并称"宋四家"。苏东坡的诗词文章，豪放浑厚，雄视百代。他的书法，取法李邕、徐浩、颜真卿、杨凝式，上追魏晋，自创新意，用笔丰腴跌宕，不失天真烂漫之趣。黄庭坚说："东坡道人少日学《兰序》，故其书姿媚似徐季海（浩）。至酒酣放浪，意忘工拙,字特瘦劲似柳诚悬(公权)。中岁喜学颜鲁公、杨风子书,其合处不减李北海(邕)。至于笔圆而韵胜,挟以文章妙天下,忠义贯日月之气。本朝善书,自当推为第一。"倪瓒说:"坡翁书大小真草,得意率然,无不入妙。"由此可知世人对苏东坡书法的推崇。在当时,苏东坡的墨迹已

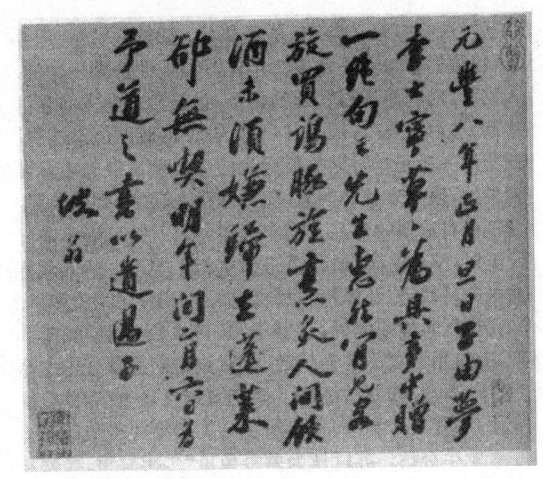

苏轼墨迹

为一些人视作"奇货可居"了。据《侯鲭录》记载说,有一天黄庭坚对苏东坡戏言说:"昔右军书为换鹅书,近日韩宗儒性饕餮,每得公一帖,于殿师姚麟家换羊肉数斤,可名公书为换羊书矣。"那天苏东坡在翰林院,韩宗儒又"致简相寄,以图报书,来人督索甚急。"苏东坡很幽默地笑道:"传语本官,今日断屠。"拿苏东坡的复信去换羊肉来吃,这当然是个笑谈。《春渚纪闻》等书记载说:苏东坡在黄州的时候,"每有燕集,醉墨淋漓,不惜与人,至于营妓供侍,扇题带画,亦时有之。"《东坡志林》说,当时有张怀、张昌二人下围棋赌输赢,胜者得苏东坡的墨宝一张,负者出钱五百,请客吃饭。又有"庞安常为医不志于利,得法书名画,辄喜不自胜",庞安常的弟子九江胡道士给苏东坡看病用药,苏东坡"无以酬之,为作行草数纸而已"。后来苏东坡的朋友参寥子去看病,自度无钱,又不善书画,只好向苏东坡求急。《墨庄漫录》说:"东坡自儋耳北归,临行以诗别黎子云秀才,后批云:新酿其佳,求一具理。临行写此,以折菜钱。"这说明苏东坡自己有时候也是用书法来换酒喝,或代替菜钱,或代替药费。这并没有影响苏东坡的身价,反而显示了苏东坡的诙谐与风趣。苏东坡留下的墨迹很多,历来为文人雅士们所珍藏,有的直接进入了御府。如《清波杂志》记载说,苏东坡在海南岛时曾抄写了平生所作八赋,"八赋墨迹初归梁师成,后

入禁内"。又如《鹤林玉露》记载说:"东坡归至常州报恩寺,僧堂新成,以板为壁。坡暇日题写数遍。后党祸作,坡之遗墨,所在搜毁。寺僧以厚纸糊壁,涂之以漆,字赖以全。绍兴间,诏求苏、黄墨迹。时僧死久矣。一老头陀知之,以告郡守,除去漆纸,字画宛然,临本以进。高宗大喜,老头陀得祠曹牒为僧。"《墨庄漫录》等书还记述了苏东坡在徐州时,曾亲笔书写《黄楼赋》,营妓关盼盼模仿苏东坡的笔法书写了"山川开合"四个字。苏东坡"见之大笑,略为润色,不复易。今碑四字盼书也"。《却扫编》和《苕溪渔隐丛话》等书记载说:"东坡南窜,议者请悉除其所为文,所在石刻多见毁。徐州黄楼,东坡所作,子由为赋,坡自书。时为守者不忍毁,但投其石城濠内,而易楼名观风。宣和末年,禁稍弛,一时贵游以蓄东坡之文相尚,鬻者大见售,故工人稍稍就濠内摹此刻。有苗仲先者,适为守,因命出之,日夜摹印,既得数千本,忽语僚属曰:苏氏之学,法禁尚在,此石奈何独存?立碎之。人闻石毁,墨本价益增。仲先携至京师尽鬻之,所获不赀。"苗仲先见利忘义的卑鄙行为,已为世人所唾弃。苏东坡的书法墨迹也同他的身世一样,经历了种种磨难与坎坷。《夷坚志》记述说,苏东坡在黄州时曾手抄《金刚经》前半部,谪居惠州时抄写了后半部,均散失了,后来李少愚得到了前半部,至南宋绍兴初才终于寻觅到了后半部,成为完璧。后来甘氏将《金刚经》刻石为帖,称为甘本,明代时为御府所藏。南宋乾道四年(1168年),汪应辰在成都西楼下,选刻了苏东坡的书迹三十种,共十卷,名为《东坡书髓》,又称《西楼帖》,清代端方曾藏有三卷。苏东坡的墨迹碑帖,据《碑帖叙录》等书所载,流传至今的尚有数十种,曾被刻入多种丛帖之中。真迹为上海博物馆等处收藏,并有流入日本者。

北宋书画家米芾(1051—1107年),是一位嗜帖如宝的著名收藏家。米芾初名黻,字元章,号唐门居士、襄阳漫士、海岳外史,祖籍太原,迁居襄阳(今湖北襄樊),世称米襄阳,晚年定居润州(今江苏镇江)。宋徽宗赵佶召任为书画学博士,官至礼部员外郎,人称"米南宫"。米芾博学多才,诗词文赋、书法绘画皆称誉一时。他的书法博取前人所长,古雅率真,俊迈豪放,为"宋四家"之一。《宋史》本传说他"妙于翰墨,沉著飞翥,得王献之笔意"。苏轼推许说:"米书超逸入神,""海岳生平篆、隶、真、行、草书,风樯阵马,沉著痛快,当与钟、王并行,非但不愧而已。"米芾在山水画上,也自成一家,喜用水墨横点堆叠画法,突破了钩廓添皴的传统,开创了新风格,与其子米友仁绘画被称为"米

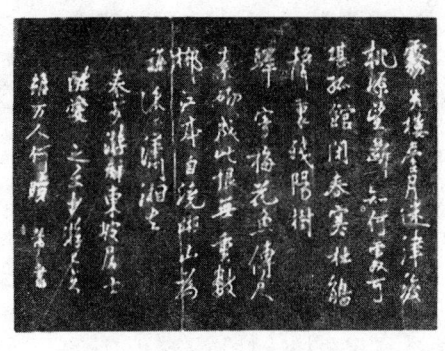

湖南郴州三绝碑
秦观词、苏轼跋、米芾书

家山水"和"米派"。米芾精于鉴赏,尤其喜欢收藏历代书家名迹,并且喜欢亲自临摹捶拓,技艺高超,可以乱真。高翔说:"元章早年得游内府,见历代名迹,孜孜摹学,一戈一点,得意外之旨,出入规矩中。行草、飞白,变化无穷,有翔龙舞凤之势。"洪恕说:"南宫于书无所不读,""故其造诣益深。"《东观余论》说他"爱观古帖,而议论疏阔,好摹古帖……世言其拓本与真迹同"。吴宽说:"海岳自序于古名家书学之几遍,故其临摹之际,往往逼真。"莫云卿说:"元章行草登右军、大令之堂,每作'二王'帖传人间,虽一时赏鉴,绍彭诸贤,亦莫能辨其真膺。"沈周说:"襄阳公在当代爱积晋唐法书,种种必自临拓,务求逼真。以真迹混出,炫惑人目,或被人指摘,相与发笑。然亦自试其艺之精,抑试人之知。如此所以名书于宋,与蔡、苏、黄为四大家。"张继孟说:"昔米老尝从人借古书画,临摹竟,并以真膺归之,俾之自择,而莫能辨。故论善临摹者,千古惟米老一人而已。"米芾酷爱历代名家真迹,广为收罗和临摹,供自己赏玩学习。后来他将自己精心临摹的王羲之、王献之和历代名家真迹刻石于无为军,称为《宝晋斋法帖》,至咸淳四年(1268年)被曹之格补为十卷,此帖原本元代为赵孟頫收藏,明代为顾从义、吴廷所藏,现藏于上海图书馆。米芾还著写了《书史》二卷,记录所见六朝以来名人法书,评论收藏家、纸本、印章跋尾等,并著《画史》二卷,为收藏鉴定提供了重要根据。米芾在当时的书名极盛,他的墨迹是文人雅士们争相求购的宝物,哪怕是寸纸只

字,也视若珍璧。请他作碑榜书的,更是络绎不绝,应接不暇,被人形容为:"世人竞写襄阳字,政似云师太白诗。"连他出游时乘坐的舟船,也被称为"书画船"。米芾留下的墨迹很多,著名的有《苕溪诗》《蜀素帖》《多景楼诗帖》《拜中岳命诗稿》《寒光二简帖》小楷《千字文》等。米芾的墨迹被刻入各种汇帖之中,自南宋以迄近代,刻入米芾书迹的汇帖约有75种之多,足见米芾书法流传的广泛和影响的深远了。

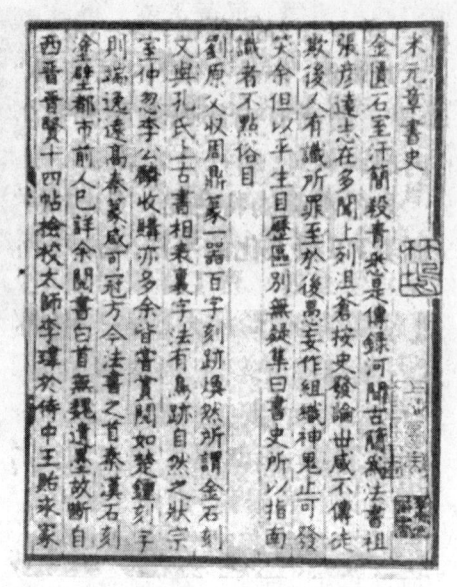

宋代米芾《书史》

南宋书画家赵孟坚（1199—1264年,一作1199—1267年）,是一个碑帖迷。赵孟坚字子固,号彝斋居士,是宋太祖的十一世孙,宝庆二年（1226年）进士,曾做过知县和贾似道幕僚,晚年隐居秀州（今浙江嘉兴）广陈镇。他诗文书画俱佳,博识好古,为人风雅,喜欢收藏金石古玩和游山玩水,时人常将他与米芾相比。南宋周密《齐东野语》记载说:"子固襟度潇爽,有六朝诸贤风气。时比之米南宫,而子固亦自以为不歉也……庚申岁（1260年）,客辇下。会菖蒲节,余偕一时好事者邀子固,各携所藏,买舟湖上,相与评赏。饮酣,子固脱帽,以酒晞发,箕踞歌《离骚》,旁若无人。"在端午节的那一天,赵孟坚和一些情趣相投的文人雅士们在西湖上泛舟饮酒,鉴赏各人收藏的金石碑帖古玩,并唱《离骚》以纪念屈原,充分显示了赵孟坚风雅好古、放浪形骸的性格。乘船游玩,本是赵孟坚一大嗜好。晚年时,他甚至干脆隐居在船上,把自己收藏的金石碑帖等等雅玩之物都放在船上,船舱内仅留一榻作为憩息之地,被人称为"赵子固书画船"。有一天,他从俞寿翁手里高价购得了姜白石旧藏五字不损本（定武本原拓）《兰亭序》帖,兴奋万分,乘船连夜返回,哪知途中遇到大风,将船吹翻了,幸好离岸很近，赵孟坚双手拿着《兰亭序》帖，对其他东西毫不在乎，站在浅水中，对前来救援的人说："《兰亭》在此，余不足介意也。"回到家中便题写了八言在卷首："性命可轻，至宝是保。"《齐东野语》对这个故事作了生动的记述。明代冯梦龙将其写入了《古今谈概》。赵孟坚对王羲之法书名帖的珍爱，那份真诚之情与痴迷之心，确实是难能可贵的，遂被文人雅士们传为美谈。

明代书画家文征明（1470—1559年），对法书名帖也堪称是情有独钟。文征明，名璧，以字行，又字征仲，号衡山居士，长洲（今江苏吴县）人，与祝允明、唐寅、徐祯卿被称为"吴中四才子"。54岁以岁贡生荐试吏部，任翰林院待诏，三年后辞归。他在书法上，起先刻意临学宋元名帖，后来上追晋唐，造诣日渐精深，擅长多种书体。王世贞《艺苑卮言》说："待诏小楷师二王，精工之甚……少年草师怀素，行笔仿苏（轼）、黄（庭坚）、米（芾）及《圣教》损益之，加以苍老，遂自成

明代文征明小楷

家。"他书写的行草逍逸婉秀，小楷清丽工致，篆书和隶书也自成一格，加上他苍润秀美的山水花卉兰竹人物画，名扬海内，称誉一时。他的学生甚多，子孙也大都是艺坛著名人物，号称"文派"。他在书画方面与沈周、唐寅、仇英合称"明四家"。嘉靖十六年（1537年），文征明将他收藏的历代名家墨迹刻入《停云馆帖》，当年刻成第一卷，以后逐年摹刻，共刻成十卷。起初刻在枣木板上，为火所毁，后又刻在石上，增加二卷，成为十二卷。因为是文征明父子亲手钩摹，名匠章藻镌刻，历经二十余年才完成，摹刻古拙，不板不媚，所以此帖深受文人雅士们的

欢迎，后学书法者多把此帖作为范本。当时章藻还自刻了一本，所以有"文刻"与"章刻"两种。此外，文征明还将自己的重要书法作品刻成《停云馆真迹》四卷，广为流传，对后来的书坛产生了重要影响。

明代著名书画家董其昌（1555—1636年），是一位酷爱金石碑帖的收藏大家。董其昌字玄宰，号思白、香光居士，松江府华亭县（今上海市松江县）人，万历十七年（1589年）进士，官至礼部尚书。他才华俊逸，博学好古，在书法上擅长行楷，自成一家。他在《画禅室自论》中自述学习书法经历说："吾学书在十七岁时，初师颜平原《多宝塔》，又改学虞永兴（世南），以为唐书不如晋魏，遂仿《黄庭经》及钟元常（繇）《宣示表》《力命表》《还示帖》《丙舍帖》凡三年，自谓逼古，不复以文征仲、祝希哲置之眼角。乃于书家之神理，实未有入处，徒守格辙耳。比游嘉兴，得尽睹项子京家藏真迹，又见右军（王羲之）《官奴帖》于金陵，方悟从前妄自标许，自此渐有小得。"董其昌的书法，疏宕秀逸，圆劲苍俊，享誉海内，与邢侗、米万钟、张瑞图并

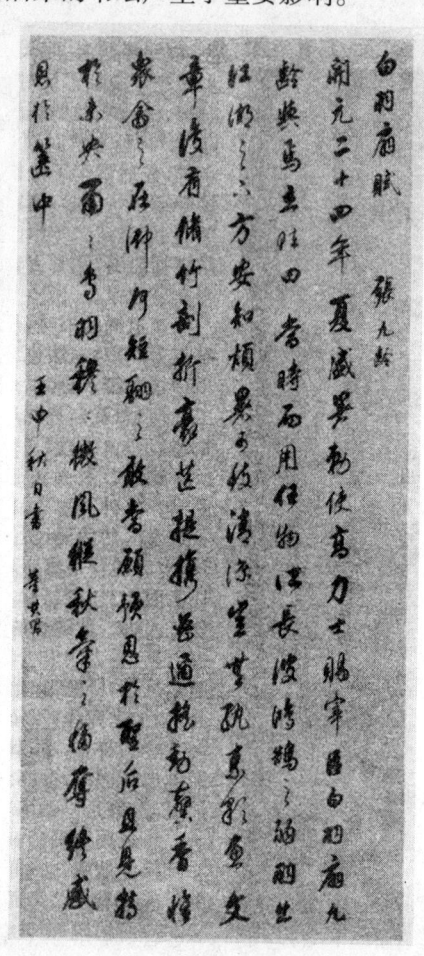

董其昌书张九龄《白羽扇赋》轴

称"明末四大书家"。清朝康熙皇帝十分喜爱董其昌的书法，一时臣下皆学董书。董其昌在书法上的造诣和成就，与他多年勤学苦练历代名帖是分不开的。他曾将《淳化阁帖》全部临写一遍，用功极深。临写的其他法书名帖，就更多了。他善于鉴赏，对晋唐以来的名家墨迹碑帖绘

画,广为收罗,珍爱有加,藏品极为丰富。他还经常去观赏其他人收藏的书画真迹,参悟赏玩,交流心得,开拓心境和眼界。他对自己收藏的名家真迹,都加以题跋,作为赏玩临摹的范本。清代青浮山人《董华亭书画录》一书,便详细记载了董其昌收藏的书法真迹和绘画,以及他的题跋。万历三十一年(1603年),董其昌将他收藏临摹的历代书家名迹,汇刻成《戏鸿堂帖》十六卷,并于卷末翻刻了南宋流传下来的《澄清堂帖》五卷。起初此帖为木刻,因遭火灾,后改为石刻。《戏鸿堂帖》虽然摹镌不够精良,但其收入的内容极为丰富,是继文征明《停云馆帖》之后,又一部值得称许的大型汇刻丛帖。董其昌书法名重一世,留下的墨迹很多,曾被人汇刻成多种法帖,如明代陈元瑞刻有《玉烟堂董帖》十一卷,又有《汲古堂帖》六卷,清代张士范摹刻有《式好堂董帖》等等,使董书广为传播,对后来的书坛产生了重大影响。其真迹亦为故宫博物院等多处珍藏。

清代书画家金农(1687—1763年),是一位嗜好收藏金石碑帖的名家。金农字寿门,又字司农、吉金,号冬心先生、金二十六郎、稽留山民、曲江外史、昔耶居士、心书家盦、粥饭僧等,浙江仁和(今杭州)人,乾隆元年(1736年)以布衣荐举博学鸿词科,入京未就而返。平生喜欢游历,客居扬州最久,卖书画维持生活,妻亡无子,晚年寄寓三祝庵、西方寺,穷困衰老而死。

金农博学多才,诗词书画俱佳,与黄慎、郑燮、汪士慎、李方膺、高翔、罗聘、李鳝并称为"扬州八怪"。他在书法上学习古代碑帖,从《国山碑》《天发神谶碑》《华山庙碑》《谷朗碑》中参悟蜕化出自己的风格。他的隶书与楷书,古朴浑厚,苍劲奇逸,笔力沉雄,不同凡俗。他喜用秃笔重墨,截去毫端,书写擘窠大字,号称"漆

清代金农自画像

书"。他用圆笔写的楷隶，亦自辟蹊径，别具一格，藏妍巧于古拙之中，于淳朴中显示奇趣。偶作行草，如老树著花，姿媚横出，冠绝一时。后人评论金农的书法，在扬州八怪中堪称出类拔萃，成就亦远在他自己的绘画之上。金农还善于篆刻，所治印章有秦汉古趣，称誉一时。金农更重要的特长是学问渊博，修养高深，精于鉴赏，而且嗜奇好古，喜欢收藏金石碑帖文字，据记载他的藏品有千卷之多。对于金农这样一位淡泊名利的贫困书画家来说，要收藏这么多的金石文字和碑帖名迹，该花费多大的心血和精力啊。金农在书画方面高深的功力和令人称誉的成就，与他对金石碑帖的嗜好也是分不开的。他的传世书法与绘画真迹，为中国美术馆、南京博物院、上海博物馆等处珍藏，并有流入日本者。

清代金农漆书

清代书法家何绍基（1799—1873 年），是一位酷爱碑帖的著名学者。何绍基字子贞，号东洲居士，晚号蝯叟、凌汉子，湖南道州（今道县）人，世称"何道州"。他是道光十六年（1836 年）进士，历任编修、文渊阁校理、四川学政等官职，同治初寓居上海，七十五岁时卒于吴县。他博学多才，能诗善书，名重一时。他擅长行草楷隶，笔力雄奇浑厚，在书法上苦学历代碑帖，熔铸百家，自成风格。他收藏的名帖很多，反复临摹，孜孜不倦，有的多至几十遍，数十年坚持不懈。《清稗类钞》说:"子贞太史工书,早年仿北魏,得《玄女碑》宝之,故以名其室。通籍后始学鲁公。悬腕作藏锋书。日课五百字,大如碗,横及篆隶。晚更好摹率更,故其书沈雄而峭拔,行体尤于恣肆中见逸气。"向燊说:"蝯叟博洽多闻,精于小学。由平原、兰台以追六朝秦汉三代古篆籀,回腕高悬,每碑临摹至百通或数十通。虽舟车旅舍,未尝偶闲,至老尤勤,其分隶行楷,皆以篆法行之,如屈铁枯藤,惊雷堕石,真足以凌轹百代矣。"《霋岳楼笔谈》说:"蝯叟于分书博览兼资,自课之勤,并世无偶。每临一碑,多至若干通,或取其神,或取其韵,或取其度,或取其势,或取其用笔,或取其行气,或取其结构分布……分之以究其极,然后合之以汇其归……斯能立宗开派。"何绍基对历代碑帖名迹的赏玩摹写,可谓深得其中三昧,比一般的风雅墨客更为痴迷,也更为高明。天道酬勤,他在摹写名帖上花费的苦功,使他在书法艺术上卓然成为一代大家。《息柯杂著》称誉何绍基的书法达到了"入神化境"的地步,"神与迹化,数百年书法于斯一派"。何绍基书名日盛,慕名向他求字的人络绎不绝。他为人和善,虽然农野妇孺,也来者不拒,先后为人书写楹帖数以千计,往往即兴口占,妙词佳句随之而来,没有一句雷同的,为书坛传为美谈。但他有个怪脾气,讨厌粗鲁武夫,虽赠千金也拒之门外。据说当时有个叫

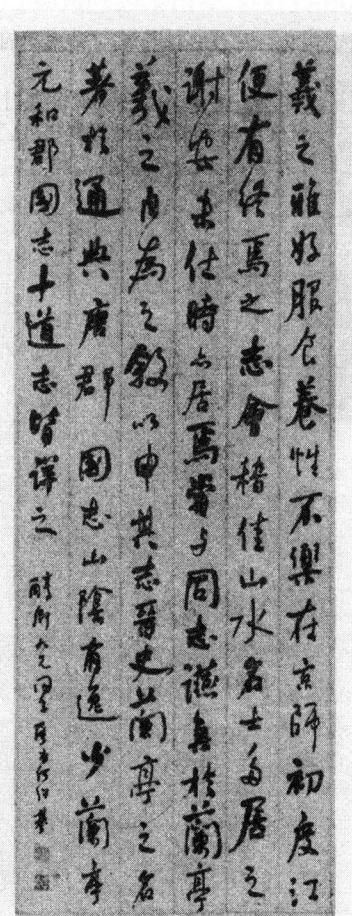

何绍基行书轴

郭子美的武将,几次向何绍基求书法都碰了壁,恼恨在心,在何绍基寿辰这一天,带了千金来到何府求字,又遭婉拒,郭子美便拔剑出鞘,说

文请不行只好武请了。何绍基苦笑道,将军何必动干戈?当即挥毫写了一联:"古今双子美,前后两汾阳。"语含嘲讽,郭子美终获所求欣然而归。据传有一次,何绍基去永州拜访朋友杨息柯,途中在村店吃饭,身边没有带钱,何绍基对店主说,我为你写副对联以充酒资吧,店主不允,要他以衣服抵偿,何绍基无奈,只好脱下外衣押在那里。杨息柯听说后拊掌大笑,派人拿了钱去替他赎回衣服。店主得知原来是大书法家何绍基,后悔得不行。何绍基留下的墨迹很多,备受近代文人雅士们的珍爱。他的一些故事,迄今仍为人们津津乐道。

第三章

精美璀璨的鼎彝铜器

自从夏禹率领先民们治理洪水,将九州进贡来的金属铸成九只大鼎,便意味着石器时代的结束,一个新的青铜时代的来临。夏商周时期,我国灿烂的青铜文明曾独步于当世。时至今日,当我们面对着那些雄浑精美、种类繁多的青铜器时,仍深深地为那鲜明的民族风格、精湛的铸造技艺、独特的艺术特征而感叹折服。当今世界上,古埃及、古印度、古巴比伦的青铜器已渐被人们所淡忘,中国青铜器,则以它精美璀璨的风貌,越来越受到世人的青睐。有位叫克利尔的西方冶金专家曾赞叹道,即使调集欧洲最好的工匠,也造不出中国商周时代那样精美的青铜器!随着近代出土文物的增多,和对青铜器研究的深入,青铜文化已成为一项独立的学科,在世人心目中占据着愈益重要的地位。

我国商周时代的青铜古称金或吉金,是红铜与锡、铅等金属熔铸而成的合金。青铜器是青铜时代的物质遗存。我国的青铜时代从公元前二千年左右形成,经夏、商、西周和春秋时代,大约延续了15个世纪。在商的晚期和西周早期,青铜的冶铸与生产达到高峰。由此所产生的商周青铜艺术,闪烁着绚丽多彩的光芒,而彪炳于史册。大约到了战国晚期,突飞猛进的冶铁业逐渐取代了青铜铸造业的地位。秦汉时期,青铜铸造工艺仍然存在,但它呈现出的已是灿烂之后的余晖了。

中国青铜器品类繁多,就形态而言,有兵器、礼器、乐器、食器、酒器、水器、生产工具、农具、车马饰、货币、玺印符节、度量衡器、铜镜、带钩,以及其他各种生活用具等等,内容非常广泛。每一大类中又包括若干种器物,如兵器有矛、戈、刀、戟、剑、钺、弩机等。礼器和食器有鼎、鬲、甗、簋、簠、盨、敦、豆等。乐器有钟、铙、钲、铎、錞于、铃等。酒器有爵、角、斝、觚、觯、觥、尊、彝、卣、壶、盉、罍、瓿等。水器有盘、匜、鉴、盂、缶等。可谓丰富多彩,琳琅满目。其中,钟和鼎是最重要的礼乐器,"钟鸣鼎食"常作为王侯富贵人家的代称。在先秦礼制上,青铜器不仅是贵族世家的标志,更是庙堂中不可缺少的宝器。青铜礼器使用的多寡,是体现贵族等级制度上下尊卑的象征,曾被认为是一条神圣的原则。各类青铜器不仅显示了当时的生产工艺和科学技术,更反映了商周的政治、经济、文化艺术和社会风貌,对中国历史产生了深远的影响。

青铜器铭文和纹饰，是先秦文化艺术的重要组成和体现。从造型艺术的角度来看，许多青铜器既是实用器物，更是精美绝伦的工艺美术品。青铜器纹饰大致分为几何形纹、动物纹、人事活动纹三类。几何纹主要有弦纹、乳丁纹、云雷纹、涡纹、绳纹、鳞纹、瓦纹、窃曲纹、环带纹、重环纹等。动物纹主要有兽面纹、夔纹、龙纹、蟠虺纹、鸟纹、象纹、鱼纹、龟纹、蝉纹、蚕纹等。描写人事活动的花纹主要有宴乐狩猎纹、战斗纹等。青铜器上的这些装饰花纹，在一定程度上反映了先秦时代人们的思想观念、审美意识和生活风貌。青铜器铭文亦称"金文"或"钟鼎文"，是铸在青铜器上的文字，内容有祭典、训诰、征伐功绩、赏赐策命、盟誓契约等，真实地记录了商周时代贵族们的各种活动，记录了当时的文字语言，为后人保存了大量的文字学、音韵学、训诂学等方面的资料，具有极为丰富而又珍贵的史料价值。青铜器铭文是我国现存最古老的文字之一，它是汉字演化的源头，在书法艺术史上占有极重要的地位。

正由于青铜器具有极高的历史、文化、艺术价值，堪称国之瑰宝，所以受到了历代王公贵族的尊崇和文人雅士们的钟爱，对其珍爱倍加，视作最高雅的赏玩。对青铜器的珍藏、鉴赏、研究也就成了数千年风雅文化的一个重要组成部分。青铜器无疑是中华民族一项最珍贵的历史文化遗产，时至今日，仍然在我们的精神文化生活中闪烁着光彩。

一 九鼎的故事传说

夏商周时代，青铜器多被帝王贵族们用于祭祀、朝聘、宴享、丧葬等礼仪活动。其中，鼎是中国青铜时代最重要的彝器之一。彝器是青铜礼器的别称。按考古的说法，青铜鼎是在新石器时代广泛使用陶鼎的基础上发展而成的。相传中国的采铜与冶炼技术远古就开始了，黄帝曾主持采铜于首山，并作大炉铸造神鼎于山上，这大概是最早的青铜鼎了。关于铸鼎的文献记载，大都说始于夏禹时代，如《左传·宣公三年》说："昔夏之方有德也，远方图物，贡金九牧，铸鼎象物，百物而为之备，使民知神奸。"《墨子·耕柱篇》说，"昔者夏后开，使蜚廉采金于山川，而陶铸之于昆吾"，"九鼎既成，迁于三国，夏后氏失之，殷人受之；殷人失之，周人受之"。这些关于夏代铸鼎的传说，说明了鼎是一种特殊彝器，而绝非凡俗之物。《史记·孝武本纪》也记述了九鼎的传说："闻昔大帝兴神鼎一，一者一统，天地万物所系终也。黄帝作宝鼎三，象天地人也。禹收九牧之金，铸九鼎，皆尝鬺烹上帝鬼神。遭圣则兴，迁于夏商。周德衰，宋之社亡，鼎乃沦伏而不见。"又说："黄帝采首山铜，铸鼎于荆山下。鼎既成，有龙頷下迎黄帝……故后世因名其处曰鼎湖。"由此可知，关于黄帝和夏禹铸鼎的

黄帝画像
山东嘉祥武梁祠汉代石刻

传说由来已久,并被渲染成了富有浪漫和传奇色彩的神话。古文献中,关于鼎的记述很多,如《尔雅》《礼记》《毛诗》《说文》《吴越春秋》《淮南子》等等。古人还撰写了很多鼎铭,对鼎的由来象征和作用加以赞美、说明。后汉大将军崔瑗寔撰写的《鼎铭》说:

> 大禹铸鼎,象物百神,飨帝养贤,命锡宗臣。三距金铉,公德配焉。雉膏之灾,咸在择人。惟王建国,分之彝器。鼎为元宝,君臣享位。足胜其任,鹭保宝器。持盈若冲,满而不溢,黄耳不革,玉铉终吉。禹镂其鼎,汤刻其盘。纪功申戒,贻则后人。　　　　　　　(《艺文类聚》卷七十三)

上面摘引的这些记述,形象而又生动地说明了鼎在先秦时代的重要地位,鼎不仅是统治权力的象征,而且具有"飨帝养贤,命锡宗臣"、"纪功申戒"的多种功能作用。

传说中的夏禹收九州之金铸成九鼎,以后遂把鼎作为传国的重器,并因此而将建都或建立王朝称为定鼎。最早的鼎为三足,所以又比喻为国家的三公、宰辅重臣之位,如《后汉书·陈球传》说:"公(刘郃)出自宗室,位登台鼎。"便是形容他位高权重。左思《吴都赋》说:"其居则高门鼎贵,魁岸豪杰……冠盖云荫,闾阎嗔喧。"进一步形容了权贵们的显赫之势。"鼎足"、"鼎立",还常被用以比喻三方峙立之势,如历史上的魏、蜀、吴,被称之为"三国鼎立"。《三国志·蜀书·诸葛亮传》说:"操军破,必北还,如此则荆吴之势强,鼎足之形成矣。"这充分说明了,鼎作为古代统治权力的象征,影响可谓深远。由鼎延伸出来的比喻和形容,还有很多。比如:"鼎业",比喻帝王之业;"鼎命",比喻帝王之位;"鼎祚"与"鼎运",比喻国运与统治;"鼎革",形容改朝换代;此外还有"鼎贵"、"鼎甲"、"鼎角"等各种形容和比喻。

夏朝在公元前17世纪左右,由于统治者滥施暴政,肆虐九州,社会矛盾空前尖锐,终于导致了夏的灭亡。成汤取而代之,建立了商朝。商族是我国的一个古老民族,灭夏立国后曾数次迁都,盘庚迁殷后才定居下来，所以历史上习惯将商朝称为殷商。殷在现在的河南安阳，近代曾有大量文物出土，称为殷墟。商代由汤传世三十王，至最后一个君主殷纣王（又称帝辛）时，横征暴敛，穷兵黩武，严刑酷法，酗酒荒淫，激起了诸侯的怨恨和百姓的反抗。周武王联合天下诸侯，在牧野大败商军，攻入朝歌，殷纣王这位暴君被迫自焚身亡。周武王继殷之后建立了周朝。作为统治权力象征的九鼎，由夏朝传至殷商，又由殷商传至周朝，并被迁往周都洛阳。《春秋左传正义》卷五说："武王克商，迁九鼎于洛邑。"之后，周公东征，分封诸侯，巩固了统治，使西周王朝出现了统一安定、繁荣昌盛的局面。周朝作为天下"共主"的宗主大国，经过二百年发展，传至周厉王时，又出现了暴虐统治，并导致了"国人暴动"，实行"共和"行政，强大的周朝从此步入了衰亡。公元前841年为"共和"元年，至"共和"十四年（前828年）周宣王即位，在位长达46年，虽力图有所作为，但毕竟大势已去，再难挽回国运的衰败了。而在这段时期，诸侯的势力却在迅速崛起，与周王室权威的衰落，形成强烈的对比。历史上将这段时期称为春秋时期。强大起来的各诸侯国在"尊王"、"攘夷"的口号下争当霸主，先后出现了齐桓公、晋文公、楚庄王、吴王夫差、越王勾践五位霸主，称为"春秋五霸"。

公元前606年，发生了历史上有名的"问鼎"故事。楚国地处南方江汉地区，地域广袤，资源丰富，人口兴旺，在齐桓公、晋文公称霸中原时，已日益壮大。楚庄王即位后，发展生产，扩充军队，励精图治，使国力更加强盛，相继征战于陈、蔡、郑、宋等国，屡屡告捷。踌躇满志的楚庄王于是率师北上，直逼周都，虎视眈眈，向周天子询问象征王权的九鼎的大小轻重，大有取而代之的意图。《左传·宣公三年》记述说："楚子伐陆浑之戎，遂至于雒，观兵于周疆。定王使王孙满劳楚子。楚子问鼎之大小轻重焉。"王孙满是周共王玄孙，任周朝大夫，是个非常有才智的人。他听出了楚庄王的"问鼎"之意，针对着楚庄王的野心，义正词严地回答说："治理国家首先在于德行而不在于鼎的大小轻重。从前夏朝政治贤明，贡金九牧，铸鼎象物，是为了使百姓能够辨别神奸，上下和睦，安居乐业。夏桀无德，使九鼎迁于商朝。六百年后，商纣暴虐，使九鼎又迁于周朝。德行光明磊落，鼎虽然小，也是重的。

如果奸邪昏乱，鼎虽然大，也是轻的。上天总是赐福给有德之人，这是千古不变之定理。周成王定鼎之时，曾占卜要传世三十代，享国七百年，这是天命所归。现在周德虽衰，天命未改，鼎之轻重，未可问也！"《史记·楚世家》也记载了这个故事，当王孙满说"在德不在鼎"时，楚庄王说："子无阻九鼎！楚国折钩之喙，足以为九鼎。"意思是说，九鼎有什么了不起，楚国军队打仗折断的戟尖，集中起来铸造九鼎就绰绰有余了！气势极其跋扈。等他听完王孙满关于九鼎兴衰存亡的道理之后，楚庄王不再说什么，率师而返。

东周末年，九鼎去向不明，一说为秦国所得，又传说沉入了泗水。《汉书·郊祀志》说："周赧王卒，九鼎入于秦。或曰，周显王之四十二年，宋大丘社亡，而鼎沦没于泗水彭城下。"泗水发源于山东泗水县陪尾山（蒙山）南麓，因其四源合为一水，故名泗水。古时泗水流经曲阜、江苏徐州，至洪泽湖畔龙集附近进入淮河，后来南段河道变迁，经徐州、宿迁、泗阳、淮阴而入淮河。泗水全长近千里，九鼎是否沦没于泗水之中？究竟沉在何处？传说语焉不详。到了秦始皇统一全国以后，将诸侯各国的鼎彝重器全部收往咸阳，并收缴了天下兵器，铸成了十二个铜人，每个铜人重达三十四万斤，置于宫廷之中。但因为没有获得周鼎，使秦始皇耿耿于怀。秦始皇二十八年（前219年）东巡泰山，立石封禅，又登琅邪台刻石称颂秦德，在返回途经彭城（今属徐州）时，秦始皇听到了九鼎的传说，于是派人在泗水中打捞，兴师动众，结果一无所获。《史记·秦始皇本纪》记载了这件事情，说："始皇还，过彭城，斋戒祷祠，欲出周鼎泗水。使千人没水求之，弗得。"

秦始皇心中肯定相当失望，在随后渡淮浮江、南巡湘山祠时，因为遇到大风，竟然大发雷霆，下令"使刑徒三千人皆伐湘山树，赭其山"。这完全是求鼎弗得、郁邵不乐情绪的发作。郦道元《水经注》综合了各种传说，比较详细地记述了这个故事："周显王四十二年（前327年），九鼎沦没泗渊。秦始皇时，而鼎见于斯水。始皇自以德合三代，大喜。使数千人没水求之，不得。所谓鼎伏也，亦云系而行之未出。龙齿啮断其系。故语曰，称乐大早绝鼎系。当是孟浪之传耳。"最后一句孟浪之传，是说九鼎沉没泗水不过是人云亦云的传说而已，只可姑妄听之而不足凭信。郦道元这一看法是很有见地的。宋代洪迈《容斋三笔》也认为九鼎没有沦没泗水的道理，说：

> 夏禹铸九鼎，唯见于《左传》，王孙满对楚子，及灵王欲求鼎之言。其后《史记》乃有鼎震及沦入于泗水之说。且以秦之强暴，视衰周如俎上肉，何所畏而不取？周亦何辞以却？赧王之亡，尽以宝器入秦，而独遗此？以神器如是之重，决无沦没之理。泗水不在周境内，使何人般异而往，宁无一人知之以告秦邪？始皇使人没水求之不获，盖亦为传闻所误。

九鼎究竟是否沉入泗水，这无疑是个千古之谜。秦始皇泗水捞鼎，却是历史上确实发生过的真实故事。在汉代时，这一故事还被刻在了画像石上。例如在山东省长清县孝堂山石祠内的石梁上、山东嘉祥武氏祠左石室的画像石上，便刻有《泗水捞鼎图》，线条遒劲简练，画面清晰生动，形象地描绘了秦始皇使人捞鼎的场面。在其他地方出土的汉代画像石上，也刻画有这个故事传说。

到了汉朝，九鼎的传说依然盛行。据《汉书·郊祀志》记载，汉文帝时，有一位叫新垣平的方士，自称善于望气，去见汉文帝，说长安东北有神气，五彩缤纷，"宜立祠上帝，以合符应"。汉文帝于是命人修建了渭阳五帝庙，郊祀时火光映照渭水，与天上霞光相辉耀，汉文帝大为高兴，将新垣平擢为上大夫，重赐千金。新垣平乘机又对汉文帝说："周鼎亡在泗水中，今河决通于泗，臣望东北汾阴直有金宝气，意周鼎其出乎？兆见

汉代画像《泗水升鼎图》

不迎则不至。"汉文帝于是派人在汾阴南又修建了祠庙，"欲祠出周鼎"。不久有人告发了新垣平装神弄鬼的欺诈行径，汉文帝派官员查实后，治了新垣平的死罪。从此以后，汉文帝对鬼神之事也就不再那么相信了。

汉武帝元狩年间，在汾阴（今陕西省万荣西南）出土了一只大鼎，汉武帝刘彻欣喜万分，以为这是功德卓著、国运昌盛的征兆，便将这年改元为元鼎元年（前116年）。《汉书·武帝纪》记载说："元鼎元年夏五月，赦天下，大酺五日，得鼎汾水上。"《史记·孝武本纪》比较详细地记述了这件事："其夏六月中，汾阴巫锦为民祠魏脽后土营旁，见地如钩状，掊视得鼎。鼎大异于众鼎，文镂毋款识，怪之，言吏。吏告河东太守胜，胜以闻。天子使使验问巫锦得鼎无奸诈，乃以礼祠，迎鼎至甘泉，从行，上荐之。"汉武帝不仅派了官员沿途护送宝鼎，并且亲自前往甘泉迎接宝鼎，祭告上天，然后将宝鼎迎至长安，这种礼仪规格，可谓隆重至极。但这只形制古朴巨大的宝鼎，究竟是不是传说中的九鼎之一？因无款识，谁也无法说清。汉武帝询问官员，负责礼仪祭祀的官员对夏禹铸造九鼎的传说作了一番考证分析，认为九鼎"遭圣则兴"，后因周德衰败，"鼎乃沦伏不见"，现在鼎又出现了，并有种种祥瑞，"惟受命而帝者心知其意，而合德焉"，所以这只宝鼎应该"见于祖祢，藏以帝廷，以合明应"。汉武帝听了这番聪明而又含糊的说法，心里十分高兴。重要的，宝鼎是国运鼎盛的一种象征，至于这只宝鼎究竟是不是九鼎之一，也就用不着深究了。

汉宣帝时又在扶风发现过宝鼎，上面有铭文，据《汉书·郊祀志》所载，称此鼎为"美阳鼎"，铭文为："王命尸臣。官此栒邑，赐尔旗鸾，黼黻琱戈。尸臣拜手稽首曰，敢对扬天子丕显休命。"美阳得鼎，献往朝廷，汉宣帝"下有司议，多以为宜荐见宗庙，如元鼎时故事"。大臣们以祥瑞逢迎皇帝，建议套用汉武帝获鼎改元的办法。当时的京兆尹张敞不同意这个建议。张敞博学多才，懂得古文字，根据鼎上铭文内容，分析指出，发现鼎的地方，原是周王室旧址，所以有宗庙坛场祭祀之藏，"此鼎殆周之所以襃赐大臣，大臣子孙刻铭其先功，藏之宫庙也"。而且，此鼎与汉武帝所获宝鼎形制完全不同，"今此鼎细小，又有款识，不宜荐见于宗庙"。汉宣帝听了张敞高水平的鉴定分析，便同意了张敞的意见。宋代洪迈《容斋随笔》、蔡絛《铁围山丛谈》、近代邓之诚《骨董琐记全编》都记述了这个故事。《容斋三笔》说："武帝获汾阴脽上鼎，无款识，而备礼迎享。宣帝获美阳鼎，下群臣议，张敞乃以有款识之故绌之。又何也？"对两位皇帝对待宝鼎的态度提出质疑。汉武帝所获宝鼎大八尺一寸，高三尺六寸，美阳鼎细小得多。但大小不是主要的，关键是铭文款识。无款识的宝鼎尚可以附会成九鼎，有款识的美阳鼎却是无法附会的。既然美阳鼎不属于九鼎范围，自然也就失去备礼迎享荐见宗庙的价值了。这不仅显示了张敞的博学和汉宣帝对待宝鼎的慎重态度，同时也说明了古代统治者所维护的严格的等级制度。皇帝怎么能供奉周代属臣的东西呢？

以后又屡次发现铜鼎。虽然汉朝皇帝对鼎的态度十分慎重，郡国的王公贵族们却非常喜欢借题发挥，"每获一鼎"，便"荐告宗庙，群臣上寿"，大搞庆祝活动。东汉和帝时，窦宪率大军出征，勒燕然而返，从南单于那里获得了一只古鼎，上面有铭文款识："仲山甫鼎，其万年子子孙孙永保用。"窦宪将这只古鼎献给了朝廷。此类故事，还被刻画在了汉画像石上。东汉以后，魏晋南北朝隋唐都有古鼎发现，关于这方面的记述很多。

春秋时期，由于诸侯势力的崛起，周王室权威日渐衰落，已失去了控制四方诸侯的力量，其经济实力和共主地位都大为削弱，周王室铸造的青铜器越来越少，而在这个时期内，诸侯各国却不再受三代礼仪制度的约束，大量铸造各种精美的青铜

九鼎

器，在工艺上出现了嵌红铜与绿松石、错金银等技术。一些诸侯并开始仿铸九鼎。近现代考古发现，许多诸侯墓葬中都有九只或数只组成的列鼎。如安徽寿县蔡侯墓、湖北随州市曾侯乙墓、河北平山县中山王墓、河南辉县固围村魏国墓、河南淅川县下寺楚墓等等，墓中均有陪葬的九鼎或列鼎。这些出土的青铜鼎，大都铸造精美，古朴典雅，显示了高超的工艺水平，是非常珍贵的历史文化遗产。综合各种记载来看，春秋战国时代的铸鼎之风十分盛行，不仅诸侯国铸造，王公贵族们也都以拥有鼎彝为荣耀。所以后世会有那么多的青铜鼎发现，也就不难理解了。秦汉魏晋隋唐的帝王们，虽然尊崇鼎彝，但铸鼎的记载却不多见。唐朝武则天曾将九鼎置于通天宫内，到了唐末，这些鼎都失散了。

到了北宋，由于皇帝对风雅文化的嗜好，好古之风大为兴盛。对金石的收藏和研究，成了一股强大的风尚。宋徽宗赵佶是个嗜古成癖的风雅皇帝，天下有名的碑刻书画文物古玩，都被他利用皇帝的权力收罗到了宫中。从他后来命令文臣编撰的《宣和书谱》《宣和画谱》《宣和博古图》中，可以窥见其收藏的丰富程度。他对鼎彝也极为珍爱，做皇帝不久，便于崇宁三年（1104年）听从方士魏汉津之言，开炉铸造了九只铜鼎，至崇宁四年（1105年）三月铸成，并专门建造了一座宫殿，称为"九成宫"，以安置九鼎。还专门为九鼎取了不同的名字，"中央曰帝鼎，北方曰宝鼎，东北曰牡鼎，东方曰苍鼎，东南曰冈鼎，南方曰彤鼎，西南曰阜鼎，西方曰晶鼎，西北曰魁鼎"（《容斋三笔》）。又特地选择了黄道吉日，安放九鼎，任命蔡京为定鼎礼仪使，举行了隆重的仪式。到了大观三年（1109年），又在铸鼎的地方建了一座宝成宫。政和六年（1116年）听从方士王仔昔的建议，又建了一座"圆象徽调阁"，把九鼎从九成宫迁放于阁中，把帝鼎改名为隆鼎，其余八鼎也都改了名字。政和七年（1117年），宋徽宗又命人铸造了"神霄九鼎"，并挖空心思为鼎取了九个古怪的名字："一曰太极飞云洞劫之鼎，二曰苍壶祀天贮醇之鼎，三曰山岳五神之鼎，四曰精明洞渊之鼎，五曰天地阴阳之鼎，六曰混沌之鼎，七曰浮光洞天之鼎，八曰灵光晃曜练神之鼎，九曰苍龟大蛇虫鱼金轮之鼎。"九鼎至重和元年（1118年）铸成后，被安置于上清宝箓宫神霄殿。不久，宋徽宗又下"诏罢九鼎新名，悉复其旧"(《容斋三笔》)。宋徽宗赵佶在铸鼎上可谓要尽了花样，显示了他风雅好古的性情，以及他借助铸鼎粉饰太平企望国运鼎盛的良苦用心。

蔡京的儿子蔡絛撰写《铁围山丛谈》一书，曾详细记载了宋徽宗铸鼎的经过，以及宋徽宗丰富的收藏，说大观初，宋徽宗"凡所藏者，为大小礼器，则已五百有几。世既知其所以贵爱，故有得一器，其直为钱数十万，后动至百万不翅者。于是天下冢墓，破伐殆尽矣。独政和间为最盛，尚方所贮至六千余数，百器遂尽"。"时所重者三代之器而已，若秦、汉间物，非特殊盖亦不收。及宣和后，则咸蒙贮录，且累数至万余"。"凡所知名，罔闲巨细远近，悉索入九禁。而宣和殿后，又创立保和殿者，左右有稽古、博古、尚古等诸阁，咸以贮古玉印玺，诸鼎彝礼器，法书图画尽在。然世事则益烂熳，上志衰矣……"通过这段真实的记载，可以知道宋徽宗由最初的风雅好古而变成了玩物丧志，由于他对珍贵古物的百计搜罗，竟导致了一些不法之徒去挖掘古墓，致使"天下冢墓，破伐殆尽"，更导致了政治上的昏庸，造成了国力的衰落和社会矛盾的尖锐激化。更令人痛惜的是，宋徽宗从全国各地收集到宫廷内的上万件珍贵文物，在开封被攻破后，全部落入了金人手中，连他本人也成了金人的俘虏。连惯于美誉皇帝的蔡絛在记述这件事时，也忍不住愤慨万分，这批凝集着数千年华夏文明精华的价值连城的宝物，竟被金人肆意糟塌，古鼎竟拿来当马槽使用，"食戎马，供炽烹，腥鳞湮灭，散落不存。文武之道，中国之耻，莫甚乎此！"宋徽宗的玩物丧志，最终导致了北宋王朝的覆灭，在历史记载上留下了深刻的教训。

二　著名的鼎彝名器欣赏

饕餮乳丁纹方鼎，铸于商代早期，是迄今出土鼎彝中最早的实物之一。1974年6月发现于河南郑州市张寨南街杜岭岗的铜器窖藏中，所以也习惯称之为杜岭方鼎。出土的方鼎共两只，一大一小，形制与纹饰相同，大的编为1号，小的编为2号。杜岭1号鼎，通高100厘米，口径62.5厘米，宽61厘米，腹壁厚0.4厘米，重86.4公斤。口腹为长方形，口沿外折，有圆拱形立耳一对，下有四根圆柱形空足，鼎腹与鼎壁铸有饕餮纹和成U形的乳丁纹。造型浑厚，风格庄重，是商代早期青铜器的代表性作品。由于其年代较早，铸造工艺尚不够完善，不及晚期的精湛。从范痕看，系用多范分铸而成，说明当时冶炼、制范、浇铸等技术已具备铸造大型青铜器的能力。2号鼎通高87厘米，口径与

商代杜岭方鼎

宽均为61厘米，为正方形，重64.25公斤。两件方鼎的底部皆有烟熏痕，表明它们是实用的。1982年7月，郑州东南的商代中期窖藏又出土了两只方鼎，造型和纹饰与杜岭方鼎相同而形体略小，通高皆为81厘米，口径55厘米或53厘米，其一重75公斤，其二重52公斤。这几件方鼎都是商王室用于祭祀活动的礼器。杜岭方鼎现藏于中国历史博物馆。

司母戊鼎，1939年3月出土于河南安阳市武官村的农田中，此处为商代大墓区。鼎通高133厘米，口径110厘米，宽78厘米，足高46厘米，壁厚6厘米，重875公斤（因缺一耳，原重当不止此数），是迄今出土的鼎中最大最重的商代祭祀大鼎。此鼎为长方形腹，立耳，四柱中空足，鼎身与鼎足为浑铸而成，铸有多种纹饰，分别由兽面、夔和牛、虎等形象组成。全鼎所饰兽面与牛首共24个，另有8个立身夔纹，双耳外侧饰有双虎噬人的形象，使此鼎给人以神秘威慑之感，反映了商代后期青铜铸造工艺的高度水平。鼎腹内壁铸有"司母戊"三字铭文，学术界对这三个字有多种解释。有人认为此鼎是商王为祭祀他的母亲戊

而铸造的,"司"通"祠",祭祀之意,"母戊"可能是殷王武乙的配偶妣戊,他们的儿子文丁继位为商王后铸造的此鼎。也有人认为"母戊"可能是武丁或祖甲的配偶,铸鼎者可能是祖庚、祖甲,或廪辛、庚丁。这样,该鼎就是殷墟前期的遗物了。司母戊鼎气势宏大,形制浑厚,庄重典雅,纹饰美观,工艺精巧,是商文化发展到巅峰时的产物,堪称是世界上罕见的青铜器贵重文物。此鼎刚出土时,被当地人称为马槽鼎,

商代人面纹方鼎

因太重太大,移动困难,便想锯断大鼎将它运出,但仅锯一足,却踞不断。此时正值日寇侵华战乱之际,人们便将此鼎埋藏起来。日军获得消息后,四处搜索,并出价70万伪币求收购。又有古董商前来,许价20万银元索购此鼎。村民们为了保护此鼎,将它悄悄转移,深藏起来,用一只较小的鼎应付日军的疯狂搜查。抗战胜利后,此鼎于1946年6月重新掘出,已缺一耳,被运往安阳县政府。这年10月底,正值当时国民政府主席蒋介石的60寿辰,当地驻军将大鼎作为寿礼,用专车运抵南京。蒋介石吩咐将大鼎拨交中央博物院筹备处保存。1948年5月29日至6月8日,中央博物院筹备处与故宫博物院在南京联合举办展览,该鼎首次公开展出,蒋介石亲临参观并在鼎前留影,说明了此鼎在当时所受到的珍视。后来,国民党曾打算将此鼎运往台湾,终因此鼎过于沉重和巨大,运输不便,才不得不打消了这一企图。新中国成立后,大鼎存放于南京博物院,1959年,拨交给中国历史博物馆收藏。

人面纹方鼎,是商代后期的著名青铜器。1959年,湖南省博物馆的同志在长沙废铜仓库中搜寻文物时,发现了这件青铜人面纹方鼎,选购保存下来。当时,此鼎已破作十块,缺了一条鼎腿。据调查了解,是

才从宁乡县黄村出土的。后来进行了修复,此鼎通高38.5厘米,口径29.8厘米,宽23.7厘米,口部略大于底部,口沿外卷,有一双拱门形立耳,四足为圆柱状。鼎腹四面铸有浮雕人面,五官酷似真人,耳朵则显得抽象而又神异,表情肃穆,并装饰有云雷纹、夔龙纹、饕餮纹、弦纹等。内壁铸有篆体铭文"禾大"二字,字体规矩深峻。此鼎具有一种引人注目的神秘气氛,其浮雕人面,有学者认为与黄帝四面的传说有关。用人面作器物装饰,从新石器时代就有了,商代青铜器中也有用人面纹作装饰的器物,如人面纹剑与人面纹辕饰等。但像此鼎用四个人面作主体装饰的青铜器,却仅此一件,实乃绝无仅有的珍贵文物。其四周人面,虽大小不一,但五官与表情如出一范,说明当时已娴熟地掌握了缩放的比例关系,铸造技巧是十分高明的。人面纹方鼎因年代悠久而颜色碧绿,莹澈如玉,愈显示出它的稀有和珍贵。现珍藏于湖南省博物馆。

虎食人卣,是商代后期最富有艺术特色的青铜器。相传出土于湖南安化县与宁乡县的交界处,当时一共发现了两件,形制相同,分别高32.5厘米和35厘米。卣是古代的一种盛酒器,用来盛放祭礼时用的香酒。卣的形状通常为椭圆口、深腹、圈足,有盖和提梁。造型奇特的虎食人卣,是迄今出土的同类器物中最珍奇的代表。这件卣为踞坐的虎形,尾与两只后足构成器物的三足,前爪抱持一人,虎口大张,齿牙森列,作啖食人首状。人披发赤足,脚踏虎爪,手搭虎肩,蹲坐于虎胸之前,面部向左侧注视。虎

商代虎食人卣

肩上有提梁,两端为兽首。饰有夔纹、雷纹、鳞纹、云纹、牛首纹、蛇纹、游龙纹与鱼纹。纹饰繁缛,形制复杂,工艺精美,结构严密,显示出一种神秘怪异、触目惊心的风格与魅力。虎食人卣所表现的意象观念以及它的象征意义,究竟是什么?这一直是个耐人寻味的问题。有人认为,虎所食者并非是人,而是鬼魅,象征着虎的神秘威慑力量,具有

"辟邪"的含义。也有人认为二者动作似甚亲密，虎只是张着口，并非食人，与虎拥抱的人可能是作法的巫师，象征着天地人神的沟通。还有人认为这是人与幼虎嬉戏的艺术写实，并称此卣为"乳虎卣"。究竟哪一种见解更能揭示其原意？尚有待于进一步的探讨和研究。虎食人卣出土后，近代金石学家罗振玉在《俑庐日札》中对它作了记述。两件无价国宝后来相继流散海外，一件流入日本，现藏在日本泉屋博物馆。另一件辗转流传到了巴黎，为巴黎市立东方美术馆收藏。

人面盉，又称人面龙身盉，相传出土于河南安阳殷墟，是商代后期青铜器。近代，在殷墟商代遗址频繁发生盗掘古物的事，市面上时常有人兜售商代文物。珍贵的人面盉，便是被人从殷墟盗掘出来后流落进入古董商人手中的。20世纪30年代北京有位黄濬，开设了一家"尊古斋"，专做文物古董生意，后来他将收藏和经手的青铜礼器、兵器、陶器、玉器、甲骨等文物古玩，编撰成《邺中片羽》

商代人面盉

一书，于1935年、1937年、1944年先后影印出版了此书的三集六册，其中便收录了这件人面盉。1944—1947年，这件珍贵文物流入了美国。据考古学家陈梦家记述，这段时间他在美国各博物馆、大学、古董商肆上看到的中国殷周青铜器有845件之多，人面盉亦在其列。人面盉最先为美国古董商卢芹斋收售，后来为华盛顿弗里尔美术馆收藏。人面盉，通高18.1厘米，口径12厘米，宽20.8厘米，重2.78公斤。它的造型十分奇特，器盖为一生有双角的浮雕人面，仰面朝上，眼球突起，中心凹下作瞳孔。双耳有孔，与器身两侧牺首形穿鼻相对应，可供穿系。器身背后与人面形器盖的头顶部相连接刻一龙身，左旋缠绕于器身，与器腹下部的回形纹饰自然混合。龙的两足出两侧伸向前方，龙口有一个流（出水管）。底部圈足镂有三孔，可作系绳提携之用。饰有龙纹、夔纹、云雷纹。这件人面盉，形状独特，设计巧妙，制作精美，风格奇异，堪称是同类器物中独一无二的稀有之物。

四羊方尊，又称四羊尊，是商代后期青铜器，1938年出土于湖南宁乡县黄材月山铺。通高58.3厘米，口径52.4厘米，为正方形，重34.5公斤，是现存商代青铜器中最大的方尊。它的造型别出心裁，具有一种雄奇别致的风格。上部为喇叭形方口，转折流畅的颈部饰有蕉叶纹、夔纹和兽面纹，中间四隅各铸出一只高浮雕的卷角羊，下部为脚踏实地的羊腿，显得是那么奔放而洒脱。整件器物结构完美，从不同角度都给人以美感，其观赏效果可谓达到了极致。此尊最值得赞赏的是四只羊头，它们突出于尊的中部，栩栩如生，羊角向内卷曲，简练而又细腻，富有真实感，成为全器装饰性最强的部分。与羊头的写实相参照，羊身上的纹饰则充满了神秘感，胸部为高冠的鸟纹，鸟足便附在羊腿上，羊的背部与其余部分饰有鳞纹和云纹。肩部则铸有四条蟠缠的游龙，龙头抬起也成为高浮雕，正对着两羊分界处的觚棱。

湖南宁乡出土的商代四羊方尊

方尊采用分铸法，合范浇铸而成，集线雕、浮雕、圆雕于一器，把平面的图像和立体的雕塑有机地结合在一起，技艺高超，浑然一体，堪称是商代青铜器铸造工艺的精粹杰作。这件珍贵的四羊方尊，现收藏于中国历史博物馆内。

兕觥，是商周时期造型很特殊的一种饮酒器。容量比较

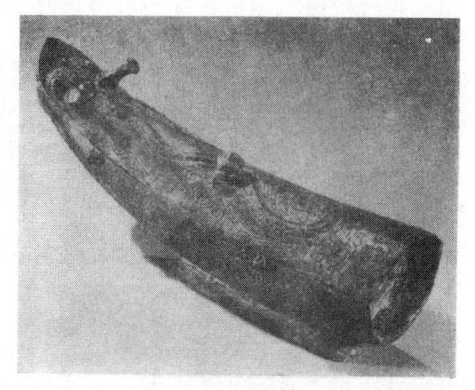

商代龙纹兕觥

大,可以容酒五升或七升。《诗经》中曾多次提到兕觥,但其形状如何向无定说。宋代《续考古图》对其作了定名,清末学者王国维作《说觥》,对其形制加以考证说明。后来随着实物的出土,才提供了依据,终于揭开了神秘的面纱。兕觥这种器物,一般作椭圆形或长方形体,或者仿动物形体,上有兽头形盖,前部有宽口流,后部有鋬,前昂后低,底部为圈足、三足或多足。造型追求华丽效果,遍体布满纹饰。这种酒器主要流行于商代后期和西周前、中期。留存至今的兕觥数量很少,并有流散到海外者。1959年在山西吕梁县石楼桃花庄发现的商代角形龙纹兕觥,造型与兕(犀牛)角最为逼真。龙纹兕觥通高18.8厘米,长24.1厘米,前端为龙首形,昂首翘鼻,利齿毕露,双目圆鼓,面貌狰狞。背为弧曲形长盖,器身口沿外附有贯耳两对,下为长方形矮圈足,遍饰精美图案,有旋涡纹、云纹、鼍纹、夔龙纹、雷纹等,造型奇巧,独具风采。现藏于山西省博物馆。商代兕觥中,还有造型更为奇特、纹饰更为复杂的,如美国华盛顿弗利尔美术馆收藏的鸟兽纹觥,通高31.4厘米,由器身、盖、鋬、足等组成,周身铸塑有鸟兽形状和各种纹饰达三十多种,鸟兽纹觥器盖前端是一个生有双角的龙头,额上有蟠龙两条,器盖中部两侧各铸一条奔跑回首的夔龙,尾端有一个浮雕状的双尖角怪兽,器身为椭圆状,流口下是凤鸟,两旁铸一对浅雕立鸟,后端为兽面饕餮纹。觥体下面四足,前两足为棱锥形,后两足为圆锥形,根部为人形,双臂交挽于体前。鋬由一只双角怪兽与一只蹄足卷尾怪鸟联体铸成,怪兽作吞吃怪鸟状。鸟兽觥的这种造型和装饰手法,在现存的青铜觥中是十分罕见的,仅此一件。它将众多的鸟兽人形与繁复的纹饰糅合在一起,显得神奇而又怪异,具有非常丰富的含义。鸟兽觥堪称是商代青铜器中罕见的稀世之珍。

商周鸟兽纹觥

盂鼎，又称大盂鼎，是西周初期铸造的大型青铜礼器，清代道光初年出土于陕西岐山县礼村。盂鼎通高101.9厘米，口径77.8厘米，深49.4厘米，重153.5公斤。鼎腹内壁铸有铭文19行，共291字，记载了周康王二十三年（前990年）对贵族盂的策命和赐赏，是研究西周社会制度的重要材料。盂鼎的造型为圆腹、立耳、圜底、三柱足，口沿下颈部铸有一圈饕餮纹饰，鼎足上端装有兽面，并有扉棱和两道弦纹。结构严谨而又洗练，显得浑厚庄重而又和谐美观。其铭

西周大盂鼎

文书写规整，端庄朴茂，是金文书法中的典范。盂鼎出土后，首先为岐山豪绅宋金鉴所占有，后来被岐山县令周庚盛夺走。道光三十年（1850年），宋金鉴上京赴试，点为翰林。他在北京出银三千两，把大盂鼎又赎买到手，运归岐山。到了同治年间，宋氏家业衰败，他的后人将此鼎运到西安，以七百两白银转让给别人。后来辗转落入左宗棠手中。左宗棠对此鼎珍爱异常。数年后，左宗棠受流言中伤，朝廷要召他入京问罪，由于工部尚书潘祖荫的疏救才得以幸免。左宗棠大为感激，知道潘祖荫嗜好金石，遂以大盂鼎相赠。潘祖荫喜出望外，视若绝世奇珍。潘祖荫病故后，其弟将大盂鼎和潘氏收藏的另一件珍贵重器大克鼎运回苏州原籍，供奉在潘家大堂之上，作为传家之宝。以后，两件大鼎历经坎坷，美国人、日本人、国民党要员都垂涎此鼎，威逼利诱勒索，潘氏后人不畏强暴，终于保存下来，于1952年捐献给了国家。大盂鼎现藏于中国历史博物馆。

大克鼎，是西周时代的一件重要青铜器，1890年出土于陕西扶风县法门寺任村窖藏。同时出土的还有小克鼎七器和其他青铜器数十件。大克鼎通高93.1厘米，口径75.6厘米，腹径74.9厘米，腹深43厘米，重201.5公斤。此鼎为圆形，立耳，三足。口沿下为变形兽面纹，腹部为宽大的波曲纹，足部为突出的饕餮纹，纹饰之间铸有觚棱。其造型浑厚雄伟，制作精致，纹饰和谐，显示出一种粗犷豪放的风格。鼎腹

内壁铸有铭文28行,共290字,记载了周懿王对克的赏赐和重用,为研究西周历史提供了非常重要的资料。铭文行间有线相隔,书写整齐,字体工整,笔势圆润,堪称是西周青铜器中的经典之作。大克鼎出土后,被嗜好金石收藏的清朝工部尚书潘祖荫用重金购得,极为珍爱。当时人记述说:"文勤公生平所藏之器以此为最,曾镌印章曰宝藏第一。求拓本者踵至,应接不暇,多以翻本报之。"当时直隶总督端方也是个嗜

西周大克鼎

古成癖、大量收藏金石文物古玩的人,觊觎潘氏收藏的大克鼎和大盂鼎,挖空心思图谋夺取,但未能得逞。潘祖荫病故后,其弟将大克鼎、大盂鼎和其他青铜器运回苏州原籍,作为传家之宝。20世纪20年代,有美国人闻风专程赶赴苏州,以六百两黄金和一幢洋楼作为诱饵,企图购走大克鼎等三件重器,潘氏后人珍视祖传之宝,断然拒绝了这一建议。1937年,日寇侵华,苏州沦陷。潘氏家族由潘祖荫的孙媳潘达于主持家务,为了保存大鼎,悄悄地在后屋内撬起大青砖,挖了一个长方形大坑,把大克鼎与大盂鼎深埋于地下,并于上面做了伪装。日军为了获得大鼎,每天数次前来搜索。潘达于与家人严守秘密,后来被迫避难上海,终于使这两件珍贵文物保存了下来。新中国成立后,潘达于在1951年主动写信给上海市文物管理委员会,表示愿将家族珍藏了六十多年的大克鼎、大盂鼎捐献给国家。国家文化部接受了潘达于的捐献,对她的爱国行为给予表彰,颁发了褒奖状。大克鼎现藏于上海博物馆。

毛公鼎,也称毛公厝鼎,因器为毛公所作而得名,是西周晚期周宣王时(前827—前782年)的一件重要青铜器。相传清朝道光末年出土

于陕西岐山周原。鼎通高53.8厘米,口径47.9厘米,腹围145厘米,重34.7公斤。器形为大口,口沿上立着高大的双耳,半球状深腹,圜底,下附三只兽蹄形足。装饰十分简洁,只在口沿下有两周弦纹,中间为一周重环纹,显得朴素典雅,浑厚洗练,洋溢着一股清新庄重的气息。毛公鼎的装饰如此简朴,说明青铜器的发展已由巅峰开始回落,礼器的宗教意识已经减少,早期充满了神秘色彩、繁缛富丽的纹

西周毛公鼎

饰,已从神话中蜕化而出,日趋简化。而青铜器上的铭文则显著加长了,铭文内容也更为广泛。毛公鼎腹内壁,铸有铭文32行,共499字,是现存铭文最长的一件青铜器。铭文记述了周宣王的诰诫,是一篇完整的"册命",文辞典雅,可与《尚书》媲美。对研究西周晚期的政治历史具有重要参考价值。关于它的铸造年代,以前认为是周初的器物,后经郭沫若考证说:"铭全体气势颇宏大,泱泱然存宗周宗主之风烈,此于宣王之时为宜。"现都从郭说,定为周宣王时铸造。毛公鼎铭文气势宏伟,笔法端庄,圆润丰腴,可谓是金文书法的典范。清末书法家李瑞清说:"毛公鼎为周庙堂文字,其文则《尚书》也,学书不学毛公鼎,犹儒生不读《尚书》也。"给了极高的评价。毛公鼎在清朝道光末年出土后,于咸丰二年(1852年)被古董商苏亿年收购运到北京。当时的金石学家陈介祺(号簠斋)得知后,筹措重金购下了毛公鼎,对铭文进行了研究,在当时的学者们中间引起了很大反响。陈介祺后将毛公鼎运回原籍山东潍县,珍爱无比,秘不示人。陈介祺病故后,毛公鼎为其儿子继承。当时任两江总督的端方,派人至陈家强行购买,以白银一万

两和湖北银元局的一个官职作诱饵，限三日交鼎。毛公鼎从此落入了端方手中。宣统三年（1911年）端方率兵入川镇压保路运动，在资州因兵变被杀。端方死后，其后人嫁女于项城袁家，以鼎陪嫁，袁家不敢接受。端方后人乃将毛公鼎寄押在天津俄国道胜银行。20世纪20年代初，有美国商人愿以五万美金购买毛公鼎。这一消息被爱国人士叶恭绰等人知道后，筹集了三万元银元将鼎从道胜银行赎出，将其保存起来。抗战爆发后，毛公鼎被转移到香港。后因日寇进攻香港，毛公鼎又被辗转运回上海，为商人陈克勤所得。不久又被陈泳仁出巨资购得。抗战胜利后，陈氏将毛公鼎献给了国民政府，1946年8月1日拨归中央博物院筹备处收藏，1948年被运往台湾，现藏在台北故宫博物院。

散氏盘，亦名散盘，以铭文中有"散氏"而得名，有人认为作器者乃矢人，所以又称为矢人盘。相传于清朝乾隆初年出土于陕西凤翔。散氏盘通高20.6厘米，口径54.6厘米，底径11.4厘米，深9.8厘米，重21.31公斤。其形制为圆形，附耳，高圈足。腹饰夔龙纹，间以浮雕形的三个兽首，足部饰饕餮纹和窃曲纹。铜质精粹，呈深褐色，铸造十分精美。盘底有铭文19行，每行19字，因最后一行有一半已锈蚀不可辨认，故实有357字。铭文是一篇完整的契约，其大意是讲因矢国侵害了散国，经周王调解，矢国付田地二区给散国作为赔偿。其铭文书法，苍劲古拙，方峭挺拔，历来为书法家所重，引为范本，在我国书法艺术史上占有重要地位。散氏盘与毛公鼎皆以长篇铭文著称于世，并与虢季子白盘并称为西周三大青铜器。据清代的金石学家们考证，散氏盘是周厉王时期的铸器。散氏盘出土后，为江南收藏家所得，长期保存在扬州，当时其拓本的售价已十分高昂。阮元将此盘定名为"散氏盘"，并用翻砂法复制了两件。其中一件被人当作真品卖到了国外，其实真器仍在扬州。嘉庆十五年（1810年）冬，两江总督阿毓宝从盐商手中购到了此盘，

西周散氏盘

作为庆祝嘉庆皇帝五十寿诞的礼品，入贡内府。后来一直藏于清朝内库之中。到1924年3月，才发现此盘仍在养心殿的库房内，对照旧拓，确属真品无疑，溥仪命人拓片五十份，分赠臣僚。第二年，溥仪出宫，散氏盘由故宫博物院接管收藏。1949年，散氏盘被运往台湾，现藏于台北故宫博物院。

虢季子白盘，因作器者为虢季子白而得名。根据铭文内容，此盘铸于周宣王十二年（前816年），与散氏盘、毛公鼎被誉称为西周三大青铜器。此盘长130.2厘米，宽82.7厘米，通高41.3厘米，重约230公斤。盘口

西周虢季子白盘

呈圆角长方形，造型奇伟，酷似一个大浴缸。盘外四壁铸有八只兽首耳，口中衔环。口沿下饰窃曲纹，腹部饰波状的环带纹，底部为四只矩形足。此盘制作精良，端庄厚重，气势雄伟。盘内底部有铭文8行，共111字，记述了虢季子白受周王之命征伐狎狁（古匈奴），大获全胜，受到周王褒奖赏赐，深感荣耀，特铸此盘作为纪念。铭文是四字韵文，语言洗练，句式工整，如同一首优美的英雄史诗，同时也是研究西周社会历史的重要文献。字体优美工整，是金文的佳作。虢季子白盘相传是道光年间在陕西宝鸡虢川司出土的，西周时期，这一带原是西虢的封地。此盘出土后，被当地农人用来盛水饮马。当时的县令徐某有一天外出路过，看见了此盘，给了农人数串制钱，将盘带回县衙，据为己有。徐某离任时，将此盘运回了原籍常州。太平天国时期，护王陈坤书镇守常州，虢季子白盘为太平军所得，成为护王府的镇府之宝。1864年4月，淮军将领刘铭传随李鸿章镇压太平天国，率清兵攻破常州城，进驻护王府。一天夜里，刘铭传听到马棚里传来铿锵悦耳的金属撞击声，如鸣玉扣钟，时断时续，循声寻去，发现是战马吃草料时笼头铁环与马槽碰撞发出的响声。持灯细看马槽，方知是一件珍贵古物，命马夫将其洗刷干净，看到了底部的铭文，惊喜异常，随即派亲信把此盘送回合肥老

家。刘铭传后擢任直隶提督,参与镇压捻军,光绪十年(1884年)督办台湾军务,抗击法军,在台湾巡抚任内曾开办铁路煤矿,颇受好评。刘铭传对虢季子白盘极为珍爱,特地建了一座亭子陈放此盘,题名"盘亭"。平常盘亭轻易不会开启,偶尔拓片数纸,分赠知交亲友,能见实物者极少,连光绪皇帝的老师翁同龢也缘悭未能一睹。此后数十年,此盘一直保存在刘家。民国初政局动荡,觊觎此盘者甚多,风波迭起,使刘氏后人经受了很多磨难。北洋军阀时,曾遭军阀搜劫。抗战爆发,合肥沦陷,日寇又去刘家索取。为了保存此盘,刘氏后人悄悄地掘地一丈多深,把盘埋于地下,然后举家迁居他乡。之后,国民党安徽省主席李品仙也派人武力胁迫刘氏后人,追问此盘下落。李品仙的亲信合肥县长隆武功竟把县政府设于刘家,撬开所有地板,掘地三尺,寻找此盘。刘铭传的四世孙刘肃曾守口如瓶,远避他乡。新中国成立后,刘肃曾决定将此盘献给国家,1950年1月,虢季子白盘被重新掘出,并在合肥公开展出,郭沫若专门拍来贺电:"国宝归国,诚堪荣幸。"刘肃曾专程护送此盘前往北京,文化部举办特展,国家领导人和许多学者都前往参观。虢季子白盘先藏于故宫博物院,后拨归中国历史博物馆收藏。

鸟纹卣,1927年出土于陕西宝鸡戴家沟,是制作极为精美的一件西周青铜器。它通高35.7厘米,由器身、器盖、提梁、翘起的四柱棱、圈足组成。提梁两端饰有华美双角的牛首,梁面饰有云纹和立雕牛首。卣盖中间为瓜棱形纽,饰有牛首纹、瓦楞纹、夔纹和扉棱。卣腹有四根突出的柱形饰,柱头为牛首,饰有直楞纹带和大鸟

西周鸟纹卣　陕西宝鸡出土

纹。圈足亦饰有鸟纹。整体来看，它的纹饰可分为两层，第一层为平面图案，饰鸟纹，第二层为立体雕刻，全部饰牛纹。风格夸张、华丽而富于变化。所饰鸟纹，头有高冠，双尾华美，显然是凤鸟的形象，是周人喜欢的吉祥图案。鸟纹卣的造型，在以往出土的青铜器中是极为罕见的。它的出土和流传，也颇为传奇。当时陕西有个小军阀党玉琨，蹯踞在凤翔、宝鸡、岐山地区，党玉琨年轻时曾在北京古玩店当过学徒，深知文物之贵重，而宝鸡一带正是埋藏文物最多的地方，于是党玉琨便派遣部队并征派民工数千人，从1925年起，在宝鸡斗鸡台戴家沟进行大规模盗掘，将地下埋藏的大量珍贵文物挖出后全部据为己有，仅铜器就有一千多件，收藏在他的巢穴凤翔城中。1928年，冯玉祥命所部宋哲元肃清陕西境内不服从命令的土著军阀。宋哲元派兵挖掘地道用炸药轰塌凤翔城墙，攻克凤翔，党玉琨死于乱军之中，所盗掘的珍贵文物全部落入宋哲元手中。后来，大多数青铜器都为古董商们购去，并陆续流散到了海外。珍贵的鸟纹卣也被卖到了国外，为美国波士顿美术馆收藏。

水陆攻战纹鉴，是战国时期的一件珍贵青铜器，1935年出土于河南汲县山彪镇的一座战国古墓中。共两件，形制大小与纹饰基本相同。一件高29.6厘米，口径54.6厘米，底径29.6厘米，重20公斤。另一件高30.1厘米，口径54.5厘米，底径29.14厘米，重18.75公斤。鉴在古代是用以盛水或放冰的，形以大盆。古人没有镜子，常盛水于鉴，用来照影。这两件鉴，为四耳平底式，大口鼓腹圈足。在颈与腹上下饰有水陆攻战纹图案三层，刻画精美，用红铜镶嵌。共有图像40组，刻画人物286人，用剪影手法，表现出格斗、射箭、划船、击鼓、进攻、投石、奔跃、犒赏、送行等种种姿态，内容丰富，情节生动，工艺精湛。这些图案，无疑是战国时期战争场面的真实写照。它改变了过去以动物图像为主的传统装饰方式，趋向于表现人们自身的活动，这在艺术发展史上是

水陆攻战纹鉴

一个可喜的飞跃。在制作技术上，将红铜薄片嵌入青铜鉴表面，构成栩栩如生的画像图案，堪称是镶嵌法装饰的一件杰作。这件闻名中外的珍贵国宝，先藏于北京，后被运往台湾，现藏于台北故宫博物院。这里值得提及的是，在战国时期的青铜器中，表现水陆攻战题材的还有北京故宫博物院收藏的"宴乐渔猎攻战纹壶"，以及1965年出土于成都百花潭中学的一件形制相同的青铜壶。它们都是异常珍贵的文物精品。

三　青铜器的形制特点和鉴定研究

我国古代的青铜器，是用红铜和其他化学元素冶炼而成的合金铸造而成的。如铜与锡的合金为锡青铜，铜与铅的合金为铅青铜，以及铅锡青铜、镍青铜、磷青铜等。商周时代的青铜，古人通常称为金或吉金，其成分主要是锡青铜和铅锡青铜。经考古检测化验，标准青铜的含铜量在90%以上，含锡量在10%以下。

古代青铜器的铸造，主要有四种方法：石范铸造，陶范铸造，失蜡法铸造，金属型铸造。青铜时代，这四种方法在不同时期和不同地区都被应用过。其中应用最广影响最大技术最为熟练精湛的，则是陶范铸造。从早期的爵器、提梁卣，到鼎盛时期的司母戊大方鼎、四羊方尊，以及西周时期的大克鼎等，都是陶范铸造的产物。所谓陶范铸造，就是选用泥土混合物，制成器物模样、外范与内芯，然后合范，将熔化的金属液体浇入陶范内，再进行整理加工，便得到所需的青铜器了。早期陶范铸造的器物比较简单，如象征统治权力的鼎，都较小，外范分成三块就铸成了。商代中期和后期，以至西周前期，随着社会经济的发展，青铜器制造水平更为精湛，制作规模也更为宏大。著名的司母戊大方鼎，就是这一时期的器物。这件高133厘米，长110厘米、宽78厘米，重875公斤，世界上最大的青铜器，铸造时若没有很高的技术和大批的劳动力共同协作是不可能成功的。由于鼎器庞大，采用了鼎身与鼎足浑铸，鼎耳与鼎身分铸的方法。整个铸型由四块腹范（内嵌二十四块分范）、顶范、内芯、底范，以及四块浇口范组成，然后进行大规模浇铸。

若按当时每个坩埚熔铜12.7公斤计算，875公斤重的大鼎需要七八十个坩埚同时冶熔，如每个坩埚需三四个人的话，那么七八十个坩埚就要二三百人同时操作，加上制作陶范的人员，所需的人就更多了。在安阳附近发现的孝民屯冶铜遗址，面积达一万多平方米。1976年在洛阳北郊发现的一处西周前期炼铜遗址，总面积竟有二十八万平方米，由此可以想象当时的青铜器铸造规模是多么壮观。近代和新中国成立后出土的青铜器，就有五六千件之多，这种惊人的数量，也反映了当时青铜器制作的繁荣情形。陶范铸造技术，后来得到了更为充分的发展，在工艺上形成了浑铸、分铸、镶铸、铸接、叠铸、串铸等多种技巧和手法。铸成的青铜器种类繁多，纹饰千变万化，图像精致，清晰光洁，留下的众多青铜艺术精品，已成为文物瑰宝。春秋时代，各诸侯国大量铸造各种精美的青铜器，出现了镶嵌红铜和绿松石技术、错金银术等手法，使青铜器工艺又有了新的发展。春秋中晚期和战国时代，失蜡法铸造工艺开始被广泛采用，制出了更为复杂和精巧的青铜器物。以后历代相袭，技艺发展得更为高超，制作的精品层出不穷。

  青铜器的早期形制特点，大多数是小件实用工具，极少装饰，反映了当时人们纯朴的审美意识。在相当于夏代的二里头文化时期，青铜器已从铸造简单的工具、兵器，发展到铸造比较复杂的容器和礼器，如青铜爵、青铜盉，以及镶嵌绿松石兽面的铜牌饰铃等。青铜工艺已由实用往装饰方面发展。商周时代，是青铜器发展的鼎盛时期，青铜铸造业全部被王室、贵族所占有，权贵们铸造了大量的食器、酒器、水器、礼乐器和兵器。《左传·成公十三年》说："国之大事，在祀与戎。"这些形制多样的吉金器物，供王公贵族们"以蒸以尝"、"以食以享"、"钟鸣鼎食"，演变为权力的象征。吉金的使用等级和数量多寡，亦是身份地位的标志和富贵荣华的显示。青铜礼器成为王室贵族们进行祭祀、燕享、朝会、歃盟等活动时不可缺少的礼仪使用器物。这些礼器自然而然地被染上了宗教巫术色彩，它们的形制与纹饰注入了当时人们的祈求、崇拜、审美，表现了丰富的想象力和复杂的思想意识，充满了神秘怪异的气氛。迄今见于著录的商周青铜器，作为礼器的食器、酒器、水器和乐器四类总数就达二万件以上，其中鼎最多，簋次之，爵占第三位。其他青铜器物,不论是种类,或是数量,也都极其可观。

商周青铜器的铸造发展长达一千多年,根据器物形制、组合、纹饰、铭文、铸造方法的演变,目前考古界通常从时间概念上将其划分为:商代前期(二里岗时期)、商代后期(殷墟时期)、西周、春秋、战国五大阶段。郭沫若在 20 世纪 30 年代曾从青铜艺术史的角度分为滥觞期、勃古期、开放期、新式期,至今仍被美学界所承认和沿袭使用。(20 世纪 40 年代郭沫若在《青铜时代》中又分为鼎盛期、颓败期、中兴期、衰落期。)此外,国外学者对中国青铜器也有不同的分期法,但国内极少有

商代鸮尊　废墟妇好墓出土

人采用。商代前期(二里岗时期)的青铜器,造型设计、花纹镂刻、铸造技求已经相当完善,礼器种类极为丰富。器物造型特征,三足器为主,盛行锥形空足和扁锥足,纹饰粗犷,大多为平雕,饕餮纹(兽面纹)是常用的主体花纹,器上有族徽而大多无铭文。商代晚期(殷墟时期)是青铜器发展的一个高峰,质量与数最都得到空前的发展,如 1976 年在安阳小屯西北发掘的妇好墓,出土的数百件精美青铜器便可作为这一时期的代表。其中有很多制作精湛的重器,显示了当时高超的铸造技巧。在商代晚期青铜器中,出现了形状奇特的各种动物形铜器,如兕觥、象尊、羊尊、犀尊、虎尊、凤尊、牛尊、鸮尊、猪尊、鸳鸯尊等,造型逼真,构思精巧,富于想象,具有很高的审美价值,堪称艺术杰作。这个时期的纹饰图案更加丰富多彩,风格繁缛,富丽华美,洋溢

着鼎盛时期的繁荣堂皇的气派。花纹种类，除了千变万化的几何纹，出现了抽象变形富于变化的各种动物纹，将生活气息与神秘色彩糅合在了一起，并广泛使用浮雕装饰，造型设计大都别出心裁，精妙绝伦。动物纹饰主要有牛、羊、象、虎、鹿、马、鸟、鸮、蛇、蚕、蝉等，兽面纹与夔纹以抽象的风格与之互为衬托，工匠们在铸造过程中将线刻、浅浮雕、高浮雕、圆雕等各种技艺娴熟地运用在同一器物上，浑然一体，精湛美观，令人赞叹。商代晚期，青铜器上开始出现铭文，大都记载作器者的姓名、族氏和祭祀对象等，叙事性的记录极少，铭文书体为波磔体，尚未脱离图形文字的形态。

到了西周时期，青铜器的制作又有了明显发展，分布区域更加广阔，大小封国几乎都拥有自己的青铜铸造作坊，青铜器因地域的差别也就更加风格多样。西周早期，承袭商制，纹饰依然繁缛，铭文变长。西周中期以后，由于奴隶制的衰落，青铜器制作趋于简单和轻薄，酒器中的爵、觚等逐渐消逝，出现了一些新的器物如簋、盨、匜、编钟等，纹饰也由复杂变为简单，铸造工艺则更为先进。铭文这时得到了高度发展，长篇铭文不断出现，内容也更为丰富，记述的有祭祖、征伐、纪功、册命、赏赐、诉讼等。如大盂鼎铭文19行291字，小盂鼎铭文20行近400字，大克鼎铭文28行290字，毛公鼎铭文32行499字，散氏盘铭文19行357字，史墙盘铭文18行284字等等。这些铭文不仅是研究当时社会历史的珍贵资料，同时也是书法艺术史上的重要篇章。后代的书家将它们称为"金文"或"钟鼎文"，它们上与甲骨文密切衔接，下启篆、隶、楷的先河，古朴典雅，劲健圆润，清晰精美，每篇铭文都是书法艺术的杰作。

春秋战国时代，诸侯争霸，王室日衰，诸侯国制作的青铜器日益增多，工艺也更为精美。这个时期的青铜

商代豕尊　湖南湘潭出土

器，器型与纹饰都富于创新，大胆突破商周以来的宗教神秘色彩，表现出浓郁的地方特征和清新之感。北方诸侯国的青铜器，大都雄浑凝重，保持了商周的技艺传统。南方诸侯国的青铜器，则秀丽精细，显示出新的艺术风格。由于"礼崩乐坏"，相当一部分青铜器由礼器转为日常生活用器。如酒器和水器的变化，其中最有代表性的是壶，样式有圆形、方形、扁形、匏形等。又如铜镜，开始制造使用并大为兴盛，它的造型和纹饰表现了当时工匠们杰出的创造才能。铸造工艺上，分体铸造与焊接技术有了新的发展。失蜡法熔模铸造技术也开始经常使用。错金银、错红铜、包金银、鎏金和细线刻镂等新技术的发明和应用，更增添了这个时期青铜器的精美和华丽。由龙纹演变而成的蟠螭纹与蟠虺纹，成为这个时期青铜器的主要花纹，与之相陪衬的有几何形纹、贝纹、波浪纹、绚索纹、垂叶纹等，成为单纯的图案装饰，不再具有神秘意义。许多青铜器上还出现了表现社会生活各种场景的纹饰图画，内容有宴饮、舞乐、采桑、渔猎、水陆攻战等，形象生动，丰富多彩，弥足珍贵。这个时期的青铜器铭文，内容极为简单，笔画细长，字体有时也被图案化而成为纹饰的组成部分，如南方流行一种铭文字体形同禽鸟被称为"鸟篆"。春秋战国时期，是青铜器发展的又一个高潮，遗留下来的精品极多，大都构思新奇，制作精美，表现了当时高超的工艺水平，令人叹为观止。

战国晚期的错金银雷纹鼎

秦始皇统一中国后，青铜器随着春秋战国时期的结束而完成了它的历史使命。铁器、漆器、陶瓷制品成为社会生活中的主要器物。但青铜器仍然是一项重要工艺，它的艺术依然在放射着绚丽的光彩。如秦始皇陵出土的两组铜车马，有三千多个部件，采用嵌铸、铆接、焊接、销钉等技术组装而成，结构复杂，车盖华丽，雕镂精细，鞍辔用金银错，通体彩绘,四马驾车,御者踞坐,酷肖实物,表现出极为高超的制造工艺水平。到了汉朝,青铜器仍是宫廷中的重要用品,制作工艺更为轻巧华美。如西汉中山靖王刘胜墓出土的长信宫灯、骑兽人物博山炉,陕西兴平茂陵附近出土的竹节熏炉,江苏邗江县甘泉二号东汉墓出土的错银饰牛灯,上海博物馆藏的西汉昭明透光镜,以及1969年在甘肃武威雷台东汉墓出土的铜奔马(马超龙雀),无不绝妙,堪称青铜艺术的千古佳作。汉代以后,青铜器制作主要是铜镜、带

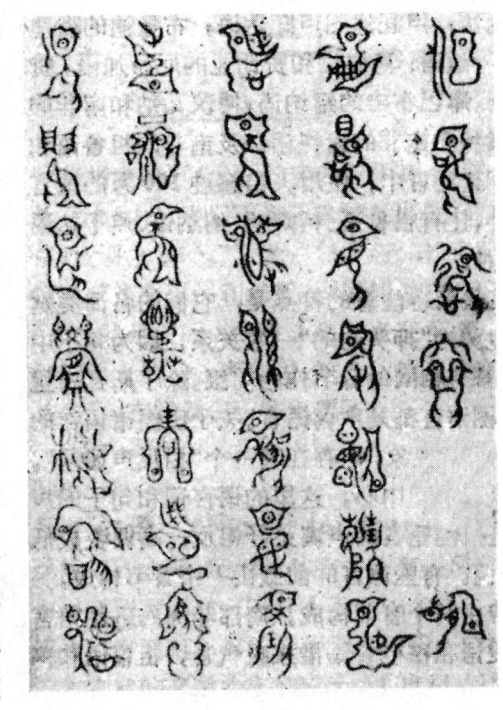

中国青铜时代的鸟虫书

钩之类的小型生活用具,大型青铜器已为新兴的瓷器所取代,而不再铸造。到了宋代,由于金石收藏活动的兴盛,古董商人仿铸古器以牟取暴利,出现了大量的伪品。所以,铜器鉴定便成了一门非常重要的学问。

秦始皇兵马俑坑出土的铜车马

铜器鉴定，早在春秋战国时期就已见诸文字记载了，如《韩非子·说林下》就谈到齐人与鲁人对铜器真伪的辨识。宋代以后，因文物大量造伪，鉴定益显重要。一些博学多才的金石学者，乃至嗜好金石的风雅皇帝，编撰了许多专著，作为铜器鉴定的参照。综合历代经验，鉴定古代铜器的手段主要有两种：一种是传统方法，即凭借眼力和经验，对铜器进行观察鉴定；一种是科学方法，用仪器化验探测。传统的鉴定方法，是对器物的类别、器型、纹饰、铭文、锈色和铸造工艺等进行综合分析对比，从而划分和断定该器年代、真伪和价值。专业知识和丰富的经验，在鉴定中起着至关重要的作用。所以，要鉴定铜器的真伪，必须首先懂得青铜器在不同发展时期的各种类别，器型特征，纹饰变化，铭文内容，以及铸造工艺特点和锈色真假。此外，还应了解历代铜器作伪的手法。铜器作伪，以假乱真，使人真假难辨，其手法主要有以下几种：（一）全器都是模仿伪铸；（二）器物是真的，铭文是假的；（三）器物是真的，纹饰是假的；（四）器物是真的，铭文与纹饰都是假的；（五）铭文是真的，器物却是假的；（六）器物有真有假；（七）一件器物由两件或三件真器的部分残片拼凑而成；（八）器物是真的，但附件（盖、提梁等）是假的，等等。作伪者手法多变，不一而足。鉴定时，需要我们从器物类别特征、年代判断、时代风格等不同方面进行综合分析。铜器铭文的作伪，有摹刻、蚀刻、钻刻、增刻、拼凑等不同方法，需要通过释读文字、断定字体、分析铭文与器物整体风格是否吻合来加以识别。观察分析铜器锈色，也是断定器物真伪的重要方法，真锈颜色自然坚固，伪锈多系渲染，色浮且滞，锈块粗松，用硬物稍一刻划或用热碱水刷之，便会脱落。青铜器的真伪鉴定，必须十分慎重，如传统鉴定方法无法确定，则应借助现代科学仪器进行综合判断。

关于青铜器的记载，宋代以前比较少，宋代以后才开始大量出现。许多金石收藏家和文人学者，对青铜器的鉴定与研究给予了更多的关注，将他们收藏的实物、收集的资料、鉴赏研究的心得体会，通过文字记录下来，便于相互交流和考证。明清以迄于近代，从事金石研究著述的学者，更是不乏其人。他们留下的著述甚多，其中许多在今天仍是青铜器鉴赏和研究的重要参考书籍。现将著名的金石著述介绍如下：

《考古图》，北宋吕大临于宋哲宗元祐七年（1092年）编纂成书，共十卷，收录器物224件，包括商周器物148件，秦汉器物63件，玉器13件。每件器物皆摹绘器形款识，记载尺寸大小、容量、重量，对器物可考的出土地点、收藏者，也加以注明，是我国最早而较有系统的一部青铜器图录，也是创造性地把青铜器作为历史资料研究的第一部重要著作。吕大临在编写《考古图》之前，积累了许多青铜器资料，他记述说："予于士大夫之家，所阅多矣，每得传摹图写，寝盈卷轴，尚病寡闻，未能深考。暇日论次成书，非敢以器为玩也。观其器，诵其言，形容仿佛，以追三代之遗风，如见其人矣。以意逆志，或探其制作之原，以补经传之阙亡，正诸儒之谬误，天下后世之君子有意于古者，亦将有考焉。"可知《考古图》乃是吕大临的殚见洽闻之作，该书虽在器物定名上有值得商榷之处，然其体例却有肇始之功，后来的青铜器著录大都沿袭其体例规则。南宋时，有人撰写了《续考古图》五卷，与《考古图》一起广为流传，影响深远。

《博古图》，又称《宣和博古图》，是北宋王黼奉宋徽宗赵佶之命在大观年间（1107—1110年）编撰的一部铜器图录。《四库全书总目》对其成书时间作了颇为详细的考述，说："其时未有宣和年号，而曰宣和博古图者，盖徽宗禁中有宣和殿以藏古器书画……则是书实以殿名，不以年号名。"后人不少著述中称其成书于宣和年间是不对的，显然是望文生义未作细究。此书三十卷，收录从古代至唐朝的器物839件，分为20类，每类之前皆有总说，器物都摹绘有图形款识铭文，记录有尺寸、容量、重量，以及出土地点和收藏者姓名，并附有考证。此书不足之处很多，清代永瑢等撰著的《四库全书简明目录》批评说："其书所收古器，真赝杂糅，辨证尤多疏谬，为诸书所指摘者，不可缕陈。然音释舛而铭字尚存，论说误而器形犹在，故考古者或有取焉。"《博古图》在体例和结构上，与《考古图》一样，还是很有特色的，为后来许多同类著述所仿照，对青铜器的鉴定研究起到了推动作用。

《历代钟鼎彝器款识法帖》，宋代薛尚功编著，成书于绍兴十四年（1144年），因为将铜器铭文摹刻于石，所以称为法帖。此文二十卷，摹录商周至秦汉铜器铭文489件，另有石或玉质的器物铭文15件。每件铜器铭文都写了释文并加以考证。书中亦有错讹,例如将春秋战国时代的"鸟虫书"纹饰器物误作夏代器物等等。但此书收集和摹录了宋代出土的大部分铜器铭文,是研究了解宋代金石鉴定收藏的重要参考书,也是鉴赏和学习金文书法的一部重要著录。

《啸堂集古录》,宋代王俅编著,二卷,共收录铜器铭文345件,大部分为商周铜器,另有秦权、汉印、唐镜等70件。对每件器物铭文都撰写了释文,但未作考证。书中所录铭文常有缺漏,其中以镜铭尤多。后来的金石学者,如元代吾丘衍在《学古编》中曾指出其书收录的伪迹与不足之处。《四库全书简明目录》说:"然古器真伪相参,释文亦彼此互异,诸家所录,往往牴牾,亦不但此书也。"此书对了解和研究宋代金石之学,也是一部重要参考书。

宋代赵明诚《金石录》,元代吾丘衍《学古编》,杨珣《增广钟鼎篆韵》,明代曹昭《格古要论》,高濂《遵生八笺》,都记录了铜器的铭文款识和鉴定赏玩,是当时金石之学的重要参考书籍。

《西清古鉴》,又称《钦定西清古鉴》,是清朝乾隆年间仿照宋徽宗《宣和博古图》体例,编纂宫廷收藏古器的一部大型著述。由梁诗正等人于乾隆十四年(1749年)奉敕撰写、摹绘、考定而成。全书四十卷,收录鼎彝铜器1436件,铜镜93件,共计1529件,另外还附有钱录十六卷。每件器物都绘有图形,其铭文款识附以文字拓本或摹本,记录有尺寸大小,并有简略考证说明。《四库全书简明目录》评价此书说:"体例虽仿考古诸图,而援据经

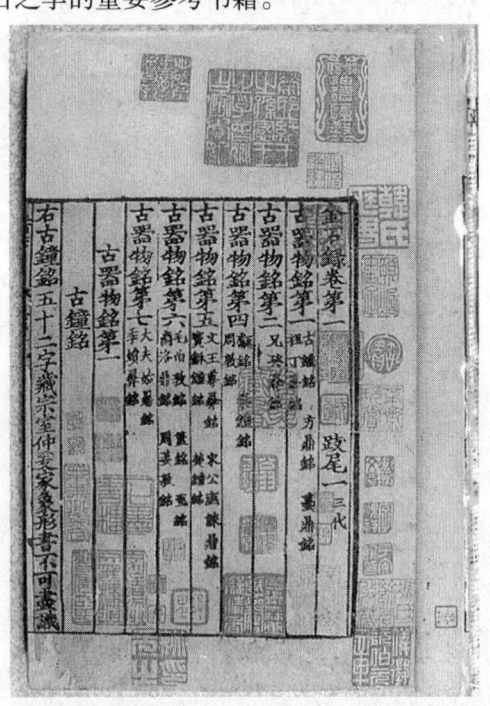

宋代赵明诚《金石录》

典，辨别款识，一一考证精核，无所牵合附会于其间，则万非诸图所及也。"《西清古鉴》卷首列有参加者名单，分监理、编纂、摹篆、绘画、武英殿缮书、校刊、监造七项，由此也可知其编纂成书过程中的认真态度。此书在鉴定和考释上当然也有不少失误，摹写的铭文款识字体也有失真，但它仍是一部集大成之作。其后，乾隆皇帝又命人编纂了《宁寿鉴古》十六卷，收录了鼎彝铜器和铜镜701件。乾隆五十八年（1793年），王杰等人奉敕编撰了《西清续鉴甲编》二十卷，收录彝器844件，另外还收录了铜镜100件与杂器31件，共计975件。每件器物都绘制了图形，附有铭文拓本和释文，并有简要考证说明。不久，王杰等人又奉敕编撰了《西清续鉴乙编》二十卷，收录商周青铜器798件，铜镜100件，体例与《古鉴》和《续鉴》相同。续鉴甲编与乙编的不足之处是所收器物不精，有真伪混杂情形。整个来说，这几部书的编纂问世，对于推动清代青铜器的鉴赏收藏，促进金石之学的发展，起了很大的作用。从王公贵族到文人雅士，金石收藏鉴赏之风大为兴盛，从事青铜器图像和文字考证研究的学者日益增多。

乾隆之后，文人学者编著的金石书籍不断涌现。重要的有：钱坫编著的《十六长乐堂古器款识考》四卷，收录商周秦汉铜器49件，铭文钩摹逼真，考证颇为精到。曹载奎编撰的《怀米山房吉金图》一卷，收录商周秦汉铜器60件，每器皆记有尺寸，摹录了铭文，并有释文。吴云编著的《两罍轩彝器图释》十二卷，摹录商周至汉唐铜器铭文共110件，有释文和解说，考释颇为详尽。阮元编录的《积古斋钟鼎彝器款识》十卷，收录商器173件，周器273件，秦器5件，汉晋器99件，共550件，摹录了铭文，并有释文考证，卷首附有《商周铜器说》和《商周兵器说》两文，有较高的学术参考价值。吴大澂编著的《愙斋集古录》二十六卷，收录商周秦汉铜器1144件，其中商周器1048件，秦器19件，汉器76件，晋器1件，但有器盖分列为二和重复者，实收铜器约为1026件，内容相当丰富，传世的许多重要青铜器都包含在内了，墨拓精良，甄选考释也很精确，论证亦较严谨。遗稿由门人编成《愙斋集古录释文剩稿》一书，共收录铜器136件。此外还有潘祖荫的《攀古楼彝器款识》，刘心源的《古文审》与《奇觚室吉金文述》，方濬益的

《缀遗斋彝器款识考释》，吴式芬的《捃古录金文》，吴荣光的《筠青馆金文》，徐同柏的《从古堂款识学》，冯云鹏和冯云鹓合著的《金石索》，端方的《陶斋吉金录》，刘体智的《善斋吉金录》和《小校经阁金石文字》等等，都是清代后期金石之学中的重要著述。

罗振玉（1866—1940年）是清末著名金石学家和文物收藏家，自幼喜爱收集金石铭刻，潜心治学，终生不辍。辛亥革命后曾侨居日本多年，1919年返国后参预清室复辟活动，被溥仪任为南书房行走。他在学术上广闻博识，恰值殷墟甲骨、敦煌遗书、西域简牍、中原碑志等大量文物被发现，他不遗余力广泛收集，分门别类加以整理研究，撰写了大量的著述。罗振玉的学问非常渊博，在金石铭刻和古代器物方面，他收集的历代石刻和商周秦汉铜器拓片极为丰富，先后编著了《秦金石刻辞》《殷文存》《贞松堂集占遗文》和《补遗》《续编》《三代吉金文存》等。他还编集影印了各类器物图录，如《殷墟古器物图录》《癙鄦草堂吉金图》《贞松堂吉金图》等。此外，他还广泛编集了古器物范、明器、古镜、瓦当、玺印、封泥、符牌、钞币、刑徒砖、买地券等专集，其中不少文物已经佚失，由于罗振玉的集录而得以保存图像和铭文。在甲骨学方面，罗振玉收集甲骨近3万片，将所见所藏先后编为《殷墟书契前编》《殷墟书契菁华》《殷墟书契后编》《殷墟书契续编》四书，共收甲骨5000余片。后进行深入研究，又著《殷墟书契考释》一书，释甲骨文字561个，罗振玉在其他方面的论著和序跋也极多，先后汇集为《永丰乡人稿》《辽居杂著》《贞松老人遗稿》等。

《三代吉金文存》是罗振玉毕生搜集的金文拓本总集。也是罗氏影响最大的一部著述。该书二十卷，共收录商周铜器铭文拓本4831件，于1937年影印出版，内容丰富，印制精良，集传世青铜器铭文之大成，易于查检，是金文研究者必备的工具书。

王国维（1877—1927年）是近代著名学者，博学多才，著述极丰。清末曾留学日本，辛亥革命后，他主要从事教学活动，潜心于中国古代史料、古器物、古文字学、音韵学的考订，特别致力于甲骨文、金文和汉晋简牍的考释，主张以地下史料参订文献史料，对史学界产生了很大的影响。过去的青铜器著录和研究，大都以铭文和文字训诂为重点，王国维首先改变了这一状况，他利用金文研究殷周历史，不仅仅停留在单个文字的训诂上，而是把青铜器铭文和历史学密切结合起来，进行深入的综合研究。王国维生平著作共达六十二种，收入《海宁王静安先生遗书》的有四十二种。他在青铜器考证研究方面成就卓著，撰写了很多重要著述，大都收集在《观堂集林》中。《观堂集林》1921年初刊本为二十卷，1927年王国维逝世后，罗振玉辑印了他的全集，将《观堂集林》增为二十四卷，后来商务印书馆又辑印全集，重新作了编定，将王国维所作关于古代史料、古器物、文字学、音韵学等重要学术论著，都收辑在了《观堂集林》书中。王国维还编撰了《国朝金文著录表》六卷，前五卷收集商周春秋战国铜器，末卷收集秦汉以后铜器，共收录器物4295件，体例采用表格形式，内容丰富，清楚简练，便于翻检。其后，王国维又编撰了《三代秦汉金文著录表》八卷，是在《国朝金文著录表》一书的基础上增订而成，共收录铜器5780件，其中卷八收录了魏晋隋唐宋元铜器120件，表内又增添了铜器收藏家与出土地点两个栏目，书后并附有补遗。

继罗振玉、王国维之后，郭沫若（1892—1978年）在古代史与古文字研究方面取得了更为令人瞩目的成就。郭沫若早年留学日本，五四时期积极投身反帝反封建的新文化运动，北伐时期投笔从戎，大革命失败后旅居日本，潜心于学术研究，抗战爆发后回国，新中国成立后担任多种行政职务，始终坚持学术研究，著述极丰，在学术文化领域内作出了卓越的贡献。他在研究中国古代社会时，十分注意甲骨文和金文资料的分析考证，在他的《中国古代社会研究》著述中，便包含有《卜辞中的古代社会》和《周代彝器中的社会史观》等论述。其后，他又根据考古新发现，对甲骨文、金文资料进行了全面深入的整理研究，先后出版的专著有《甲骨文字研究》（1929年）、《殷周青铜器铭文研究》（1931年）、《两周金文辞大系》（1932年）、《金文丛考》（1932年）、《金文余释》（1932年）、《卜辞通纂》（1933年）、《古代铭刻汇考》（1933年）、《古代铭刻汇考续编》（1934年）、《两周金文辞大系图录》（1934年）、《两周金文辞大系考释》（1935年）、《石鼓文研究》（1936年）、《殷契粹编》（1937年）等十二种。其中《两周金文辞大系》，又称《两周金文辞大系图录考释》，简称《大系》，八册，1932年影印出版，1957年科学出版社出版了增订本，收录的西周青铜器按年代排列，共收250件，大抵皆王臣之物；收录的东周青铜器则按国别排列，分32国，共收261件。所录器物大都有图像与铭文拓本，附楷书释读和简要考释，是研究两周历史的系统编年史料，为研究两周青铜器断代与区分国别奠定了基础。郭沫若在青铜器研究中提出了"标准器断代法"，以及对青铜器时代的分期划分，具有开创性意义，将现代考古学方法应用于青铜器研究方面，使之走上科学的轨道，第一次形成了完整的体系。

与郭沫若同时代的容庚（1894—1983年），也是从事青铜器研究取得卓越成就的一位大家。他从20世纪20年代起，几十年潜心于青铜器研究，出版的著述甚多。主要著述有：《金文篇》，1925年出版，全书根据历代出土的三千多件青铜器铭文拓片或影印本临摹，共收录金文18000多字。《宝蕴楼彝器图录》一卷二册，1929年影印出版，收录了保存在北京古物陈列所的青铜器92件。《颂斋吉金图录》一册，续录二册，1933年影印出版，正录收商周青铜器39件，续录收134件，主要为商周礼乐器、汉六朝青铜器，以及宋代仿古彝器，每件皆有简要考证，立论颇为精确。《武英殿彝器图录》二册，1934年哈佛燕京学社影印出版，收录了清朝热河行宫所藏的100件铜器，每器皆作考释，花纹与铭文拓录清晰精美。《海外吉金图录》二册，1935年影印出版，收录了流入日本的中国青铜器从商周至秦汉共156件，另附录俑和石槨三件，大都为精品，如虎食人卣、兽面纹铜鼓等，每件皆注明来源出处，并加以考释。《善斋彝器图录》三册，1936年哈佛燕京学社影印出版，收录了收藏家刘体智所藏青铜器175件，其中大部分为商周器物，少部为秦汉和宋元铜器，铭文皆附有拓本，并

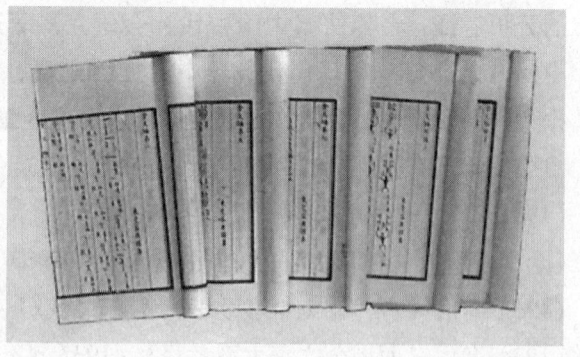

容庚《金文编》

加以考证，对青铜器断代提出了新见解。《西清彝器拾遗》，1940年考古学社影印出版，收录了抗战时期颐和园所藏铜器南迁后余下的商周青铜器精品20件，每器皆记有尺寸大小，并作简单考释。《秦汉金文录》八卷，1931年刊印，收录秦汉铜器铭文，加上附录的新莽与魏晋铜器，共749件，每卷后有铭文释文，并附录了秦汉金文未收器目。《商周彝器通考》二册，1941年哈佛燕京学社出版，上册是文字叙述，下册是器物图像，全书约30万字，插图300多种，附图千余幅。此书是容庚在青铜器考证研究方面的集大成之作，他采用将实物资料与文献资料相结合的研究方法，材料极为翔实，并征引众说，对青铜器的彝器部分作了尽可能的综合考察，进行了缜密的论证，构成了比较完整的研究体系，对青铜器学术研究起了积极的推动作用。其后，在《商周彝器通考》的基础上，吸引参考近十余年青铜器发现和研究的新成果，容庚和张维持合著了《殷周青铜器通论》，1958年科学出版社出版，内容比《商周彝器通考》简明，共十章，图文并茂，书后有158张器物图版，是青铜器研究方面的一部重要著述。

新中国成立后，青铜器研究已发展成为一门独立的综合研究学科。考古工作逐步发展，各地出土和发现的商周铜器不断增多，为青铜器研究提供了更多的珍贵资料。出版的图录和著述也日益增多，既有专业性的精美图册，也有普及性的鉴赏读物。这些图册和书籍，对于今天人们对青铜器的了解、学习、鉴赏、研究，提供了方便。当我们观赏那些印制精美的青铜器图册，或面对那些雄奇精湛的青铜器实物时，我们会发出由衷的赞叹，青铜文化艺术是祖先留给我们的一份多么辉煌璀璨的珍贵遗产啊！

第四章
价值连城的美玉奇石

美玉奇石，是自然造化的杰作，为历代文人雅士所珍爱，在中国风雅文化中闪烁着独特的异彩。俗语说："黄金有价玉无价"，说明了玉的珍贵。玉的价值，并不仅仅在于它的获之不易，更主要的还在于它的晶莹可爱，赏心悦目，在于它被精心加工后的巧妙造型和所体现出的深厚文化含义。汉代许慎《说文解字》解释玉的含义说："玉，石之美有五德者：润泽以温，仁之方也；䚡理自外，可以知中，义之方也；其声舒扬，专以远闻，智之方也；不挠而折，勇之方也；锐廉而不忮，絜之方也。"用仁、义、智、勇、洁来形容美玉，说明了玉在古人心目中的地位有多么崇高。按照现在的理解，所谓五德，其实是指玉的五个特性。凡具备坚韧的质地、晶润的光泽、绚丽华贵的色彩、细密透明的结构、舒扬悦耳的声音，这几种特征的美石，那就是玉了。

玉的涵义相当宽广。近代科学家对玉进行物理化学实验表明，世界上的玉材主要有两类，一类为角闪石，亦称软玉，一类为辉石类，亦称硬玉。软玉的硬度为莫氏6—6.5度，比重2.55—2.65，是以硅酸钙为主要成分的纤维矿物，色泽纯白好似凝脂，细腻温润，俗称羊脂玉，非常名贵，具有极高的经济价值。因为角闪石大都含有少量氧化金属离子，而呈现出青、绿、黑、黄等色或杂色，所以又有白玉、青玉、碧玉、黄玉、墨玉等不同品种。硬玉的硬度为莫氏6.75—7度，比重3.2—3.3，矿物结构以硅酸钠和硅酸铝为主要成分，有隐约的水晶状，具有玻璃的光泽，质地坚硬，清澈晶莹。色泽富于变化，有翠绿色、苹果绿、雪花白、娇嫩的淡紫色等，其中以翠绿色质地最佳，所以硬玉通常又称为翡翠。软玉在远古就被人们采掘和使用了，产地以新疆和阗为最有名，同时还有陕西的"蓝田玉"等。硬玉主要产地在缅甸境内，输入中国时间较晚，在18世纪后才被中国玉匠大量采用。因此，中国古代玉器绝大部分都是软玉（角闪石）制品。此外，古代玉器所用质料，还包括岫岩玉、南阳玉、青田玉、绿松石、孔雀石、玛瑙、水晶、琥珀、红绿宝石之类的彩石玉等等。岫岩玉属于蛇纹石的一种，产于辽宁岫岩县，硬度比较低，质地也比较差，但用量相当大，如商代妇好墓中出土的一些玉器和河北满城汉墓出土的金缕玉衣等，均由岫岩玉制成。南阳玉产于河南，硬度比较高，介于硬玉和软玉之间，也是古代玉器的重要原料。绿松石在新石器时期就与青玉、玛瑙等玉石一起用作装饰品，如甘肃永靖齐家文化遗址和山东大汶口文化遗址中都有发现。春秋战国时代，绿松石被用作青铜器上的镶嵌装饰。这些不同质地的玉石，千百年来被雕刻成不同的玉石器物，组成了千姿百态、丰富多彩的玉石文化。

中国采玉历史悠久，分布地域极广。据《山海经》记载，中国产玉的地点有二百余处。玉开采出来后，被工匠们加工成各种器物，其制作方法主要是利用硬度高于玉的金刚砂、石英、石榴石等"解玉砂"，辅以水进行研磨琢制，行话称为治玉、琢玉、碾玉。"他山之石，可以攻玉"这句至理名言，便是从琢玉中总结出来的。数千年来，中国的玉匠们使用简陋的传统治玉工具，琢磨出精彩绝妙的各种玉器，表现了高超非凡的琢玉技巧，堪称是人间奇迹。所以，一件好的玉器，不仅具有美的材质，更具有美的造型和绝妙的雕琢，是"山川之精英"与"人文之精美"的和谐结合。各个时代的玉器，同时也是当时的工艺水平、审美精趣和风俗习惯的形象体现。

中国古代玉器种类繁多，异彩纷呈。按其用途，大致可分为：装饰品类、工具类、兵器类、用具类、礼器类、像生类、葬器类、陈设品类、文房用具类、佩饰类等。每一类中都包括许多不同器物，例如装饰品类，就包括有玉佩、玉坠、玉笄、玉镯、玉钏、玉冠饰、玉串珠、玉玦、玉环、玉璜、玉簪、玉管等。这些众多的玉器类型，有的从古至今一直沿袭，有的只存在于一个特定的历史时期内。由于制作的时代不同，往往体现出不同的风格。例如玉璧，从新石器时期就出现了，一直延续到明清仍有制作。但不同的时期，玉璧的大小、用途、纹饰等，有很大的区别。新石器时期的玉璧光素无纹形制粗糙，商周时期的玉璧厚薄不匀而无纹饰，春秋战国时期的玉璧制作规整有蚕纹、兽纹等雕饰，作为礼器使用。秦汉沿袭战国之风，玉璧雕刻更为精细，宋元时期玉璧成为一般的佩玉，明清时期曾出现大量的仿古玉璧，但古风尽失，很容易看出真赝。

古代玉器的器型和纹饰，它们的不同特征和风格，是我国玉雕艺术在数千年发展过程中的生动体现。它们为我们鉴赏、判断和研究古代玉器提供了重要依据。一些古代玉器上还留下了刻字,例如妇好墓出土的刻字玉戈,侯马出土的玉质朱文盟书,先秦传世品铭文玉器,以及历代帝王的玉册、哀册、玉牒等。这些文字,虽然数量较少,也不像青铜器铭文那样自成体系和风格,但对鉴定器物年代和真伪却起着非常重要的作用,同时也是研究古代历史文化艺术的珍贵资料。

中国古人对美玉奇石的珍爱,可谓源远流长。上自帝王,下至庶民,都深知美玉的珍贵,或把它作为权力富贵的象征,或把它作为情感的寄托。文人雅士们,更把美玉奇石作为高雅的赏玩,在历史上留下了许多脍炙人口的故事。

一　从和氏之璧到传国玉玺

美玉为古代帝王所尊崇和宝爱，视为价值连城的绝世珍宝，"和氏之璧"和"完璧归赵"便是古代流传下来最有名的故事。

据《韩非子·和氏》记载，春秋时期，"楚人和氏得玉璞楚山中"。和氏，其他书中称为卞和，是一位很不简单的忠贞之士，他将这块未经雕琢的璞玉献给楚厉王，楚厉王让玉匠对这块璞玉进行识别，玉匠缺乏眼力，不识其货，说是一块普通石头。楚厉王认为卞和犯了欺君之罪，处以"刖刑"，砍掉了卞和的左脚。楚厉王死后，楚武王即位，卞和又将璞玉献给楚武王。楚武王也找来玉匠，对璞玉进行鉴定，玉匠仍认为这是石头。楚武王很不高兴，又以欺君之罪砍掉了卞和的右脚。楚武王死后，楚文王即位，卞和怀抱着使他惨遭两次刖刑的璞玉，在楚山下放声痛哭，哭了三天三夜，"泣尽而继之以血"。楚文王听说后，派人前去询问缘故，对卞和说，天下受到刖刑的人又不止你一个，你这样痛哭是为什么呢？卞和回答说："吾非悲刖也，悲夫宝玉而题之以石，贞士而名之以诳，此吾所以悲也。"楚文王于是派玉匠对卞和的璞玉进行雕琢，发现果然是一块极为罕见的美玉。楚文王大喜，遂将此玉制成玉璧，称为"和氏之璧"。韩非讲述这个故事是有用意的，是为了劝谏统治者要重视治理国家的"法术"，不要犯类似于将和氏斩足的错误。"和氏之璧"确实是个令人深思的故事。

后人编撰的《艺文类聚》《白孔六贴》《事类赋》，以及许多野史笔记都记述或援引了这个故事。在故事情节与人物方面，记述略有出入。《艺文类聚》卷八十三是这样记述的：

> 琴操曰，卞和者，楚野民，得玉献怀王。怀王使乐正之占之，言玉"乃石也"，王以为欺谩，斩其一足。怀王死，子平王立。和复献之，平王又以为欺，斩其一足。平王死，子立为荆王。和复欲献之，恐复见害，乃抱其玉而哭，昼夜不止，涕

尽续之以血。荆王遗问之。于是和随使献王。王使剖之，中果有玉。乃封和为陵阳侯，卞和辞不就而去。

由这段记述可以知道，楚王得玉后，为了褒奖卞和的忠贞和酬谢此玉的珍贵，是将卞和封了侯的，卞和却不受而去，显示了人格的高洁。"和氏之璧"之所以彪炳千古，脍炙人口，与卞和的人格魅力实际上是分不开的。

其实，古代献玉的故事，并非卞和一人。据《尹文子》记载：

> 魏田父有耕于野者，得玉径尺，不知其玉也，以告邻人。邻人阴欲图之，谓之曰，此怪石也，畜之弗利其家，弗如复之。田父虽疑，犹豫以归，置于庑下，其夜玉明光照一室，田父称家大怖，复以告邻人。曰此怪之征，遄弃殃可销。于是遽而弃于远野。邻人无何盗之，以献魏王。魏王召玉工相之。玉工望之，再拜而立，敢贺王得此天下之宝，臣所未尝见。王问其价。玉工曰，此无价以当之，五城之都，仅可一观。魏王立赐献玉者千金，长食上大夫禄。

(见《百子全书》下册760页，《艺文类聚》卷八十三摘引)

魏国的农夫天天与庄稼打交道，因此不识宝玉，而识玉的邻人却是个十足的小人和市侩，欺骗恐吓，将玉弄到手后献给了魏王，得到赐金千两并享受上大夫的待遇。这块直径一尺、照明一室、价值连城的宝玉，在历史上却并不怎么有名，与宝玉本身的经历恐怕大有关系。

卞和献的璞玉被雕琢后，被称为"和氏之璧"。璧是一种平圆形、中心有孔的玉器，是古代用以祭祀礼仪活动中的重要器物。《周礼·春官·大宗伯》说："以玉作六器，以礼天地四方。以苍璧礼天，以黄琮礼地，以青珪礼东方，以赤璋礼南方，以白琥礼西方，以玄璜礼北方。"可知璧在玉制的礼器中是排在首位的。古人认为天是圆的，所以璧也制作圆形。地是方的，所以琮为方形。在古代文献资料中，关于璧的记载不可胜数。璧不仅是祭祀礼仪之物，更是价值连城的珍贵财富，经常用以馈赠或赏赐，或用作交换。传说中的穆天子去见西王母，便以白璧作为见面礼。《韩诗外传》说，楚襄王曾派遣使者"持金十斤，白璧百双，聘庄子以为相，庄子固辞"。《战国策·秦策一》说苏秦初以"连横"说秦，"说秦王书十上而说不行"，便以"合纵"说赵王，"赵王大悦，封为武安君，受相印，革车千乘，锦绣千纯，白璧百双，黄金万镒，以随其后，约纵散横，以抑强秦"。《战国策·魏策三》记述说，齐国准备攻打魏国，魏王派人去见善辩之士淳于髡，奉上"宝璧二双，文马二驷"作酬礼，让他去见齐王，调解两国关系，齐王听了淳于髡的说词，果然放弃了伐魏的打算。《汉书》记载说，刘邦赴项羽的鸿门宴，中间离席而去，留下张良献璧给项羽，以缓和局势。以上数则，都是大家很熟悉的故事。白璧或宝璧，在这些故事里面，都发挥了重要作用。《左传》《吕氏春秋》等书中也都记述了不少与璧有关的故事。而最有名的故事，就要数"完璧归赵"了。

"和氏之璧"由春秋传至战国，名气极盛，《战国策》将其称誉为天下著名玉器中的四宝之一。《史记》记载说，和氏之璧后来为赵惠文王所得，秦昭王得知后，便写了封信派人去见赵王，愿意用秦国的十五座城邑来交换"和氏之璧"。赵王与大将军廉颇等大臣商量，如果把和氏之璧给秦国，恐怕秦昭王言而无信，未必会把十五座城邑交给赵国，而若不给呢，秦国就有了派兵攻打赵国的借口。正犹豫不决，有人推荐蔺相如可以担当重任，出使秦国。于是赵王召见蔺相如，说了事情经过，蔺相如分析了形势，慨然说："臣愿奉璧往使，城入赵而璧留秦，城不入，臣请完璧归赵。"蔺相如带着和氏之璧，来到秦国，拜见秦昭王。秦昭王见璧大喜，将璧传给身边的美人和侍从们观赏，"左右皆呼万岁"。蔺相如看穿了秦昭王是不会将十五座城邑作为交换条件割让给赵国的，便上前说，璧上有瑕，请让我指给大王看。秦昭王把璧递给蔺相如，蔺相如退后两步，靠在殿柱上，怒发冲冠，对秦昭王说：大王想得到此璧，派人带信去见赵王，赵王召集群臣商议，都认为秦国贪婪，依仗强盛，用空头诺言来讹取宝璧，交换城邑恐怕只是一句空话，所以都不同意把璧给秦国。而我认为布衣之交尚不可欺，何况是一个大国呢，没必要因为一璧之故而与强秦闹翻，弄得两国都不愉快。于是赵王斋戒五日，派我带了宝璧前来拜见大王。可是大王却傲慢无礼，将璧传给美人观赏，戏弄于我。我看大王根本无意于给赵国以城邑，所以又拿回了璧。如果大王现在要来强夺的话，"臣头今与璧俱碎于柱矣！"蔺相如手持和氏之璧，斜睨殿柱，显示了宁肯玉碎、不可强夺的决心。秦昭王见状大为震动，生怕真的将举世无双的和氏之璧撞碎了，连忙致歉，并命人展开地图，当面向蔺相如指点作为交换的十五座城邑。蔺相如看穿了秦昭王诈而无信的心机，便说："赵王送璧时，斋戒五日，今大王亦宜斋戒五日，设九宾于廷，臣乃敢上璧。"秦昭王知道不可强夺，无可奈何，只好答应。蔺相如回到客舍，即派随从乔装成普通百姓，怀揣和氏之璧，悄悄离开秦国，归璧于赵。五天后，秦昭王设九宾之礼召见蔺相如，蔺相如从容地说，和氏之璧已派人带回赵国了，如果大王真的有诚意，那就请先割十五座城邑给赵国，赵国立即就会将璧奉献给大王。"今以秦之强而先割十五都予赵，赵岂敢留璧而得罪于大王乎？臣知欺大王之罪当诛，臣请就汤镬，唯大王与群臣孰计议之。"在大义凛然、视死如归的蔺相如面前，秦昭王一点办法也没有，碍于大国情面，只有优礼相待，礼送蔺相如返回赵国。"完璧归赵"的故事，显示了蔺相如过人的聪明才智和杰出的人格力量，使得和氏之璧更加灿烂生辉，传颂千古。"完璧归赵"故事在后世影响很大，汉代画像石上对此就有较多刻画。

  和氏之璧战国时代身价高达十五座城邑，可谓是历史上的世界之最。由此也可知精美玉器在古代人们心目中的珍贵地位。因为玉器是比黄金还要贵重的财富，所以古代统治者都把开采和收罗天下美玉作为聚敛财富的一项重要手段。殷商时代，统治者聚敛的玉器，数量便十分惊人。《艺文类聚》记述："周书曰，武王俘商，得宝玉万四千，佩有八万。"周武王从商王室中收缴的宝玉达到一万四千件，玉佩有八万件，这是个相当可观的数字。证之于殷商考古发现，显然并非夸张。如安阳殷墟妇好墓出土的玉器便有 755 件。种类甚多，制作精美，其中有大量的礼器、用具、装饰品，还有各种动物造型玉器，以及玉凤、玉龙、玉人等等。作为武丁配偶的妇好，殉葬玉器便如此之多，至于商王生前拥有的精美玉器，那就不难想象了。西周、东周与春秋战国时代，美玉不仅是统治者们珍爱的财富，并发展成为权力与富贵的象征。当时的儒家，也迎合统治者喜爱崇尚美玉的心理，将儒家学说中的仁、智、义、礼、乐、忠、信、天、地、德等观念，附会在美玉的各种特点上，宣扬"君子比德于玉"，鼓吹玉有五德或九德甚至十一德的学说应运而生。《礼记正义·聘义第四十八》记述说，子贡曾向孔子请教"君子贵玉"的道理，孔子说：

孔子行教图

　　夫昔者，君子比德于玉焉。温润而泽，仁也。缜密以栗，知也。廉而不刿，义也。垂之如队，礼也。叩之其声清越以长，其终诎然，乐也。瑕不掩瑜，瑜不掩瑕，忠也。孚尹旁达，信也。气如白虹，天也。精神见于山川，地也。圭璋特达，德也。天下莫不贵者，道也。诗云，言念君子，温其如玉，故君子贵之也。

　　有了孔子的这番经典议论，古代的"贵玉"风尚，便获得了理论依据和精神支柱。正如郭宝钧《古玉新诠》所概括的："抽绎玉之属性，赋以哲学思想而道德化；排列玉之形制，赋以阴阳思想而宗教化；比较玉之尺度，赋以爵位等级而政治化。"正是儒家与统治者将礼学与玉器附会在一起所达到的结果。

　　春秋战国时期，东周王室与各路诸侯珍爱和崇尚美玉，互相攀比炫耀，可谓花样百出，客观上促进了玉雕艺术的灿烂发展。他们佩挂各种玉饰，以标榜自己是有"德"的仁人君子，平时玉不离身。《春秋繁露》说："公侯贽用玉。"其实何止公侯，每一位士大夫都有各自的玉佩饰，尤其是佩带在腰间的玉佩饰最为丰富多样。玉佩形状有龙形、凤形、虎形，以及象征吉祥富贵的各种造型。同时还有玉带钩、玉剑饰等。这个时候，用玉制作的礼乐器、各种用具、赏玩杂器，更是精彩纷呈。并出现了作为权力和等级象征的玉器，如玉笏、玉珽、玉藻、玉瑞、玉节、玉床、玉几等等。玉笏，是上朝时所执的玉制手版，《礼记·玉藻》说："笏，天子以球玉，诸侯以象，大夫以鱼须文竹。"球玉是古时的一种美玉，意思是说，只有天子才能用玉笏，诸侯只能用象牙做的笏，士大夫们则只能用鱼骨和竹片制作的笏了。玉珽，也是一种玉笏，为皇帝所专用，《礼记·玉藻》说："天子搢珽，方正于天下也。"也有人解释玉珽是一种大圭，长三尺，是王室的专用物。玉藻，是古代皇帝所戴王冠上垂挂的玉饰，《礼记·玉藻》说："天子玉藻，十有二旒，前后邃延。"除了帝王，其他任何人都是无权享用的。玉瑞，是玉制的符信，也是王室的专用品，《周礼·春官·典瑞》说："掌玉瑞玉器之藏，辨其名物，与其用事。设其服饰。"玉节，是一种玉制的符节，是帝王派遣官员行使权力的信物，《周礼·地官·掌节》说："守邦国者用玉节。"《公羊传·哀公六年》说："与之玉节而走之。"节的作用，主要是"有外内之送令，则以节传，出内之掌节，掌守邦节而辨其用，以辅王命"（《周礼·地官》）。古代的玉床、玉几，也是皇帝的专用器物，《世本·作篇》说："纣作玉床。"《尚书·周书·顾命》说："成王将崩，命召公毕公率诸侯相康王……王乃洮颒水，相被冕服，凭玉几。"在作为权力象征和代表爵位等级制度的古代诸多玉器中，玉圭也是非常重要的一种，《周礼·春官·典瑞》说："王晋大圭，执镇圭，缫藉五采五就以朝日。公执桓圭，侯执信圭，伯执躬圭，缫皆三采三就。子执穀璧，男执蒲璧，缫皆二采再就。以朝觐宗遇会同于王。诸侯相见，亦如之。"这里说的圭，也就是珪，为古代帝王、贵族和诸侯所执的长形玉版，用玉质和形制加以等级区别，同时身穿的丝织衣服也有五采、三采、二采之分，以充分显示爵位的高低。这种制度，秦汉以后仍为历代统治者们所袭用。

秦始皇统一中国以后，对玉器的使用有了更为严格的规定，选用天下最好的美玉刻制而成的传国玉玺，成为最高统治权力的象征，为皇帝所独用。玺节印章，在春秋战国时代就已出现，《周礼·地官·司市》说："凡通货贿，以玺节出入之。"说明玺节在当时只是一种普通的印信。到秦始皇治作玉玺之后，玺成了帝王的专用品。蔡邕《独断》说："秦以前，民皆以金玉为印，龙虎纽，唯其所好。然则秦以来，天子独以印称玺，又独以玉，群臣莫敢用也。"秦始皇发布重大命令或遣送重要书信，都要加盖玉玺。《史记·秦始皇本纪》说："上病益甚，乃为玺书赐公子扶苏，曰：与丧会咸阳而葬。"当时掌管符玺的中车府令赵高，扣留了这封玺书，与公子胡亥、丞相李斯密谋，拥立胡亥为太子，篡改玺书将公子扶苏与将军蒙恬赐死。《史记·李斯列传》说："始皇崩，书及玺皆在赵高所，独子胡亥、丞相李斯、赵高及幸宦者五六人知……赵高因留所赐扶苏玺书……乃相与谋，诈为受始皇诏丞相，立子胡亥为太子，更为书赐长子扶苏……封其书以皇帝玺，遣胡亥客奉书赐扶苏于上郡。"扶苏接到这封盖有秦始皇玉玺的书信后，虽然蒙恬怀疑其中有诈，劝他慎重对待，为人懦仁的扶苏还是自杀了。蒙恬也被派去的使者强行处死了。胡亥继位后，称为二世皇帝，以赵高为郎中令，滥杀忠良无辜，横征暴敛，苛政如虎，终于导致了秦末农民大起义。野心勃勃的赵高发动兵变，迫令二世自杀，夺取了传国玉玺，打算篡权夺位，遭到群臣反对，只好拥立公子婴为皇帝。公子婴斋戒五日，在接受玉玺的那一天，设计于斋宫中刺杀了赵高。风雨飘摇的秦国政权，不久就灭亡了。《史记·秦始皇本纪》说："子婴为秦王四十六日，楚将沛公破秦军入武关，遂至霸上，使人约降子婴。子婴即系颈以组，白马素车，奉天子玺符，降轵道旁。沛公遂入咸阳，封宫室府库，还军霸上。"秦始皇的天子玉玺，从此落入了刘邦的手中，后来刘邦建立汉朝，遂成为汉朝的传国玉玺。

汉高祖刘邦获得的秦始皇传国玉玺，据说其造型为"方圆四寸，上纽交五龙"，所刻印文共八个字。《玉玺谱》说："传国玺是秦始皇初定天下所刻，其玉出蓝田山，丞相李斯所书，其文曰：'受命于天，既寿永昌。'"或说印文为"受命于天，既寿且康"。还有说是"昊天之命，皇帝寿昌"。这件传国玉玺同样是汉朝最高统治权力的象征，谁拥有它，谁便成为皇位的继承者，从而使它后来的经历充满了传奇色彩。除了传国玉玺，汉朝的皇帝还用美玉雕制了天子六玺。如《汉献帝起居注》说："天子从河上还，得六玉玺于阁上。"据虞喜《志林》记述：天子六玺者，文曰"皇帝之玺"、"皇帝行玺"、"皇帝信玺"、"天子之玺"、"天子行玺"、"天子信玺"，此六玺所封事异，故文字不同。这六件玉玺，为皇帝在不同的场合所使用。但至高无上的，仍是传国玉玺。西汉末，王莽篡位，向当时的汉元后索取传国玉玺，遭到元后怒斥。《汉书·元后传》记述说："初，汉高祖入咸阳至霸上，秦王子婴降于轵道，奉上始皇玺。及高祖诛项籍，即天子位，因御服其玺，世世传受，号曰汉传国玺。以孺子未立，玺藏长乐宫。及莽即位，请玺，太后不肯授莽。"王莽不肯罢休，势在必得，汉元后"乃出汉传国玺，投之地以授"。据说传国玉玺上的螭纽因此而被摔损了一角。王莽得到传国玉玺后大喜，特地在未央宫设宴庆贺。此后王莽更加肆无忌惮，为所欲为，但他的皇帝梦好景不长，建立新朝仅十余年便被农民起义所推翻，他自己也被义军所杀。传国玉玺落入义军手中，历经数人，后为更始帝刘玄所得。不久，赤眉军数十万人进入关中，拥立刘盆子，攻杀更始帝，焚烧长安宫室，传国玉玺又为刘盆子所有。此后，赤眉军被汉光武帝刘秀击破，在河南宜阳向刘秀投降。《汉书·光武帝纪》说："赤眉君臣面缚，奉高皇帝玺绶。"《后汉书·刘盆子传》说："樊崇乃将盆子及丞相徐宣以下三十余人肉袒降。上所得传国玺绶，更始七尺宝剑及玉璧各一。"从此以后，这只玉玺又成了东汉的传国玉玺。

东汉末年，爆发了黄巾农民大起义，其后又发生了"董卓之乱"和地方豪强混战，局势动荡，战火连绵。汉王朝的传国玉玺又开始了新的传奇经历。汉灵帝去世后，皇子刘辩即位，宦官张让、段珪等人把持朝政，与大将军何进、中郎将袁绍等人发生权力之争，杀何进，袁绍率兵攻入皇宫，张让、段珪劫持少帝出逃。在兵荒马乱之中，传国玉玺被投进了城郊的一口井里面。之后董卓专权，胡作非为，各地起兵讨伐董卓。当时为破虏将军和豫州刺史的孙坚，率军前往洛阳，扎营于城南，意外地获得了传国玉玺。据《吴书》等书记载,其发现经过是这样的:"坚军城南甄官井上,且有五色气,举军惊怪,莫有敢汲。坚令人入井,探得汉传国玺,文曰'受命于天,既寿永昌',方圜四寸,上纽交五龙,上一角缺。"显然这就是那只真正的传国玉玺了。

后来明代罗贯中将这一情节写入了《三国演义》第六回,把传说与附会糅合在一起,并加以小说家的想象和发挥。由于其中的附会传说混淆了史实,不妨抄录在这里。罗贯中是这样描写的:"却说众诸侯分屯洛阳,孙坚救灭宫中余火,屯兵城内,设帐于建章殿基上……是夜星月交辉,乃按剑露坐,仰观天文……傍有军士指曰:'殿南有五色毫光起于井中。'坚唤军士点起火把,下井打捞。捞起一妇人尸首,虽然日久,其尸不烂,宫样装束,项下带一锦囊。取开看时,内有朱红小匣,用金锁锁着。启视之,乃一玉玺;方圆四寸,上镌五龙交纽;旁缺一角,以黄金镶之;上有篆文八字云:'受命于天,既寿永昌。'坚得玺,乃问程普。普曰:'此传国玺也。此玉是昔日卞和于荆山之下,见凤凰栖于石上,载而进之楚文王,解之,果得玉。秦二十六年,令良工琢为玺,李斯篆此八字于其上。二十八年,始皇巡狩至洞庭湖,风浪大作,舟将覆,急投玉玺于湖而止。至三十六年,始皇巡狩至华阴,有人持玺遮道,与从者曰:持此还祖龙,言讫不见,此玺复归于秦。明年,始皇崩,后来子婴将玉玺献于汉高祖。后至王莽篡逆,孝元皇太后将玺打王寻、苏献,崩其一角,以金镶之。光武得此宝于宜阳,传位至今。近闻十常侍作乱,劫少帝出北邙,回宫失此宝。今天授主公,必有登九五之分。此处不可久留,宜速回江东,别图大事。'坚曰:'汝言正合吾意。明日便当托疾辞归。'商议已定,密谕军士勿得泄漏。"

这里需要指出的重大讹传有两点,其一是秦始皇怎么会将作为最高统治权力象征的传国玉玺投入洞庭湖?沉璧于江的事倒是发生过的。《史记·秦始皇本纪》记述:"三十六年……秋,使者从关东夜过华阴平舒道,有人持璧遮使者曰:'为吾遗滈池君。'因言曰:'今年祖龙死。'使者问其故,因忽不见,置其璧去。使者奉璧具以闻,始皇默然良久……使御府视璧,乃二十八年行渡江所沉璧也。"说得很清楚,沉江后失而复得的是玉璧。玉璧与传国玉玺是完全不同的两种器物。罗贯中却在《三国演义》中将玉璧附会成了传国玉玺,蒙上了一层神话色彩。其二是传国玉玺是否系和氏之璧琢制而成?正史没有这方面的记载,《史记正义》崔浩云:"李斯磨和璧作之,汉诸帝世传服之,谓'传国玺'。"显然是附会之说。璧是扁圆形中间有孔的玉器,怎么能琢成方径四寸的玉玺呢?罗贯中不加辨别,写入《三国演义》,以讹传讹,遂使和氏之璧与传国玉玺混为一谈。

孙坚得到传国玉玺后,消息泄漏出去,被袁术知道了。袁术当时占领南阳等处,势力很大,野心勃勃,《后汉书·袁术传》说:"遂有僭逆之谋,又闻孙坚得传国玺,遂拘坚妻夺之。"于是传国玉玺落入了袁术之手。袁术于建安二年僭称皇帝,骄奢淫侈,不久便被曹操击败,传国玉玺又回到汉献帝手中。后来魏文帝曹丕迫使汉献帝禅位而取代汉朝,派人进宫索取传国玉玺,遭到了曹皇后的怒斥。《后汉书·皇后纪》说:"魏受禅,遣使求玺绶,后怒不与。如此数辈,后乃呼使者入,亲数让之,以玺抵(掷)轩下。"这与汉元后怒斥王莽如出一辙,但传国玉玺终于为魏国所有。

以后三国归晋,传国玉玺为晋朝统治者所有。晋怀帝永嘉五年(311年),前赵刘聪率兵攻入洛阳,将晋怀帝、羊皇后迁往平阳,传国玉玺遂落入刘聪手中。东晋成帝咸和四年(329年),后赵石勒攻灭前赵,传国玉玺又为石勒所有。东晋穆帝永和八年(352年),后赵为慕容儁所灭,传国玉玺在战乱中为地方官员所得,辗转送归东晋朝廷。后历经南朝宋、齐、梁数代,侯景之乱,攻入台城,将皇宫中的宝藏掳掠一空,传国玉玺也为侯景所有。《资治通鉴·梁纪二十》说:"侯景之败也,以传国玺自随,使其侍中兼平原太守赵思贤掌之,曰:'若我死,宜沈于江,勿令吴儿复得之。'思贤自京口济江,遇盗,从者弃之草间,至广陵,以告郭元建。元建取之,以与辛术。壬申,术送之至邺。"这样,传国玉玺又成了北齐的国宝。至北周建德六年(577年),北齐被北周攻灭,传国玉玺又为北周所有。以后,传国玉玺又为隋朝和唐朝所有,代代相传。宋代吴曾《能改斋漫录》卷四引《孔经父杂说》记述说:"至唐末帝从珂,携以自焚。"之后,传国玉玺的下落便模糊了,成了一个历史之谜。

古代帝王崇尚和珍爱精美玉器,生前把美玉视作权力等级的象征,随身佩带,陈设赏玩,死后也不愿与玉分开,把玉器作为重要殉葬器物。葬玉的使用,可上溯新石器晚期,如良渚文化和红山文化的墓葬中均有玉器陪葬。到了商周,出现了大量的玉器陪葬。如殷墟妇好墓殉葬玉器多达755件,便是一个典型的例子。春秋战国时代,葬玉之风也很兴盛,历年来考古出土的玉器甚多,不胜枚举。到了汉代,葬玉尤为盛行。以玉陪葬能使尸体不朽的说法,广为流传。所以葬玉的种类更为丰富多样。除了通常的殉葬玉制器物外,汉代还出现了专门为祈求尸体不朽而制造的葬玉,分为玉衣、九窍塞、玉琀、握玉等数种。其中九窍塞是填塞或遮盖死者的耳、目、口、鼻、肛门和生殖器九个窍孔使用的,目的是防止人体内的"精气"由九窍逸出,以保护尸骨使之不朽。最值得一提的是玉衣,因死者身份官职爵位高低有别,又有金、银、铜缕之分。最典型的金缕玉衣,是1968年在河北省满城西汉中山靖王刘胜墓中出土的殓服,工艺复杂,形似人体,全长1.88米,由长方形、正方形、三角形和多边形玉片2498块组成,所用编缀金丝重约1100克。同时出土的还有刘胜妻窦绾的金缕玉衣。这两套制作精致保存完整的金缕玉衣,现藏于河北省博物馆。1970年在徐州市东汉彭城王家族墓中又出土了银缕玉衣,全长1.70米,共用玉片2600余块,玉片多用绿色软玉琢制,有长条、正方、三角、圆形、半月、橄榄等形状,共用银丝重约800克,现保存于南京博物院。战国时代曾出现过玉衣的雏形"缀玉面幕",用玉片做成人的五官形状"面幕"蒙在脸部。汉代发展成为制作精美的玉衣,并正式成为一种殓葬制度。如《后汉书·礼仪志》便明确记载,东汉皇帝死后使用"金缕玉柙";诸侯王、列侯、始封贵人、公主死后用"玉柙银缕";大贵人、长公主死后用"玉柙铜缕"。玉柙,是玉衣的别称,又称为玉匣,或玉椢。历年来考古发现的汉代玉衣,据统计有20余套,其使用规格与史志记载的制度基本是一致的,但个别也有僭越的现象。汉代皇帝和上层贵族以玉衣作为殓服的制度,一直延续到东汉末年。曹魏黄初三年(222年),魏文帝曹丕看到汉代诸陵因厚葬而皆遭盗掘,于是禁用玉衣,所以东汉以后,迄今尚未发现有殓葬的玉衣,而用其他玉器陪葬的习俗,历代依然兴盛不衰。

西汉梁王墓出土的金缕玉衣

古人迷信美玉，认为玉有辟邪的作用。除了随身佩带，摆设赏玩，乃至以玉陪葬，有时还将玉用以厌胜等特殊用途。据《艺文类聚·符命》记述："秦始皇时，望气者言，五百年后金陵之地有天子气。于是改金陵曰秣陵，堑北山以绝其势，秦政东游以厌之。"秦始皇在金陵还埋藏了许多玉器，作厌胜之用。《艺文类聚·宝玉》记述："胡琮别传曰，吴时掘地，得铜匣，以琉璃为盖，布云母于其上。开之，得白玉如意。大皇帝以问琮，对曰，秦始皇以金陵有天子气，处处埋宝物以当王土之气，此抑是乎？"玉具有辟邪厌胜的作用，并非秦始皇独创，在秦之前就已有记载，如《山海经·西山经》说："黄帝乃取峚山之玉荣，而投之钟山之阳。瑾瑜之玉为良，坚粟精密，浊泽而有光。五色发作，以和柔刚。天地鬼神，是食是飨。君子服之，以御不祥。"说明这种习俗由来已久。

古代帝王还选用美玉制作玉牒、玉简、玉册，用以封禅和祭告名山大川等活动中。《史记·封禅书》就记述了历代皇帝的封禅活动，汉武帝曾"封泰山下东方，如郊祠太一之礼。封广丈二尺，高九尺，其下则有玉牒书。"《汉书》也对汉武帝的封禅作了同样记述。到东汉光武帝时，又再次封禅，《后汉书·祭祀志》说："乃求元封时封禅故事，议封禅所施用。有司奏当用方石再累置坛中，皆方五尺，厚一尺，用玉牒书藏方石。牒厚五寸，长尺三寸，广五寸，有玉检。"《初学记》引南朝刘义恭诗说："金牒封梁甫，玉简禅岱山。"可知玉简与玉牒都是封禅用的玉器。关于玉简，晋代王嘉《拾遗记》还记录了一则传说故事，相传夏禹凿龙门,有蛇身人面之神赠夏禹以金版八卦之图,又"探玉简投禹,长一尺二寸,以合十二时之数,使量度天地。禹即执持此简,以平定水土",从而为玉简的由来蒙上了一层神秘色彩。玉册在古代除了与玉牒玉简一样用于祭告和封禅,还用于册命皇太子及后妃,有时也作为陪葬的重要器物,如前蜀王建墓中出土的玉哀册等。

历代统治者对于玉,可谓给予了最充分的利用。他们使玉服务于他们的统治制度,在传统文化与礼俗之中充当着特殊的角色,发挥着特殊的作用,给玉打上了政治的、宗教的、道德的烙印,从而使玉几乎成了一种具有超自然力的物品,在历史记载中留下了神奇迷人的一页。

二 历代玉器精品欣赏

中国玉器具有数千年的发展历史,经过历代能工巧匠精雕细琢,遗留下来的精美玉器,千姿百态,品类繁多。每个朝代的玉器,都有不同的特色。这里介绍的,只是历代玉器精品中的部分代表。

玉龙,出土于红山文化遗址。1971年在内蒙古翁牛特旗三星他拉出土一件,1987年在内蒙古翁牛特旗的广德公乡黄谷屯又出土一件,两件玉龙现都藏于内蒙古翁牛特旗博物馆。红山文化属于中国新石器时代,出土的玉器较多,其中多数为动物造型的装饰品。两件玉龙平面形状都像一个"C"字。三星他拉出土的玉龙高26厘米,用岫岩玉制成,通身光素无纹,龙体蜷曲成半环状,背上有一

红山文化玉龙

长鬣卷起，龙首雕有扁梭形双目，吻部向前突起，有一对圆洞为鼻孔，额上与颚下刻有网状纹。龙体正中有小穿孔，可穿绳悬挂。整个造型简练生动，表现了当时人们对龙的丰富想象和高度的艺术概括力，是件极为珍贵的艺术品。红山文化玉龙的发现，说明早在新石器时代，龙就已成为人们崇拜的对象。红山文化遗址中出土的玉器，还有双龙首璜、双猪首形玉饰、兽首形玦等。从这些玉器的系孔看，显然是供佩戴用的，它们不仅起装饰作用，更是祈求吉祥、驱邪护身的心爱之物。它们的造型与工艺，还显示了红山文化玉器的制作，已达到了很高的水平。红山文化中的兽首形玉玦，在后来的殷墟墓中也有发现，说明了对商周文化的影响。

玉琮，1986年在浙江余杭县良渚文化墓地12号墓中出土，现藏于浙江省文物考古研究所。这件玉琮由透闪石系列的软玉制成，呈黄白色带紫红色瑕斑，为矮方柱形，高8.8厘米，射径17.1—17.6厘米，重6.5公斤，中间有直径4.9厘米的圆孔。整个造型成内圆外方，和古代文献中的记述一样。这件玉琮，器型硕大，制作精致，纹饰复杂，是良渚文化遗址出土众多玉琮中的"琮王"。它的琢刻，精巧而又独特，四面竖槽内刻有八组神、人、兽面图像；四边转角刻有抽象意味的人、兽、鸟组合纹饰。其神人

良渚文化玉琮　余杭出土

兽面图像，可能意味着是良渚人崇拜的"神徽"，为研究良渚文化提供了珍贵的资料。玉琮在中国古代玉器中，是一种重要而带有神秘色彩的礼器。《周礼》有"黄琮礼地"的记载，过去通常将琮定为三代之器。这件玉琮的出土，说明早在良渚文化时期，就已经是典型器物了，距今已有五千多年历史，其历史文化艺术价值是不言而喻的。

玉凤，1976年于殷墟的妇好墓中出土，高13.6厘米，厚0.7厘米，为新疆玉制作，呈黄褐色。玉凤造型极其生动，作亭亭玉立回首欲飞状，身躯成C字形，显示了无限的曲线美和动态美。利喙前伸，双目远

视,凤冠高耸,双翅微展,弯曲的长尾显得夸张而又舒展。翅上刻有翎纹,尾翎分合有致。上端两侧有一对外凸的穿孔圆钮,说明是一件可供佩挂的高贵饰品。玉凤是一件杰出的扁平玉雕,它采用剪影的手法,简练而又高超地把握住了凤的主要特征,并未精雕细琢玉凤的整个形态及它的羽毛,而只着重刻画了凤冠与凤尾,便达到了栩栩如生的效果,充满了强烈的艺术感染力。商代玉雕的雕琢技艺及艺术造型特点,在玉凤上表现得可谓淋漓尽致。凤与龙一样,也是古人想象中的祥瑞动物。《史记》说,夏是龙的后裔,

商代玉凤　殷墟妇好墓出土

殷契是凤的后裔。殷契的母亲简狄在行浴时,见玄鸟(即凤)堕其卵,取而吞之,因孕生契,即所谓"天命玄鸟,降而生商"(《诗经·商颂》)。契长大后佐助夏禹治水有功,封于商,后成为殷商的始祖。所以殷商崇信玄鸟,商代青铜器上大都铸刻有变化无穷的凤纹图案。殷墟妇好墓出土玉龙很多,而玉凤仅此一件。关于凤的形态,古人有多种说法。《艺文类聚·祥瑞》引《韩诗外传》说,黄帝问天老"凤象何如?天老对曰:夫凤象鸿前而麟后,蛇颈而鱼尾,龙纹而龟身,燕颔而鸡喙。首戴德,颈揭义,背负仁,心入信,翼挟义,足履正,尾系武,小音金,大音鼓,延颈奋翼,五色备举"。对凤的形容,显示了丰富的想象,使凤成为中华民族文化艺术传统中的一种象征,这也正是凤的魅力之所在。

跪形玉人,1976年出土于殷墟妇好墓,现藏于中国历史博物馆。妇好是商王武丁的配偶,生前曾参与国家大事,身份显赫,墓内随葬品琳琅满目,极其丰富。共出土器物1928件,其中青铜器468件,玉器755件。此外还有货贝6000多件。跪形玉人堪称是出土玉器中的绝品,高7厘米,用黄褐色新疆玉雕琢而成,造型为双手抚膝跪坐,面庞狭长,细眉大眼,宽鼻小口,表情肃穆。头戴圆箍形束发器,前面为卷筒状装饰,好似一个平顶冠。身穿交领长衣,下摆长至足部,窄袖,腰束

宽带，衣上饰动物纹、蛇纹和云纹。腰左侧插挂一长柄形器，柄端上下卷起，可能是一种武器。这件圆雕玉人，采用细腻的写实手法，把人物的衣着状貌和表情表现得极其生动而又传神，显示了高超娴熟的玉雕工艺水平。精美玉器，在商代是王室贵族的专用品。这件跪形玉人究竟是妇好本人的形象，还是贵妇或伎乐，说法不一，尚难以确定。这件三千多年前的玉雕人像，制作精湛，不愧是殷商造型艺术的杰作。

跪坐玉人

兽面形玉饰，亦称"玉鬼神面像"，1985年于陕西沣西丰镐遗址的西周墓葬中出土，现藏于中国社会科学院考古研究所。这件浅浮雕兽面形玉饰，高5.2厘米，最宽处4.1厘米，厚0.6厘米，由青玉制成，玉质莹润，背面光滑无纹。正面用浅浮雕手法琢出兽面纹饰，五官逼真，形象夸张，双目圆睁，獠牙外露，鬃毛外卷，给人以狰狞恐怖之感。这件玉饰制作精致，简练而又传神，显示了西周玉器的典型风格，与殷商玉器立体的繁复的风格形成鲜明对比。其兽面形象，头戴冠，耳戴双环，既像鬼神，又像人像，表现了丰富的想象力，同时也反映了当时人们的某种宗教心态。从其形制推测，这件玉制品显然是作佩饰使用的，是当时王公贵族随身佩戴作为辟邪厌胜的珍贵灵物。

曾侯乙墓玉佩，1978年于湖北随州市擂鼓墩曾侯乙墓中出土，全长48厘米，宽8.3厘米，由13片镂空成各种形式或图案的玉片，与24个圆环或半圆环或方扣连接而成。为白玉制成。其中有4个银挺玉插入，拆卸之后便成为五块长度不同环片不等的连环玉佩。第一块玉佩有二片二环，第二块玉佩有三片六环，第三块玉佩仅有二环，第四块玉佩有三片四环，第五块玉佩有五片六环。全部玉佩设计周密，精心制作，玉片上分别琢刻有夔龙纹、螭虎纹、蛇首纹等。纹饰采用阴线琢法，起伏自然，精巧妩媚。曾侯乙墓还出土一件四联玉饰与此佩相似，用银挺玉插销玉环，可以将四联玉饰与此佩联结起来。玉佩的功能和定名目前尚有不同意见，有的认为是佩饰，有的认为是装饰冠上的冠缨。这件玉佩，玉质精良，技艺精湛，显示了由春秋玉向战国玉演进的风格特点，也是迄今发现的多节活动链状玉佩中最长最精美的一件，堪称是战国玉雕中的瑰宝。

玉灯，又称勾连云纹玉灯，是一件战国时期的实用工艺品，也是唯一的一件传世玉灯，现藏于故宫博物院。玉灯高12.8厘米，盘径10.2厘米，用新疆和田产的青玉雕琢而成。玉灯由灯盘、支柱、灯座三个部分镶合组成，浑然一体，富丽典雅。圆形灯盘中心有凸起的花分五瓣的团花柱，盘外饰有浅雕勾云纹。支柱上为圆柱形，下为槌形，中部束腰，上端雕叶瓣纹，状如花蕾，下端浅刻勾连云纹。灯座为覆盘形，外饰柿蒂纹和勾连云纹，底内亦饰勾连云纹。这件玉灯

战国时期勾连云纹灯

纹饰精美，显示了战国时代的玉器风格。迄今考古发现的战国灯具不少，但玉灯尚无发现。所以这件唯一的传世玉灯堪称是珍稀之品。

龙虎并体玉带钩，1983年于广州南越王赵眜墓中出土，是一件精美的汉代玉雕。带钩长19.8厘米，最宽处6.2厘米，最厚2厘米，青

玉制成，表面有褐色侵蚀。其造型构思奇特，为透雕龙虎形，钩首为虎头，尾端为龙首，龙虎双体并列成"∞"状，龙口与虎爪之间共托一圆环，环上刻勾云纹。两兽回首相望，张牙舞爪，呈"龙虎夺环"之势。这件带钩采用

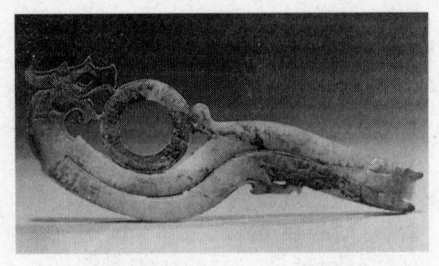

西汉早期龙虎并体带钩

写实与夸张相结合的手法，在方寸之间雕造出龙虎相争的激烈场面，形象矫健，动感十足，神韵非凡。同时出土的还有一件龙虎合体形玉带钩，钩体为圆雕虎形，钩首为龙头，尾端为虎首，通体由七截玉雕组成，中心以铁条贯穿而成形。两件玉带钩，有异曲同工之妙，生动地体现了汉代玉雕雄健有力、灵动精湛的艺术风格。龙虎并体玉带钩是汉代玉器中的稀世珍品，现藏于广州市南越王墓博物馆。

镂空龙凤纹玉套环，亦出土于广州南越王赵眜墓，是西汉早期的玉雕杰作，现藏于广州市南越王墓博物馆。玉环套外轮廓为圆环形，直径10.6厘米，壁厚约0.5厘米，用青玉琢制而成，镂空透雕，分内外两区。内区雕S形盘龙，造型刚健，昂首挺胸，呈腾空飞奔状，充满了生命的活力。龙爪龙尾通过内环伸入外区直达外环壁。外区雕饰凤鸟，立于龙之前爪上，体形纤细而又苗条，凤首回顾，与龙首相视，凤尾夸张而又舒展。内外环空隙处巧饰勾连云纹，使人联想到龙凤在太空遨游，增加了造型的动感。最值得赞叹的是龙凤的神态，龙的霸气与凤的娇气，刻画入神，相映生辉。整个玉套环灵气洋溢，美不胜收，雕琢极为精湛，展示了浓郁的吉祥喜庆气氛，不愧是汉代龙凤艺术的绝妙之作。

夔凤纹玉樽，原系清宫旧藏，现藏于故宫博物院，据专家鉴定是汉代玉雕器皿中的杰作。玉樽为立体浮雕实用器物，通高12.3厘米，口径6.9厘米，用新疆和田青玉琢制，由樽体和樽盖两部分组成。樽盖顶部中间有钮，饰有漩涡纹和花瓣形，盖面琢有三个立雕羊首，作等距排列，寓含"三阳开泰"之意，是吉祥如意的象征。樽体周身琢刻有夔凤纹，腰部一侧有镂空成环状云形的把柄，柄外侧饰有兽面纹。樽底部为三个兽蹄状足，等距鼎立。这件夔凤纹玉樽，造型新颖，纹饰华美，

精雕细琢，不同凡品。特别是它独具一格的器盖，在玉雕史上是没有先例的。关于它的用途，以前曾因为它形似汉代梳妆用的漆奁，而称之为玉奁。1962年在山西右玉县大川村出土一批青铜器，有两件器型与玉樽相似，都有铭文"温酒樽"与西汉成帝河平三年（前26年）造字样。据此而知这件玉器不是梳妆用的玉奁，而是盛酒用的玉樽。夔凤纹玉樽在汉代丰富多彩的玉器制品中，仅见此一件，可谓是绝世珍品。

兽首玛瑙杯，1970年在陕西西安市何家村一处文物窖藏中出土，是一件罕见的唐代俏色玉雕，现珍藏于陕西省博物馆。此杯高6.5厘米，长15.6厘米，用红色玛瑙琢制而成。其两侧为深红色，中间为浅红色，并夹有略带红润的淡白色，层次分明，鲜润可爱。

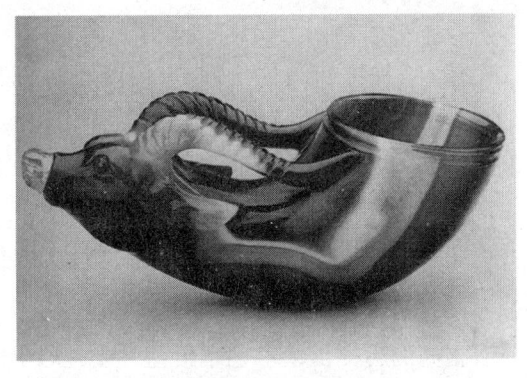

唐代兽首玛瑙杯

其一端为杯口，另一端为兽首，双目圆瞪，刻画入神。兽头上两只粗壮的兽角，向后弯曲直达杯口外沿。一对硕大的兽耳，竖贴于颈后两侧。整个造型，很容易使人联想到猛兽的奔驰。兽嘴镶有黄金，锃光闪亮，更衬托了兽首造型的精妙。兽首的圆睛、大耳、弯角，与牛头颇有几分相似，但又并不一样。唐代经济繁荣，文化昌盛，与国外邻邦交往频繁。有人认为兽首玛瑙杯颇具阿拉伯风格，可能来自中亚。有人从质地上分析，中国所产玛瑙以黄、白色居多，淡青次之，红色夹心玛瑙可能产于西域，其造型在波斯（今伊朗）艺术中较为常见。但也有人认为，兽首玛瑙杯可能是居住在长安的中亚工匠为唐朝王公贵族雕琢的。但有一点是肯定的，这件贵重的兽首玛瑙杯，是唐代玉器中最精湛的一件艺术珍品，也是迄今所见唐代唯一的一件俏色玉雕，其珍贵价值是不言而喻的。

玉大带，1943年出土于四川成都王建墓内，现藏于四川省博物馆。发掘时，玉带的鞓（皮革部分）已全部腐烂，鞓上的玉片装饰物犹存，有铐七块，鉈尾一块，均为白玉刻制，质地温润。正面刻有龙纹，生动传神；鉈尾背面刻有铭文，共118字，记述了蜀宫大火获得宝玉和制作玉大带的经过。玉大带是前蜀王建生前宝爱之物，死后遂成了随葬品。玉带，秦汉以后开始盛行，唐宋时成为区别官阶爵位身份高低的一项制度。如唐制规定，文武官员三品以上才能使用金玉带。韩愈《示儿诗》说："不知官高卑，玉带悬金鱼。"便是当时官员使用玉带情形的真实写照。宋承唐制，三品以上才能系玉带。宋代吴曾《能改斋漫录》卷二记述："神考初制玉鱼带。"按照唐制亲王三品以上使用玉带与金鱼的典故，遂成定议。明代也规定三品以上才能用玉，四品以下只能使用药玉。药玉是用药煮石而成，色泽如玉，也就是现在说的料玉。古代玉带的制作，是用皮革为带，带上嵌缀玉片，称为"铐"，缀于带尾的玉片称为"鉈尾"，玉片上通常刻有图案花纹和文字。其玉片数量，因朝代不同、尊卑有别而多少不等。王建墓玉大带，制作精细，铭文清晰，具有很高的历史价值和艺术价值，既是珍贵的五代玉器精品，也是研究唐朝和五代历史的重要文物资料。

渎山大玉海，琢成于元代至元二年（1265年），亦称玉瓮，用新疆产的一块青玉琢成，玉色青白夹带黑斑点，玉质斑驳变幻，是青玉中的杂色者。玉瓮为椭圆体，内空，高70厘米，口径135—182厘米，最大周围493厘米，空膛深55厘米，重约3500公斤，可贮酒30余石。玉瓮周身雕饰波涛汹涌的大海，碾琢了十三种出没于海浪波涛中的鱼兽，有龙、马、羊、猪、犀、鹿、蛙、螺、鱼等，形态各异，生动精彩。玉瓮的造型纹饰，采用浮雕和线刻的表现手法，既有粗犷豪放的风格，又有细致典

渎山大玉海

雅的特点。动物的形态刻画，灵活逼真，充满了丰富的想象力，如神龙抢珠，马、鹿、猪、犀遍体施鳞，浮于大海，给人以神秘浪漫之感。对玉质俏色的利用上，亦可谓匠心独运，技艺高超。玉瓮制成后，置于北海琼岛顶上广寒殿中，作为忽必烈的盛酒器。经过元、明两代的变乱，清代时玉瓮已流落于西华门外真武庙内，被道士当作菜瓮使用。乾隆皇帝用重金将其收回，置放在承光殿前，并建玉瓮亭加以保护。乾隆皇帝还赋诗三首并序，命玉工镌刻在玉瓮亭内，侍臣48人也应制各作玉瓮诗一首，刻在玉瓮亭的石柱上。玉瓮原有底座，元明时失落，乾隆用白玉加以配制，但风格迥然不同。1988年，原配底座在北京宣武区法源寺内发现。玉瓮的制作和工艺水平，反映了元初国力的强盛，是元代玉器的代表杰作。这件硕大精美的玉雕，现仍置放在北京市北海团城承光殿前的玉瓮亭内，每日向成千上万的中外游客展现着雄伟壮丽的风姿。

竹筒形玉杯，现珍藏于北京故宫博物院，是明代传世玉器中的代表作。玉杯高15厘米，通宽10.5厘米，用青玉琢制，质地晶莹，略带褐斑，为玉工加以巧妙利用，如同竹青，妙趣天成。玉杯造型为扁圆的三节竹筒形，以圆圈凸弦纹刻作竹节。杯的一侧碾琢出生机蓬勃的竹枝与竹叶，增加了玉杯的形象生动之感。竹叶下雕琢出一只螭虎作向上攀爬状，其形态似龙似虎，灵动逼真，顽皮可爱。另一侧，将杯把雕琢成梅花，与竹叶掩映生辉，梅枝依附在竹筒上，融为一体，和谐而又美观。这件竹筒形玉杯，工艺精湛，富于美感，将中国文化中的梅竹题材与玉雕艺术结合在

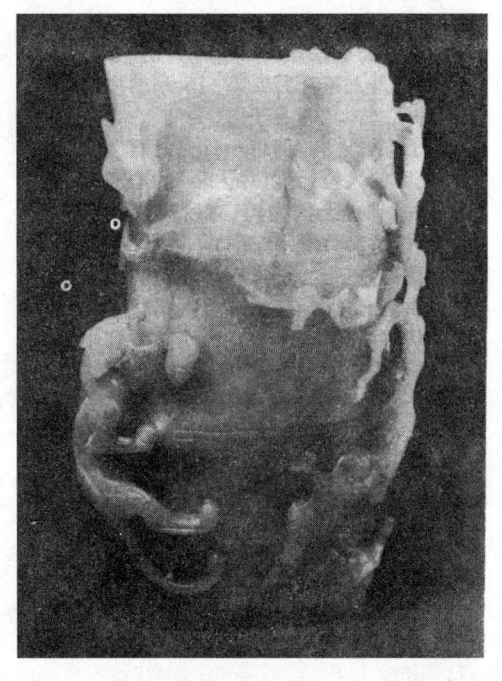

竹筒形玉杯

一起，从而产生了这件妙趣横生令人赞叹的传世珍品。

桐荫仕女图玉雕，是清朝乾隆年间俏色玉雕的代表之作，现藏于北京故宫博物院。这件玉雕高15.5厘米，宽25厘米，厚10.8厘米，用新疆和田玉制作，玉匠为苏州籍制玉高手，利用雕制玉碗后剩下的余材，加以巧妙构思，于乾隆三十八年（1773年）雕成此器。这件玉雕整个造型为一幅美丽的江南庭院景致。上部是由数轮圆筒瓦组成的屋檐，右方为一檐柱，中间为庭院，两侧有玲珑剔透的太湖石和蕉丛茂树，展示出江南园林的秀丽迷人情致。庭院深处为一圆璧门，门扉徐开。柱前雕琢了一位妙龄少女，头梳高髻，身着长衣，手持灵芝，步履轻盈，面向徐开的圆璧门。门内雕琢了一位亭亭玉立的少女，身着长衣，双手捧盒。两位仕女都面含微笑，隔门相望。整个画面完美和谐，充满了浓郁的生活气息。器底光素无纹，刻有乾隆皇帝的"御题诗"和"御识文"，叙述了雕琢成器的经过，对这件稀世玉雕给予了高度赞美。桐荫仕女图玉雕，琢成后使乾隆皇帝为之倾倒，确实是一件巧夺天工的艺术瑰宝。

大禹治水玉山，全名"密勒塔山玉，大禹治水图"，亦名大禹治水图玉山子，现藏于故宫博物院，是中国玉器史上的辉煌巨作，也是世界上最大的玉雕之一。玉山高224厘米，宽96厘米，重5300多公斤，下为60厘米高的嵌金丝褐色铸铜底座，采用新疆和田出产的最名贵的密勒塔山玉雕琢而成。在清代运输如此巨大的玉料，需要特制马车，耗用大量的人力，用数年时间才能由和田运到北京。据史料记载，玉

清代《大禹治水图》玉山（局部）

料运进清宫后，乾隆皇帝决定用宫内收藏的《大禹治水图》画轴为稿本，将大禹治水的传说故事雕刻在这块价值连城的巨玉上，表示自己效法先圣，以博千古之名。养心殿造办处如意馆奉旨按宋人画本《大禹治水图》设计玉山，于乾隆四十六年（1781年）二月画出玉山前后左右四幅样稿，由院画高手临画在巨玉上，后又制成蜡样，经乾隆审阅批准后，又将蜡样刻成木样，连同玉料，派专人押送运往江苏扬州，集中了江南玉雕名匠和清宫制玉高手，进行琢雕。至乾隆五十二年（1787年），琢成的玉山被运回北京，于背面镌刻御制诗文和玺文，安放在紫禁城乐寿堂内，至乾隆五十三年才大功告成。这一巨大工程前后耗时八年，花费人力物力难以计算。玉山的造型，为通体立雕，卓立如峰，遍布重山叠嶂，飞瀑流泉，古木苍松，幽谷岩穴。众多的人物被巧妙地安排在崖壁山水之间，千姿百态，形神兼备，生动精彩地表现了大禹率领民众劈山凿石，治理水患，改造山河的壮观场面。山巅浮云处，还雕刻了金神与雷公，表现了丰富的想象力，为玉山增添了神秘浪漫色彩。玉山背面上端，刻有乾隆御笔大字："密勒塔山玉，大禹治水图"，由当时名匠高手朱永泰篆刻。下面是乾隆御制诗和序文，诗文下刻有"八徵耄念之宝"方印。玉山的正面，还钤刻了乾隆"五福五代堂古稀天子宝"方印。这件大禹治水玉山，是清代玉雕中的杰作，它是乾隆时期国富民强的产物，是能工巧匠们智慧的结晶，一件无与伦比的艺术珍品和无价之宝，在中国工艺美术史上也是一次空前的伟大创造。

  天王玉玺，是太平天国遗留下来的珍贵文物，现藏于北京中国国家博物馆。太平天国是中国近代史上一场轰轰烈烈的农民革命运动，建都天京后曾设"玉器衙"，专为天朝政权制作玉器，天王玉玺便制作于此时。玉玺为新疆和田青玉琢制，长19.8厘米，宽19.8厘米，高2.6厘米，连柄通高9.3厘米，重3.85公斤。印身略有收分，印钮粗壮似柄，钮上刻饰云凤纹，下有拱形孔，便于手握。罗尔纲《太平天国史稿·志第八·玺印》说："太平天国因篆文人民不能普遍认识，故所刻玺印都用宋字正书，四方刻阳文，云龙边。"天王玉玺便正是这样，玺文为仿宋体，阳文，镌"天父上帝　恩和辑睦　太平玉玺　永定乾坤　八位万岁　救世幼主　天王洪日　天兄基督　主王舆笃　真王贵福　永锡天禄"共44字，是传世玉玺中印文最长的一件。这44字印文包含了丰富的内容，研究太平天国史的专家学者们对此已作了深入研究。在玺文的边栏上，雕饰有双凤戏莲，两侧各饰升龙戏珠，下饰海水江崖等图案，具有明显的民间色彩，与清代统治者龙凤图案的处理形成鲜明对比。与天王玉玺同时遗留下来的还有幼天王玉玺，制于1864年，用新疆和田白玉琢制，长21厘米，宽20.8厘米，高3厘米，连柄通高11厘米，重6公斤，印钮粗壮如柄，钮上刻饰云凤纹，下有长方形孔，便于手握。玺文为仿宋体，阳文，镌"太平天国　皇上帝基督带真主幼主作主　明明赫赫　天下太平　万方来朝　天子万年　福禄寿喜　玉玺"共38字。玺文边栏之饰，基本上与天王玉玺相同。这两件为天朝政权制作的玉玺，其玺文与图案装饰，具有很高的鉴赏价值，它们不仅是太平天国最高权力的象征，同时也是近代玉制品中弥足珍贵的文物瑰宝。

三　美玉佩饰的故事

文人雅士喜爱美玉佩饰，由来已久。

《韩非子·外储说左上》记述了一个著名的买椟还珠故事："楚人有卖其珠于郑者，为木兰之柜，熏以桂椒，缀以珠玉，饰以玫瑰，辑以翡翠，郑人买其椟而还其珠。此可谓善卖椟矣，未可谓善鬻珠也。"买椟还珠后来便成了一则成语，人们通常据此而嘲笑那位郑人舍本逐末，取舍失当。但我们如果换一个角度来看这个故事，椟上的玉与翡翠都是文人雅士的珍爱之物，这位由于爱玉而买椟还珠的郑人，倒是一位真正的雅士。而在春秋战国时期，玉的贵重是远在珠之上的。所以很清楚，韩非子在这则故事里嘲笑的并不是买椟的郑人，而是那位卖珠的楚人。

古人讲究玉不离身。各种玉佩，既是身份等级的象征，也是心爱的赏玩之物。《说苑·杂言》说："玉有六美，君子贵之。"《荀子·法行》说："夫玉者，君子比德焉……故虽有珉之雕雕，不若玉之章章。"珉是似玉的美石，无论如何雕饰文采，也是不能同素质的玉相比的。所以古人佩玉，尤其讲究佩戴质地名贵的美玉，并以其悦耳的玉声和绚丽的光彩作为炫耀。《艺文类聚·衣冠》援引《典略》记载说：孔子周游返回卫国，卫夫人南子盛装打扮召见孔子，"夫人在锦帷中，孔子北面稽首，夫人自帷中再拜，环佩之声璆然。"南子佩戴的玉饰，质地极好，所以佩玉相撞之声也像音乐一样悦耳。《说苑·反质》也记述了一个古人炫耀玉饰的故事："经侯往适魏太子，左带羽玉具剑，右带环佩。左光照右，右光照左。"经侯左边带着玉饰佩剑，右边挂着玉环玉佩，皆是质地名贵的美玉，晶润的光彩相互辉耀，可是魏太子却视若无睹，经侯便傲气地问，你们魏国也有像我佩带的宝物吗？魏太子从容地说，有啊，君主诚信，臣民忠实，百姓拥戴国君，这就是魏国的宝物。经侯说，我问的宝物是指器物。魏太子说，魏国有三位大夫治理国家，买卖公平，路不拾遗，荐贤如归，这三位贤能的大夫就是魏国的大宝。经侯听了傲气顿消，默默地解下玉饰佩剑和玉环玉佩，面带愧色，弃之而去。魏太子派人骑马追上去将玉饰佩剑和玉环玉佩还给了经侯，并对经侯说："吾无德所宝，不能为珠玉所守。此寒不可衣，饥不可食，"留给我有什么用呢？经侯很惭愧，闷闷不乐，从此杜门不出。这个故事叙述了春秋战国时代士大夫们炫耀佩玉的心理和风尚，表现了魏太子重视人才而不愿为物所累的卓异见解。魏太子后来即位为魏襄王，在治理国家上举贤任能，颇有作为。

春秋战国时代，类似魏太子这样的人物，不乏其人，记载颇多。如《左传·襄公十五年》记述说，宋人得到了一块美玉，让玉匠鉴定，认为是罕见之宝，宋人将它献给子罕，子罕说："我以不贪为宝，尔以玉为宝，若以与我，皆丧宝也，不若人有其宝。"婉拒了宋人的美意。又如《艺文类聚·宝玉》引述说，梁惠王与齐威王在郊外相遇，齐威王问，王亦有宝乎？梁惠王说，寡人国小尚有径寸之珠十枚，奈何以万乘之国而无宝乎？齐威王说，我的宝与你的宝不一样，我有忠臣良将治理国家镇守四方，国富民强，光照千里，岂不比宝珠强多了吗？"梁惠王惭，不怿而去。"这表现了当时统治者们对待珍宝玉器的不同态度。但珍爱美玉珍宝，乃是人之常情，所以战国时代绝大多数君主和士大夫们仍是爱玉成癖的，这方面的记载就更多了。这也说明了战国时代政治的开放，思想的活跃，学术百家争鸣，文化艺术百花齐放，习俗风尚也呈现出丰富多彩的格局。

　　秦汉以后，对美玉的珍爱已演化成为一种传统的风尚，类似战国魏太子之类的记述是再也见不到了。统治者对美玉珍爱有加，对爱玉之风客观上起了推波助澜的作用，所以士大夫与文人雅士们把玉作为风雅赏玩之物，大为盛行。秦始皇是个爱玉的帝王，如将蓝田美玉制成传国玉玺，还收集天下美玉珍宝集中于咸阳宫中。汉高祖刘邦也是个喜爱美玉珍宝的皇帝，占领咸阳后，贪恋宫中财宝，留居不出，因顾忌项羽，被张良、萧何、樊哙等人劝说，才封宫室府库，还军霸上。后项羽将秦宫中财宝掳掠而去，华丽奢侈的阿房宫也被焚毁，火三月不熄。刘邦建立汉朝后，定都长安，营建宫室，也对美玉珍宝广为收罗。张平子《西京赋》说：后宫馆室，"翡翠火齐，络以美玉，流悬黎之夜光，缀随珠以为烛，金釭玉阶，彤庭辉辉"，"攒珍宝之玩好，纷瑰丽以参靡"。从这些描述中可以窥见美玉珍宝充斥后宫的情形。汉武帝更是嗜玉成癖，晚年迷信鬼神，为了能与神仙相晤，听信方士之言，特用各种美玉营造"神屋"。《汉武故事》说："上起神屋，前庭植玉树，以珊瑚为枝，碧玉为叶，华子青赤，以珠玉为之，空其中如小铃，铃铃有声。"汉宣帝对美玉也崇爱到了迷信的程度，据《汉书》等记载："宣帝幸河东，凤凰集，得玉宝，乃起万寿宫。"

　　东汉末，世称奸雄的曹操也是一位嗜好美玉之人，他专门设置了玉器作坊，雕琢各种玉器。据《艺文类聚·宝玉》引《文士传》说，当时的建安七子之一大名士刘桢，在一次宴会上见到曹丕夫人甄氏，众皆伏拜，唯独刘桢稳坐不动，曹操得知后大怒，命人将傲慢无礼的刘桢押送到玉器作坊去做苦工，磨制玉石。曹操空闲时常去观看玉器制作，见到刘桢，随口问道，玉石如何啊？刘桢趁机回答说："石出自荆山，外有五色之章，内含和氏之珍，磨之不加莹，雕之不增文，禀气贤贞，受兹自然，顾其理枉屈纡绕，犹不得申。"借用和氏之璧的故事，为自己申诉，个性如此，并非故意傲慢。曹操听了，"顾左右大笑，赦桢，复署吏"。曹操的嗣子曹丕，也是一位嗜好美玉的风雅人物，他听说当时的大书法家钟繇有一件罕见的美玦，便命人带话给钟繇，以求一观。钟繇将美玦装在匣内，派专骑送来。曹丕大为惊喜，特地写了一封信给钟繇，叙述了自己观赏这件美玦的感受，并信守诺言，遣专使将原玦奉还。《艺文类聚·衣冠》记述说："魏文帝与钟繇书曰：南阳宋惠叔称，君侯昔有美玦，闻之惊喜。笑与抃会，当自白书，恐传言不审，是以令舍弟子建，因荀仲茂，时从容喻鄙旨，乃不忽遗。邺骑既到，宝玦初至，捧匣跪发，五内震骇。绳穷匣开，烂然满目，猥以蒙鄙之姿，得观稀世之宝。不烦一介之使，不损连城之价，既有秦昭章台之观，而无蔺生诡夺之诳。嘉贶益腆，敢不钦承。"此信情文并茂，真实而又生动地反映了魏晋时代的上层风雅生活。发生在曹丕与钟繇之间的美玦赏玩故事，可谓千古美谈。

东晋谈玄之风大盛，美玉的赏玩之风也更为风行。除了身上佩戴的玉佩玉饰，这个时期流行起了玉柄麈尾，作为名士们相聚谈玄时的手执之物。后来也成了王公贵族们的喜爱之物，其玉柄大都选用美玉制作，名贵异常。麈是鹿类动物，角似鹿，蹄似牛，尾似驴，颈背似骆驼，俗称四不像。麈尾美观可爱，既有象征意义，又有实用价值。宋代吴曾《能改斋漫录》卷二解释麈尾说："名苑曰，鹿之大者曰麈，群鹿随之，皆看麈所在，随麈尾所转为准。今讲僧执麈尾拂子，盖象彼有所指麾故耳。"《资治通鉴》卷八十九注文说："麈，麋属，尾能生风，辟蝇蚋。晋王公贵人多执麈尾，以玉为柄。"从这些记述与解释中，可以明白麈尾制成玉柄拂尘在东晋流行的原因。东晋的大名士后官至太尉的王衍（字夷甫），有一件心爱的白玉柄麈尾，每日不离其手，《晋书》本传曾有记载，《世说新语·容止》也记述说："王夷甫容貌整丽，妙于谈玄，恒捉白玉柄麈尾，与手都无分别。"其玉柄洁白温润，名贵可知。当时的名士们手执麈尾，空谈玄学，滔滔不绝，被视作是一种极其高雅的风度。余嘉锡《世说新语笺疏》479页引《高逸沙门传》说："王濛恒寻遁，遇祇洹寺中讲，正在高坐上，每举麈尾，常领数百言，而情理俱畅。预坐百余人，皆结舌注耳。"生动地描绘了手举麈尾大谈玄学的场面。王濛在当时也是一位大名士，官至司徒左长史，平常麈尾不离其手，病重之时仍不忍舍弃，《世说新语·伤逝》记述说："王长史病笃，寝卧镫下，转麈尾视之，叹曰：'如此人，曾不得四十！'及亡，刘尹临殡，以犀柄麈尾箸柩中，因恸绝。"王濛死时才39岁，随葬的麈尾是犀柄而不是玉柄，显然与他的官职身份等级有关。东晋丞相王导，对麈尾也十分喜爱，《晋书·王导传》记载有他以麈尾柄驱赶牛车的故事：其妻"曹氏性妒，导甚惮之，乃密营别馆以处众妾。曹氏知，将往焉。导恐妾被辱，遽令命驾，犹恐迟之，以所执麈尾柄驱牛而进"。他曾写了一首《麈尾铭》，据《艺文类聚·服饰》记载此铭为："道无常贵，所适惟理，勿谓质卑，御于君子，拂秽清暑，虚心以俟。"当时的王公贵族还把麈尾作为贵重的赠送礼物，如《资治通鉴》卷八十九记载，王浚命使者去见石勒，"遗勒麈尾"，狡诈的石勒故意示之以弱，作出一副谦恭样，将麈尾"悬之以壁，朝夕拜之，曰：我不得见王公，见其所赐，如见公也"。以麻痹王浚。过了不久，石勒便出兵袭取幽都，杀死了王浚。古代的画家还将麈尾这一风雅之物画入了画中，如唐代阎立本《历代帝王图卷》中的吴主孙权即手执麈尾，古画《竹林七贤图》中的名士阮籍也手执麈尾，敦煌、龙门、天龙山等处的维摩诘像也绘有麈尾。

南北朝后期的陈后主，堪称是一位嗜好玉柄麈尾的风雅皇帝，《南史·张讥传》记载："（陈）后主在东宫，集宫僚置宴，时造玉柄麈尾新成。后主亲执之曰：'当今虽复多士如林，至于堪捉此者，独张讥耳。'即手授讥。仍令于温文殿讲庄老。""后主嗣位……尝幸钟山开善寺，召从臣坐于寺西南松林下，敕讥竖议。时索麈尾未至，后主敕取松枝，手以属讥，曰：'可代麈尾。'"由上述生动的记载可以知道，玉柄麈尾在南北朝后期仍是谈玄论道时必不可少的手执之物。到了唐宋时期，魏晋时代的风雅余绪已逐渐淡化，麈尾依然流行，还传到了海外，但已成为日常用物。日本正仓院便藏有唐代麈尾四柄。白居易《斋居偶作》诗说："老翁持麈尾，坐拂半张床。"欧阳修《和圣俞聚蚊》诗说："抱琴不暇抚，挥麈不由停。"苏轼《次韵王巩颜复同泛舟》诗说："舞腰似雪金钗落，谈辩如云玉麈飞。"辛弃疾《满江红·中秋》词说："更如今，不听麈谈清，愁如发。"这些诗句，都说明玉柄麈尾在唐宋时期已不再扮演谈玄的角色，而成为文人雅士日常欣赏与使用之物。明清时代，麈尾已主要成为佛道用物，文人雅士们的手持之物已为折扇所取代。

古代的玉佩玉饰，常与爱情故事联系在一起，给美玉增添了绚丽的浪漫色彩。著名的《诗经》中便有不少这方面的精彩描述。《诗经·卫风·木瓜》说："投我以木瓜，报之以琼琚，匪报也，永以为好也。投我以木桃，报之以琼瑶，匪报也，永以为好也。投我以木李，报之以琼玖，匪报也，永以为好也。"对男女之间的相悦相爱，互相赠答，作了多么生动而又传神的描写。诗中的琼琚、琼瑶、琼玖，都是古人随身佩戴的美玉，在诗中，它们成了爱情的美丽信物。《诗经·郑风·有女同车》则对一见倾心的姑娘作了生动的描写，倾吐了发自内心的赞美和爱慕："有女同车，颜如舜华，将翱将翔，佩玉琼琚，彼美孟姜，洵美且都。有女同行，颜如舜英，将翱将翔，佩玉将将，彼美孟姜，德音不忘。"诗中的佩玉琼琚、佩玉锵锵，是多么绝妙的传神写照啊，使人如闻其声，如临其境。《诗经·王风·丘中有麻》则是一首男女幽会的情歌："丘中有麻，彼留子嗟，彼留子嗟，将其来施施……彼留之子，贻我佩玖。"诗中赤裸而又坦率地描写了女子盼望情人前来幽会的心情。朱熹解释此诗，也认为它是"妇人望其所私与者而不来"。闻一多解释"贻我佩玖"，认为这是"合欢以后，男赠女以佩玉，反映了这一诗歌的原始性"。这说明佩玉在古代爱情之中是必不可少的信物。男欢女爱之后的佩玉，则成了思念的寄托。《诗经·郑风·女曰鸡鸣》也是一首描写男女相互爱悦的佳作，早晨起床，男的要去打猎，女的依依不舍，男的说："知子之来之，杂佩以赠之；知子之顺之，杂佩以问之；知子之好之，杂佩以报之。"杂佩是指各种佩玉，男的倾己所有，慷慨相赠，以酬报欢爱。佩玉在男女欢爱中发挥的作用，是多么真诚而又浪漫。《诗经》中还有不少诗句是借玉佩来抒发思念与惜别之情的，如《诗经·卫风·竹竿》："巧笑之瑳，佩玉之傩。"《诗经·秦风·小戎》："言念君子，温其如玉，在其板屋，乱我心曲。"《诗经·秦风·渭阳》："我送舅氏，悠悠我思，何以赠之，琼瑰玉佩。"其情其景，刻画入微，多么真挚而又传神。

将美玉作为男女定情之物，在古代甚为普遍。从神话传说到戏剧文学，这方面的故事记载很多。晋代干宝《搜神记》卷十一记载说，有个叫杨伯雍的青年，为人忠孝，父母双亡，住在山上，天天担水无偿供行人取饮，感动了一位路过的异人，给他一斗石子，传授他种玉之法。他将石子埋在山上，数年之后，果然生出玉来。于是他向大户人家徐氏求婚，徐家女儿才貌双全，择婚条件很高，对他说如果能用白璧一双作聘礼，也许可以考虑。他去玉田中掘得白璧五双，拿去作为聘礼。"徐氏大惊，遂以女妻公。天子闻而异之，拜为大夫。"这个传说故事，充满了喜剧色彩。其种石得玉，只能视作神话，不足凭信。但用白璧作聘，却是古代的传统礼俗。这个故事对秦汉魏晋时代的人情世态，作了相当生动的描绘。这个故事后来分别为《水经注》《艺文类聚》《太平御览》《北堂书钞》《太平广记》等书所转载，而广为流传。

《世说新语·假谲》记载了一则"玉镜台"的故事，也十分有名。晋代温峤率兵北征刘聪，获得了一件精美的玉镜台。当时，"温公丧妇，从姑刘氏，家值乱离散，唯有一女，甚有姿慧，姑以属公觅婚。公密有自婚意，答云：'佳婿难得，但如峤比云何？'姑云：'丧败之余，乞粗存活，便足慰吾余年，何敢希汝比？'却后少日，公报姑云：'已觅得婚处，门地粗可，婿身名宦，尽不减峤。'因下玉镜台一枚。姑大喜。既婚，交礼，女以手披纱扇，抚掌大笑曰：'我固疑是老奴，果如所卜！'"温峤用玉镜台为自己行聘，却又不说破，直至婚礼完毕才真相大白，聪慧的新婚夫人其实早已猜到了，使整个故事洋溢着喜剧浪漫的情调。到了元代，关汉卿根据这个故事，编写为杂剧。明代朱鼎又将这个故事撰写成传奇，皆名为《玉镜台》。如果说温峤的玉镜台是美满姻缘故事中的代表，那么唐代韦皋与玉箫的玉指环故事，就是带有悲剧色彩的爱情传说了。据唐代范摅《云溪友议》卷三记述，唐代文人韦皋（745—805年）年轻时客居江夏，与少女玉箫相恋，情深意笃，临别时赠玉指环一枚和诗一首，与玉箫相约少则五载多则七年，便前来娶她。韦皋别后，步入仕途，初任监察御史，因参加平定朱泚叛乱有功而升为陇州刺史、奉义军节度使等，后来又升为西川节度使，时光荏苒，早已过了七年，玉箫久盼韦郎不至，郁郁成疾，遂绝食而殒，"以玉指环着中指，而同殡焉"。韦皋在任上，得知后痛惜不已，深以为憾，乃"广修经像，以报夙心。且想念之怀，无由再会"。后遇方士，设法使韦皋与玉箫在梦中相见，"清夜玉箫果至，谢曰：承仆射写经供佛之力，旬日便当托生。却后十三年，再为侍妾，以谢鸿恩。"一晃又过了十多年，韦皋镇蜀，位高功显，后见到川东送来的一位少女歌姬，亦叫玉箫，相貌也完全一样，"其中指有肉环隐出，不异留别之玉环也"。韦皋又惊又喜，感叹万端。这一故事，元代时乔吉将其写成了杂剧，称为《玉箫女两世姻缘》。明代詹詹外史（或认为即冯梦龙）将这一故事撰写在《情天宝鉴》卷十内。明代的剧作家又将这一故事写成了传奇剧本《玉环记》，流传甚广。古代文人雅士与心爱女人赠玉相恋的故事传说很多，其中不少被写入了宋元明清的杂剧中，如：《对玉梳》《玉玦记》《紫箫记》《双鱼记》《玉簪记》《玉搔头》《碧玉簪》《拾玉镯》《双玉蝉》等。其故事情节大都曲折传奇，人物大多缠绵多情，或喜剧大团圆，或悲剧结局，皆富于浪漫色彩。而作为定情之物的玉佩玉饰，则在这些爱情故事里面起着渲染感情、烘托气氛、喻示忠贞的重要作用。

古代还流传着一些富于神话色彩的玉器赏玩故事。据晋代王嘉《拾遗记》卷三记述，春秋战国时期，"异方"曾向周王室"贡玉人，石镜。此石色白如月，照面如雪，谓之'月镜'。有玉人，机戾自能转动"。西戎国则向周王室献上高达五尺的玉骆驼。所说的石镜，晶莹如月，显然也是玉类的一种。宋代李昉编纂的《太平广记》卷四○三也记述了这个故事："玉人皆有机棙，自能转动，谓之'机妍'。"春秋战国时期的能工巧匠们，在琢制的玉人身上加入机关，使之能够自己转动，这是多么高超的技巧。到了秦始皇时期，玉器制作的技巧就更加奇妙了。《拾遗记》卷四说："始皇元年，骞霄国献刻玉善画工名裔……刻玉为百兽之形，毛发宛若真矣，皆铭真臆前，记以日月……使以淳漆各点两玉虎一眼睛，旬日则失之，不知所在。"过了一年，西方献来两只白虎，各无一目，"检其胸前，果是元年所刻玉虎"。雕制的玉虎点上眼睛后能够奔走，确实是今古奇闻。《太平御览》卷七五二、卷八九一也记述了这个故事，点睛后，玉虎能飞走，匪夷所思，只能视作神话。但这些故事也说明了，春秋战国以来制作的玉器已有玉人玉虎，以及其他各种玉制器类，这些精巧的玉制品都是供作赏玩的。这些玉制品的神话传说，当然是后人的附会。有关玉制品的著名神话传说，还有安期先生赠送给秦始皇的赤玉舄，《列仙传》记述说：安期先生，又称安期生，秦琅邪人，受学于河上丈人，卖药海边，时人皆呼"千岁公"，始皇东游，与语三日夜，赐金帛数十万，皆置之而去，留书并赤玉舄一量（两只）为报。《拾遗记》卷四记述，秦王子婴曾梦见有人"纳玉舄而乘丹车"前来见他，"子婴所梦，即始皇之灵，所著玉舄，则安期先生所遗也。"剔去这些故事上的神话色彩，说明秦始皇曾穿过赤玉舄则是可信的。古代制度规定"天子赤舄"。采用赤玉制成皇帝使用的赤玉舄，堪称稀世之物。

古人用玉制成赏玩和使用之物，种类甚多。如玉连环、玉如意、玉搔头、玉坠子等，大的有玉枕之类。《拾遗记》卷七记述说："汉诛梁冀，得一玉虎头枕，云单池国所献，检其颔下，有篆书字，云是帝辛之枕，尝与妲己同枕之，是殷时遗宝也。"这件殷纣王遗留下来的玉枕，汉朝时代代相传，后来为曹魏所有。三国蜀汉刘备曾将玉人作为赏玩之物，《拾遗记》卷八记述："河南献玉人，高三尺，乃取玉人置后侧，昼则讲说军谋，夕则拥后而玩玉人，常称玉之所贵，德比君子，况为人形，而不可玩乎？"后来甘夫人劝刘备不要玩物丧志："'昔子罕不以玉为宝，《春秋》美之，今吴、魏未灭，安以妖玩经怀？凡淫惑生疑，勿复进焉。'先主乃撤玉人，嬖者皆退。"《战国策·齐策六》记载，齐襄王死后，太子建继位为齐王，秦昭王派使者送去一件玉连环，说，

刘备像

齐国的聪明人很多，能否解开这个玉连环？玉连环是用整玉琢成的，环环相扣，怎么能解开呢？齐国的王太后是个能干而又果断的人物，拿起锤子便将玉连环给捶断了，"谢秦使曰：谨以解矣。"这是以玉连环为媒介而进行的一场针锋相对的斗智。玉连环这种赏玩之物，在后世依然流行，是文人雅士们的喜爱之物，有时也作为爱情的信物，宋代朱敦儒《浣溪沙·樵歌》词写道："结子同心香佩带，帕儿双字玉连环，酒醒灯暗忍重看。"描写的便是在灯下赏玩玉连环，以寄托对情人的思念。

古人喜欢将玉佩琢制成各种祥瑞之形，寓以象征之意。南朝齐高帝萧道成有一件玉麒麟，是随身佩带的心爱之物，后来把它给了幼子江夏王萧锋。《南史·江夏王锋传》记述说："五岁，高帝使学凤尾诺，一学即工，高帝大悦，以玉麒麟赐之，曰：'麒麟赏凤尾矣。'"唐宋时期的文人雅士，也常把玉麒麟作为高雅的佩饰。陆游《送陈德邵宫教赴行在二十韵》诗说："同舍事容悦，腰佩玉麒麟。"玉鱼也是古人最喜欢的佩饰和赏玩之物，冯贽《云仙杂记》说："（杨）贵妃苦热，肺渴，每日含一玉鱼，藉其凉津沃肺。"杨贵妃使用的玉鱼，显然是用极好的美玉琢制，其形态也极为精巧。唐宋时，玉鱼成为王室的专用品，官员们只能使用金鱼或银鱼佩饰。宋徽宗赵佶是一位有名的风雅皇帝，搜罗在宫中的美玉珍玩不计其数。他随身佩带的一件玉饰称为"玉拳"，因赏玩日久，指痕宛然。宋高宗赵构，也喜欢美玉珍玩，他有一件玉孩儿扇坠，出游时落于水中，遍寻不得，数年后在宫中宴会诸臣，见张俊扇坠玉孩儿正是失落的爱物，忙问从何处得来？张俊说是从清河坊铺家买到的。赵构召店主询问，说是从某家厨处买来，又追问厨娘，说是破黄花鱼，在鱼腹中得之。赵构大喜，认为这是天意，遂一一给以重赏。

古代王公贵族嗜好玉器珍宝，过着奢华的生活，在宝玩方面相互争豪斗胜，晋代的石崇可算是一位代表。《世说新语·汰侈》记述：

> 石崇与王恺争豪，并穷绮丽，以饰舆服。武帝，恺之甥也，每助恺。尝以一珊瑚树，高二尺许赐恺，枝柯扶疏，世罕其比。恺以示崇。崇视讫，以铁如意击之，应手而碎。恺既惋惜，又以为疾己之宝，声色甚厉。崇曰：'不足恨，今还卿。'

乃命左右悉取珊瑚树，有三尺四尺，条干绝世，光彩溢目者六七枚，如恺许比甚众。恺惘然自失。

珊瑚来之海外，得之不易，被晋代的王公贵族们视为宝玩，石崇拥有的珊瑚树竟超过了皇室。在玉器与其他珍玩方面，石崇也穷极奢侈。《拾遗记》卷九记述："石氏之富，方比王家，骄侈当世，珍宝奇异，视如瓦砾，积如粪土，皆殊方异国所得。"因为美玉实在太多了，只好辨别声音颜色加以挑选使用，产于西方北方之玉，"玉声沉重而性温润，佩服者益人性灵"；产于东方南方之玉，"玉声轻洁而性清凉，佩服者利人精神"。石崇住在豪华的金谷园里面，身边侍候他的美女有数千人，都身穿艳服，佩戴美玉琢制的倒龙之佩和凤冠金钗，"刻玉为倒龙之势，铸金钗像凤皇之冠。结袖绕楹而舞，昼夜相接，谓之'恒舞'。欲有所召，不呼姓名，悉听佩声，视钗色，玉声轻者居前，金色艳者居后，以为行次而进也。"物极必反，石崇的醉生梦死，奢靡无度，终于导致了他后来的被杀。南北朝时期的后赵石虎，也是一个荒淫奢靡的代表。《拾遗记》卷九记载："石虎于太极殿前起楼，高四十丈，结珠为帘，垂五色玉佩，风至铿锵，和鸣清雅；""屋柱皆隐

《金谷园图》

起为龙凤百兽之形,雕斫众宝,以饰楹柱;""又为四时浴室,用锦石瑊玞为堤岸,或以琥珀为瓶杓。"石虎在石勒死后,自立为帝,穷兵黩武,暴政苛刑,征调数十万人营建宫室,又夺人妻女三万充入后宫,民不聊生,终于导致了后赵的灭亡。魏晋南北朝以后,权贵们的奢侈之风依然不乏其人。唐代李冗《独异志》卷下记述:"唐宰相王涯,奢豪贵极,庭穿大井,合木为柜,严其锁钥,天下宝玉珍珠琼璧,投置井中,汲水供涯所饮。未几犯法,为天兵枭戮而赤族。"历史上的王公贵族和权臣们玩物丧志,穷极奢华,最终都落得了一个败亡的结局。这是风雅文化中的阴影和负面,同时也是一面历史的镜子。

四 奇石的赏玩收藏

中国古代,不仅爱玉之风盛行,奇石也是历代文人雅士们的喜爱之物。

石头与人结缘,源远流长。早在石器时代,先人们就已开始使用石头作为生活中不可缺少的用具,击石取火更是远古人类赖以生存的重要手段。以后人类又将石头用于各种途径,垒墙建屋,修桥铺路,刻石立碑,修建宫阙牌坊,雕刻岩画、石人、石兽,范围极其广泛。迄今石头仍在生活中发挥着十分重要的作用。

石头除了实用,更有其珍奇赏玩价值。大千世界,无奇不有。千姿百态的奇石,可谓凝聚了自然造化之神奇,给人以赏心悦目之感,激发起无限的遐思和丰富的联想。所以历代文人雅士们赏玩收藏奇石,完全是出自于内心对奇石的一种喜爱之情。奇石不像美玉那么名贵,却具有玉所没有的各种天然奇妙造型,更投合了文人雅士们喜欢风雅闲适的性情。历史上嗜好奇石的风雅人物不胜枚举,流传下来的风雅故事丰富多彩妙趣横生。

远古神话《女娲补天》,是关于奇石的最早记载,表达了人们对奇石的崇尚之情。《淮南子·览冥训》记述:"往古之时,四极废,九州裂,天不兼覆,地不周载。火爁炎而不灭,水浩洋而不息,猛兽食颛民，鸷鸟攫老弱。于是女娲炼五色石以补苍天，断鳌足以立四极，杀黑龙以济冀州，积芦灰以止淫水。苍天补，四极正，淫水涸，冀州平，狡虫死，颛民生。"女娲炼五色石修补苍天，这是多么丰富而又美好的想象。《精卫填海》也是古代与石有关的一则神话故事，《山海经·北山经》说："发鸠之山，其上多柘木，有鸟焉，其状如乌，文首，白喙，赤足，名曰精卫，其鸣自詨。是炎帝之少女名曰女娃，女娃游于东海，溺而不返，故为精卫，常衔西山之木石，以堙于东海。"精卫衔石填海，历来被视作意志坚贞的象征。在中国绚丽多彩的文学史上，以石作为象征的文学作品，更以其丰富的想象和深邃优美的含义而脍炙人口。如明代吴承恩创作的洋溢着积极浪漫主义精神的著名长篇小说《西游记》，塑造了孙悟空由女娲补天遗留于世的五色石中幻化而出这一神奇形象，大闹天宫和西天取经已成为家喻户晓的故事。清代曹雪芹创作的不朽名作《红楼梦》，原名《石头记》，故事开端也是从女娲补天的五色石说起的，书中主角贾宝玉出生时口衔一块通灵宝玉，将神话与现实巧妙地糅合在一起，对贾氏家族的兴盛衰败作了精细深刻的描绘。

古人嗜好奇石，春秋战国时期就已有之。据《后汉书·应劭传》记述："宋愚夫亦宝燕石，缇缃十重。"注引古书《阙子》记载："宋之愚人得燕石梧台之东，归而藏之，以为大宝。周客闻而观之，主人父斋七日，端冕之衣，骤以特牲，革匮十重，缇巾十袭。客见之，挽而掩口，卢胡而笑曰：'此燕石也，与瓦甓不殊。'主人父怒曰：'商贾之言，竖匠之心。'藏之愈固，守之弥谨。"记载中的燕石，虽不能与玉相比，却是非常有观赏价值的奇石。《山海经·北山经》说："北百二十里曰燕山，多婴石。"晋代郭璞注释说："言石似玉，有符彩婴带，所谓燕石者。"由此可知燕石是一种玲珑可爱的彩色奇石，宋人视为珍爱之物，可谓是记载中的第一位石痴。

秦汉时期，王公贵族对石的赏玩利用大为盛行。除了用石制作石阙等建筑外，还雕制了大量的石刻之物，如石人和各种石兽，置于宫阙或陵墓之前。在墓道旁置立石刻之物，春秋战国时期就已开始了，明代罗欣《物原·葬原》说："周宣王始置石鼓、石人、貌、虎、羊、马。"这种风气在汉代已发展成为一种制度，许多石刻之物如石马石兽等，一直保存到现在，向我们展示着汉代石刻粗犷雄奇的风格。以后经魏晋六朝一直延续到唐宋元明清，皆承汉制。正如《宋书·礼志》所说："汉以后，天下送死奢靡，多作石室石兽碑铭等物。"历代君主陵墓前的石兽等物，既是身份等级的象征，也可视作是赏玩的异化。统治者生前崇尚石制之物。死后用来装饰陵墓，可谓是与石结下了生死之缘。汉代还盛行制作石椁石棺，用作葬具，并在石制的棺椁上刻画各种精美图案，现代考古中屡有发现，为我们留下了丰富多彩的石刻画像资料。这些石刻之物，在今天已成为珍贵的文物瑰宝。

汉代士大夫常把石制品作为生活中的喜爱之物。《拾遗记》卷五记述，汉武帝的弄臣"董偃常卧延清之室，以画石为床，文如锦也。石体甚轻，出郅支国。上设紫瑠璃帐，火齐屏风，列灵麻之烛，以紫玉为盘，如屈龙，皆用杂宝饰之"。这种石床具有暑夏生凉的特点，所以多为后人所仿制。《南史·宋武帝纪》记载："帝素有热病，并患金创，末年尤剧，坐卧常须冷物，后有人献石床，寝之，极以为佳。"唐朝时，石床依然是佛道和风雅人物的喜爱之物。贾岛《赠无怀禅师》诗说："禅定石床暖，月移山树秋。"便是对石床的生动写照。除了石床，古人还将石制成其他各种心爱之物，最奇异的要数传说中的石镜了。扬雄《蜀王本纪》记述，蜀王娶武都女子为妻，死后于成都郭中葬之，"以石作镜一枚，表其墓，径一丈，高五尺"。南朝任昉《述异记》也记录了这个故事，"武都丈夫化为女子……蜀王娶以为妻，无几物故，遂葬于成都郭中。以石镜一枚，长二丈，高五尺，同葬之"。明代曹学佺《蜀中名胜记·成都府三》也记述了这个典故，情节略有出入："武都山精，化为女子，美而艳，蜀王纳为妃，不习水土……物故，王乃遣武丁于武都担土为冢，盖地数亩，高七尺。上有一石，圆五寸，径五尺，莹澈，号曰石镜。"这件质地莹澈的石镜，可能是蜀王妃的心爱之物。唐代杜甫曾写了一首《题石镜》诗说："蜀王将此镜，送死置空山。冥漠怜香骨，提携近玉颜。众妃无复叹，千骑亦虚还。独有伤心石，埋轮月宇间。"唐代女诗人薛涛也因石镜产生联想，写了一首《段相国游武担寺病不能从题寄》诗："消瘦翻堪见令公，落花无那恨东风。侬心犹道青春在，羞看飞蓬石镜中。"这些诗说明唐代时，石镜还在，后历经朝代更换，至明代时已不知去向。

唐代的文人们嗜好奇石者甚多，关于赏玩奇石的吟咏，在《全唐诗》中不胜枚举。翻阅这些诗句，可以想到他们面对奇石时兴奋愉悦的心态和才情横溢的诗兴。唐代著名诗人白居易对太湖石情有独钟，曾写了《太湖石记》，叙述自己的喜爱之情，并在《太湖石》诗中对形态奇异、玲珑剔透的太湖石进行了传神的描绘："远望

唐代白居易墨迹

老嵯峨，近观怪嵌崟。才高八九尺，势若千万寻。嵌空华阳洞，重叠匡山岑。邈矣仙掌回，呀然剑门深，形质冠古今，气色通晴阴。未秋已瑟瑟，欲雨先沉沉。天姿信为异，时用非所任。磨刀不如砺，捣帛不如砧。何乃主人意，重之如万金。岂伊造物者，独能知我心。"在后来写的《太湖石》诗中，又对另一座太湖石作了生动的描写："烟翠三秋色，波涛万古痕。削成青玉片，截断碧云根。风气通岩穴，苔文护洞门。三峰具体小，应是华山孙。"观赏这些天然绝妙的太湖石，确实令人有心旷神怡之感，宋代诗人陆游有诗说："花如解语还多事，石不能言最可人。"可谓精辟地道出了古人对奇石的钟爱，就在于奇石的可人。

宋代文人雅士们的玩石之风，大为兴盛。玩石上瘾，对喜爱之石痴迷到忘我的地步，首先要推米芾。米芾是宋初著名的四大书法家之一，又是画家和收藏家，擅长诗文，精于鉴赏。宋代蔡絛《铁围山丛谈》卷四记载说："米芾元章好古博雅，世以其不羁，士大夫目之曰'米颠'。""米颠"这个别号，在宋代士大夫中流传甚广。米芾的癫与狂，皆与他嗜好奇石，性情洁逸，经常做出一些违世异俗的行为有关。米芾到安徽无为军做官的时候，见到一块奇石，喜欢不已，便穿了官袍，手持朝笏，对奇石行跪拜之礼，这件事一时被传为笑谈。冯梦龙《古今谈

概·痴绝部》对这个故事作了简洁生动的记述:"米元章知无为军,见州廨立石甚奇,命取袍笏拜之,呼曰'石丈'。言事者闻而论之,朝廷传以为笑。或问芾曰:'诚有否?'芾徐曰:'吾何尝拜,乃揖之耳。'"拜也好揖也好,都说明了米芾对奇石的痴迷。宋代费衮《梁溪漫志》卷六也记述了

米芾拜石　南宋人画意

一则米芾拜石的故事:"米元章守濡须,闻有怪石在河壖,莫知其所自来,人以为异而不敢取。公命移至州治,为燕游之玩。石至而惊,遽命设席,拜于庭下曰:'吾欲见石兄二十年矣!'言者以为罪,坐是罢去。"后来有人替米芾抱不平说,世人有称钱为孔方兄,米芾称石为兄有什么错?并赋诗说:"唤钱作兄真可怜,唤石作兄无乃贤?"米芾对精美的石砚也具有特殊的嗜好。《古今谈概·痴绝部》记述:"宋徽宗在艮岳,召米芾至,令书一大屏,指御案间端砚使就用之。芾书成,即捧砚跪请曰:'此砚经臣濡染,不堪复以进御。'上大笑,因以赐之。"于是米芾抱着端砚,欣然而去。后人于是笑评说,米芾是"只痴进,不痴出"。由于有风雅皇帝的默许,米芾收藏赏玩奇石的瘾就更大了。《铁围山丛谈》卷五记述,米芾曾得到一件南唐李后主遗留下来的砚山,为绝世罕见之物:"江南李氏后主宝一研山,径长尺逾咫,前耸三十六峰,皆大如手指,左右则引两阜坡陀,而中凿为研。及江南国破,研山因流转数士人家,为米元章所得。"后来米芾在丹阳,用这件砚山同另一位姓苏的奇石迷换了一块宅地。苏氏得到这件砚山后,珍爱异常。不久被同样嗜好金石收藏的风雅皇帝宋徽宗得知,利用皇帝权力,"索入九禁"。邓之诚《骨董琐记》卷六记述,砚山于宋亡后,"流落人间",又为文人雅士所有,"流传数世",历经多人之手,"至今尚在当湖"。

米芾的轶闻故事很多。宋代曾敏行《独醒杂志》卷六记述:"元章喜服唐衣冠,宽袖博带,人多怪之。又有洁疾,器用不肯令人执持。尝

苏轼《古木怪石图》

衣冠出谒,帽檐高,不可以乘肩舆,乃彻其盖,见者莫不惊笑。所为类多如此。"米芾这种惊世骇俗的行为,被人称为癫狂,也就是情理中事了,甚至还遭到了言官的抨击。宋代吴曾《能改斋漫录》卷十二便记载了米芾于崇宁四年任礼部员外郎时,被言官抨击为:"敢为奇言异行,以欺惑愚众;怪诞之事,天下传以为笑,人皆目之以颠。"若在礼部任职,"无以训示四方。"皇帝虽爱其才,也只好派他去淮阳军做官。米芾当然无所谓,依然我行我素,有一次,他和苏东坡等文坛名士在扬州相聚,苏东坡设宴款待大家。饮酒到半酣的时候,米芾忽然站起来说:"世人皆以芾为颠,愿质之子瞻!"要苏东坡说,他究竟癫不癫?苏东坡答曰:"吾从众。"冯梦龙《古今谈概》说,米芾不觉得自己痴,这才是真痴。米芾为人有洁癖,挑选女婿时,有个叫段拂、字去尘的求婚者,米芾说:"即'拂'矣,又'去尘',真吾婿也!"便将女儿嫁给了段拂。最有意思的是,米芾对自己的玩石嗜好理直气壮,从不遮遮掩掩。《古今谈概·癖嗜部》记述:"米元章守涟水,地接灵璧,蓄石甚富,一一品目,入玩则终日不出。杨次公为察使,因往廉焉,正色曰:'朝廷以千里郡付公,那得终日弄石?'米径前于左袖中取一石,嵌空玲珑,峰峦洞穴皆具,色极清润,宛转翻落,以示杨曰:'此石何如?'杨殊不顾,乃纳之袖,又出一石,叠峰层峦,奇巧又胜,又纳之袖。最后出一石,尽天划神镂之巧,顾杨曰:'如此石,那得不爱?'杨忽曰:

'非独公爱，我亦爱也！'即就米手攫得之，径登车去。"杨次公显然也是一个嗜好奇石的人，只是做不到像米芾那样天性率真罢了，但在妙绝造化的奇石面前，还是暴露了掩饰的欲望。米芾一生没有什么值得称道的政绩，与他终日弄石大有关系。但他在书法绘画艺术方面却造诣高深，创造了米点山水的画法，成为一代大家，与他兴趣广博，风雅脱俗，从收藏与赏玩中获取灵感，也是大有关系的。明代文学家袁宏道感叹地说，陶渊明爱菊，林逋好梅，米芾嗜石，表现的都是自我欣赏，是一种清高脱俗的行为。

宋代大文豪苏东坡也雅爱奇石，被贬黄州时，曾得一美石，质地似玉，石纹如画，后赠给佛

清代黄慎《苏东坡玩砚图》

印禅师。他曾获得一件洞天石，状如山峦横卧，千缕百孔，妙趣天成，被称为"小有洞天"，命人特做一木座，与石相配，座内藏香炉，点燃炉中之香，则香烟缭绕，蔚然奇观。后来此石为苏东坡好友黄庭坚所有，珍爱之极。明代时，洞天石为林有麟所得，赞叹万端，将其绘图，写入《素园石谱》书中。苏东坡曾于宿州张氏花园内见一奇石，称为"小蓬莱"，酒后赏玩，在石上题写了"东坡居士醉中观此洒然而醒"数字。其后，文人蒋颖叔见到此石，赏玩久之，也题写了一行字："荆溪居士暑中观之，爽然而凉。"后来，宿州太守吴安中来赏玩此石，也题字于石上："紫溪翁大暑醉中读二题，一笑而去。"这可称之为宋代文人赏玩奇石的一则趣闻。《能改斋漫录》卷十四记述，苏东坡曾在李

伯时斋中观赏奇石美玉，而为之题写了《洗玉池铭》。洗玉池用良石刻制，四边刻画收藏的玉形，本身也就成了一件赏玩品，后来被宋徽宗索去，"包以褟褥，栖以絫匣，舁致京师，置之宣和殿"，李伯时收藏的美玉，亦"咸归内府矣"。苏东坡还收藏了不少砚台，曾撰写了《凤咮砚铭》和《龙尾砚歌》等，记述和歌咏自己收藏的珍奇之砚。《延平考异》说："延平砚材产斫崎者为上，东坡得之喜甚，遂目为凤咮。"《仇池笔记》卷下记述了苏东坡对凤咮石砚的喜爱和鉴赏，显示了苏东坡渊博的学识和高雅的性情。《铁围山丛谈》和《东坡志林》等宋人笔记，还记述了苏东坡收藏有砚山，经常和米芾等人互相观赏藏品。这说明收藏观赏奇石，乃是宋代文人雅士们日常生活中的一项重要内容。

宋代士大夫中有石癖的人很多。听说某地有奇石，则不辞遥远，前去寻访。宋代杜绾《云林石谱·袁（州）石》记述："临江士人鲁子明有石癖，尝亲访其处，以渔舟载归潇滩，列置所居。"杜绾本人也是一位爱石者，收罗奇石甚多，在撰写的《云林石谱》中，对各种奇石的产地、开采、色泽、形状、用途，作了细致的描述。此书问世后，开启了撰写石谱的风气。南宋文学家范成大（1126—1193 年），也雅爱各种奇石，收藏的灵璧石、太湖石甚多，分别取名为

范成大像

"小峨眉"、"天柱峰"、"烟江叠嶂"等美称。范成大还撰写了《太湖石志》，对太湖石的质地、形状作了细致生动的描述。南宋权相贾似道，也嗜好奇石珍玩，他曾命属下廖莹中摹写王羲之《兰亭序》，由名匠镌于一块灵璧石上，以廖氏斋名称为"世彩堂小帖"，尾署"秋壑珍玩"和贾似道小印，高仅五寸，宽九寸，厚四分，属袖珍刻石。贾似道爱不释手，日日把玩。此石元代为泉州富商蒲氏所有，蒲氏出海经商，每携之以往，后遇风浪坠落海中。

元代书画家赵孟頫、倪瓒（云林）等人，都雅好奇石，赏玩收藏，并绘入画中。明代书画家米万钟，号友石，是米芾的后裔，万历进士，

历官至太仆少卿,收藏奇石甚多,完全继承了先祖米芾嗜石成癖的遗风。当时的文人墨客评论说,米万钟无米芾之癫而有其癖。米万钟极善于画石,所绘山水细润精工,布局深远,书法造诣亦极高,与邢侗、董其昌、张瑞图并称"明末四大书家"。清代书法篆刻家邓石如,也是一位石痴,每次游赏山水,都要背负一大口袋形态各异的石头回家。综观明、清两代,雅好奇石收藏赏玩的文人雅士甚多,成为风雅生活中的一项重要内容。清代梁九图《十二石斋记略》说:"可舍富贵生活,而栽花莳竹,咿唔吟讽,

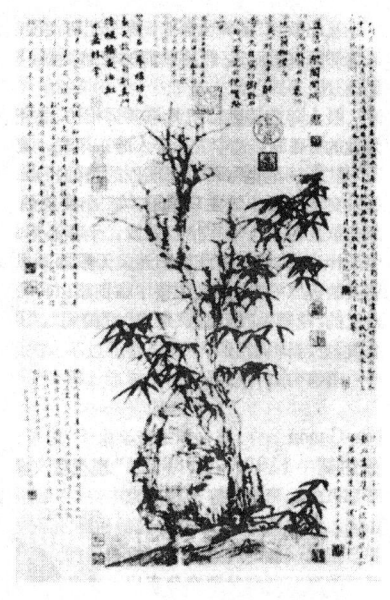

元代倪瓒《竹树野石图》

且于庭院罗列众石,摩挲抚弄,若有所得。"可谓说出了玩石者的真实心态。曾任过四川总督的赵尔丰,亦嗜石成癖,曾评论石头说:石头坚贞,不以柔媚悦人;石头孤高介节,如同君子也;石性沉静,不随波逐流,温润纯洁如良士,如同是我之师友。虽然赵尔丰本人在历史上为清廷之鹰犬,但这番见解却还是有一定的道理,这也正是士大夫玩石时的心理依据。

历史上,王公贵族赏玩奇石,大都同园林建筑联系在一起。秦朝的阿房宫,汉朝的上林苑,晋朝石崇的金谷园,隋唐的皇家园林,都穷极人间之奇巧奢华。到了宋代,统治阶级沉湎于声色繁华之享受,大兴土木,搜罗珍玩,不遗余力。宋徽宗为了修筑御花园,派专使去江南收集各种奇石,仅采集的太湖石就有数千块之多,耗费大量人力物力搬运到汴梁(今开封),称之为"花石纲"。载送奇石的大船多达数十艘,由运河北上进入黄河,有的船只因风大浪急而沉没,押送官员因之而遭受重谴。施耐庵将此写入了文学名著《水浒传》,好汉杨志便是因为失落花石纲而逃往外地,后又押送生辰纲被劫,终于被逼上了梁山。宋徽宗在汴梁城内东北部营造大型园林,所列置奇石花木极尽天下之奇妙,运

土成山，叠石为峰，高数十丈，取八卦中"艮"代表东北方向与象征山的意思，名之为"艮岳"。民间则呼为"万寿山"或"万岁山"。宋徽宗堪称是中国历史上最著名的收藏大玩家。他收集各种金石文物珍玩，不遗余力搜罗奇石，奢靡无度，国力空虚，社会动荡，终于导致了北宋王朝的覆灭。据载，金兵攻破汴京后，将内府掳掠一空，连"艮岳"上的各种奇石也不放过，悉数运往北方，用以装点金朝的宫苑。以后历经元、明、清，统治者都大肆营构宫苑园林。清朝乾隆皇帝尤其喜爱江南山水园林，在北京大规模修建皇家园林，既有建在皇城内的大内御苑，又有西苑（三海）、建福宫花园、慈宁宫花园、宁寿宫花园；更有修建在郊野风景优美之处的畅春园、圆明园、静宜园、静明园等，以及南苑行宫、承德避暑山庄等等。在这些皇家御苑中，充满了各种奇石花木，堪称集历代帝王收藏赏玩奇石之大成。到了道光、咸丰与光绪时期，清朝统治者奢侈腐败，国内外矛盾空前激烈，爆发了鸦片战争、太平天国革命和义和团运动，辉煌壮丽的圆明园遭到入侵的八国联军劫掠和焚毁。

综观历代赏玩故事，最终都与兴亡盛衰密切联系在一起。玩物可以明志，玩物也可以丧志。收藏赏玩奇石，本是

倪瓒像

清代冷枚《避暑山庄图》

乐趣无穷的一项活动，文人雅士们往往借此以陶冶性情，休闲养性，获取精神上的愉悦和艺术上的灵悟。统治者玩物，则往往陷入奢靡而导致衰败，所以历史上贤明有作为的君主，皆以玩物为鉴。

今天，奇石的收藏赏玩，已成为一项普及性活动。民间收藏奇石的爱好者，数量相当可观，各地还先后举办过各种形式的奇石展览。收藏的奇石种类，也更广泛，既有古代即闻名于世的燕石、灵璧石、太湖石等；也有明清以来才日渐走俏的五色石（雨花石）、寿山石、青田石、大理石等等；更有近代才兴起的采自于海洋或矿山的各种化石和矿石。千姿百态，丰富多彩，为当代人们的业余生活增添了丰富的内容。

第五章
蔚然大观的骨董古玩

骨董的原意是谓杂碎，意指杂煮之饮食。古人喜欢将鱼、肉、大米或杂粮放在一起煮食，这种饮食习惯宋代时在江南颇为流行。苏轼《仇池笔记》卷下对此有生动记述。骨董同时也指杂器物，宋代吴自牧《梦粱录·团行》记述："买卖七宝者，谓之骨董行。"所谓七宝，也就是泛指为人所喜欢和珍藏的古物。所以骨董又被俗称为古董。古玩的含义，同古董相近。但古董是指具有鉴赏、研究、收藏价值的古代器物，也就是今日所说的历史文物。而古玩的含义则要更加宽泛一些，凡有玩赏价值的古物，也包括仿制的古器，皆可称为古玩。

古董是泛称，包罗甚广。古代遗留下来的有价值的器物，几乎都可以囊括在里面。除金石碑帖字画图书之外，青铜器物、玉石制品、甲骨、陶瓷、印章、竹木牙雕、金银器皿、漆器、织绣、石雕、砖刻、文房用具，以及其他杂类器物等等，都属于古董古玩的范围。

历代嗜好古董的收藏家、鉴赏家数不胜数，其中许多名家还留下了著述。他们收藏保存下来的古董，有的已成为珍贵的传世文物。他们的著述，也是今天人们研究历史文物的重要参考资料。这里介绍的，只是其中的部分人物和他们的收藏鉴赏故事。

一 甲骨文的惊人发现

今天我们都知道，甲骨文是中国最古老的文字，是商、周时代刻在龟甲和兽骨上的一种古老字体，也叫契文、卜辞、龟甲文字或殷墟文字。但它的发现却十分偶然。三千年来，这种文字一直埋在地下，不为人们所了解。直至清代末年一个偶然机会，才被人发现。甲骨文遂成为研究我国古代历史和古代文字演变的宝贵资料。

清代光绪二十五年（1899年），当时北京城内的国子监祭酒（国家大学的教务长）王懿荣因患疟疾，经医生诊断后，他家人持处方去宣武门外菜市口达仁堂中药店抓回一剂中药，其中有一味药叫"龙骨"。当王懿荣打开药包时，发现"龙骨"上居然刻有前所未见的一种文字，大为惊奇。王懿荣（1845—1900年）是个很有学问的人，平常酷爱金石文物收藏，立即亲往药店查询，出高价将刻有文字的"龙骨"全部买了回来。经过仔细辨认考证，他得出判断，这是商代文字。这一发现，使他欣喜异常。但这些龟甲文字的来历尚不清楚。其后不久，一位经常来往于河南与北京的山东潍县范姓古董商人，将河南安阳小屯村一带出土的百余片刻有古代文字的"龙骨"带到北京，王懿荣见到后大喜若狂，用高价悉数买下。以后，他又大量收购，先后

商代甲骨文

共购得甲骨 1500 多片。消息传出去后，京城内外的文人学者对甲骨文字产生了浓厚的兴趣，当时的古文字学家王襄、刘鹗等人，也开始积极收集这种甲骨文字，并进行了研究。一些达官贵族和嗜好古董收藏的好古之人，也争相寻购"龙骨"。一时间，收藏甲骨成风，炒得沸沸扬扬。古董商人奇货可居，价格成倍攀升，本来论斤出售的甲骨，竟涨到以甲骨上的字数计价，最高时每字售银二两半。就在王懿荣等人积极收集研究甲骨文字的时候，八国联军于光绪二十六年（1900 年）七月侵入北京，紫禁城里的统治者慌作一团，许多贪生怕死的文武大臣纷纷敛财逃命，身为国子监祭酒的王懿荣却在国难当头之时挺身而出，勇敢地出任京师团练大臣，负责督率商民弁勇捍卫京城。终因武器落后，寡不敌众，败回私宅。七月二十日，慈禧太后挟光绪皇帝仓皇出逃。七月二十一日，王懿荣从容写下了一纸表示为国捐躯的绝命词，投井殉难，夫人谢氏与长媳张氏也随之坠井而亡，充分显示了这位爱国学者宁死不屈的崇高民族气节。王懿荣是清末著名的金石文字学家，著有《汉石存目》《南北朝存石目》《攀古楼藏器释文》《古泉选》《福山金石志稿》等十多种具有重要学术价值的专著，尤其对甲骨文字的发现和收藏，作出了重大贡献。

王懿荣去世后，所藏甲骨转归刘鹗所有。刘鹗（1857—1909 年），字铁云，是清末一位博学多才的小说家，著有《老残游记》，并喜欢收藏金石古董，曾官候补知府，旋弃官经商，居京时与王懿荣交往颇笃，王殉难后，家况窘迫，刘鹗遂出资将甲骨一举买下。此后，刘鹗又从方药雨处购得甲骨 300 多片，又买下赵执斋所藏甲骨 3000 余片，并派其子赴河南又购回 1000 多片。至 1902 年，刘鹗收藏的甲骨已达 5000 多片，成为当时著名的甲骨收藏大家之一。刘鹗对这些甲骨文字进行了整理，编成《铁云藏龟》一书，于 1903 年印行，有史以来第一次将甲骨文公诸于世，引起了国内外人士的关注。

《铁云藏龟》问世后，为金石学家和古文字学家们提供了宝贵的资料，使许多学者产生了研究的热情。当时的经学家和古文字学家孙诒让（1848—1908 年），是学识渊博的著名朴学大师，他根据《铁云藏龟》提供的甲骨文字资料，于 1904 年撰写了《契文举例》二卷，内容分为月日、贞卜、卜事、鬼神、卜人、官氏、方国、典礼、文字、杂例十类，是第一部对甲骨文字进行深入考释的著作。孙诒让堪称是近代认识甲骨文字的第一人，但当时研究尚属于起步阶段，只认得一些单字，尚未能读通辞句。当时在京读书后成为金石学家的王襄（1876—1965年），字纶阁，号簠室，也是最早搜集和研究甲骨的学者之一。他将多年研究成果编著成《簠室殷契类纂》一书，于1920年出版问世，考释甲骨文字873个，1929年增订再版时，释字957个，是最早的一部甲骨文字典。他还将自己收藏的甲骨，撰写成《簠室殷契徵文》一书，收录甲骨1125片，并附有释文，于1925年问世。晚年他又著写了《古文流变臆说》（1964年），考释甲骨文69字、金文75字，对甲骨文和金石研究提出了许多独到的见解。

清末著名学者罗振玉（1866—1940年），也是最早从事甲骨文收藏和研究并取得卓越进展的一位大家。他从1906年开始购藏甲骨，至1928年先后收藏近三万片，成为早期收藏甲骨最多的人。他曾派其弟罗振常和内弟等数人，赴河南安阳小屯村找当地农民发掘收集殷墟甲骨数千片。后来，他也曾亲往安阳小屯探访。罗振玉对收藏的甲骨文字进行了深入研究，1910年撰写了《殷商贞卜文字考》，对甲骨出土地安阳小屯考定为殷墟，判明甲骨属"殷室王朝的遗物"，这一精辟的考证和见解，在当时具有开拓性意义。其后，罗振玉又撰著了《殷虚书契前编》（1912年）、《殷虚书契菁华》（1914年）、《殷虚书契后编》（1916年）、《殷虚书契续编》（1933年）四书，共收辑甲骨5000余片，是殷墟正式发掘前零星出土甲骨的最重要辑录。罗振玉还著写了《殷虚书契考释》一书，于1915年印行，考释甲骨文字485个，1927年出版增订本

罗振玉像

释字增为561个，提出了"由古金文以上窥卜辞"的研究方法，主张考释甲骨文字应注意卜辞辞句的通读和分类，在当时具有积极意义，对甲骨学研究起到了促进作用。

从1903年起，一些外国人也开始搜求殷墟甲骨。据《中国大百科全书·考古学》"商代甲骨"记述，美国人方法敛（1862—1914年），英国人库寿龄（1859—1922年），是最早收购甲骨的外国人，两人于1903年合购了许多甲骨携往国外。1908—1909年，英国人金璋（1854—1952年），德国人维尔茨和卫礼贤（1873—1930年）也搜购甲骨甚多。据载以上几位外国人收购携往国外的甲骨共计5000片左右。日本人也染指其事，三井源右卫门一次就购得甲骨3000片，林泰铺从1905年开始搜购甲骨，所得甚多。到1928年前后，日本各家在中国搜购携走的甲骨共计15000片左右。加拿大人明义士（1885—1957年）更是不遗余力，从1914年起在安阳坐地收购甲骨，小屯村中和村南的几批重要发现，都为明义士所得，到1926年他自称收藏的甲骨已超过5万片，居外国人收藏甲骨之冠。当时有人统计，总计国内各家所收藏甲骨，加上被外国人购走流散海外的甲骨，共约10万片左右。这批数目极为可观的殷墟甲骨，新中国成立后，大陆上私人收藏的陆续为各研究部门、大学、博物馆、图书馆等公共机构征集收藏。流散在国外的，分别被日本、加拿大、英国、美国、德国、俄联邦、瑞典、瑞士、法国、新加坡、比利时、韩国等国家和地区的公私机构所收藏。上述的这些甲骨，由于是私掘出售，均无出土记录，加以当时的古董商为了牟利而伪刻仿刻甲骨文字，使得真假混杂，给科学研究带来了许多困难。英国人库林是居于山东潍县的传教士，曾从古董商人手中购得部分甲骨，后携往西方，转卖给不列颠博物馆和匹兹堡、爱丁堡、芝加哥等地的博物馆。库林曾发表了《河南所出的奇骨》一文，以甲骨文字发现者自诩。后来郭沫若见到该文中图版，所有甲骨文字均系古董商人仿刻。这说明库林根本不懂甲骨文，连起码的鉴定常识都没有，闹了笑话。

1928年，由当时的中央研究院历史语言研究所组成考古组，对殷墟进行了科学发掘。先后发掘15次，其中第1次至第9次共出土甲骨6389片，第12次至第15次共出土甲骨18405片，全部发掘共获甲骨3

万余片。至 1937 年，发掘工作因日本侵华战争而中断。这批甲骨因是科学发掘所得，有详细的出土记录，且不乏完整的龟甲骨板，如第 13 次发掘的 YH127 坑就出土 300 个整版刻辞龟甲，为科学研究创造了良好条件。这批甲骨后被运往台湾，现存台湾中央研究院历史语言研究所。1929—1930 年期间，河南博物馆也曾组织人员对殷墟进行了发掘，获出土甲骨 3650 片。日本侵华期间，日本的庆应义塾大学、东方文化研究所和东京帝国大学考古教研室亦曾派遣人员，于 1938 年、1940 年、1941 年对殷墟进行了三次考古发掘。

殷墟出土刻有文字的商代龟甲

新中国成立后，中国科学院于 1950 年设立了小屯工作站，负责对殷墟进行长期的有计划的科学发掘。曾相继在殷墟及其周围四盘磨、小屯、大司空村、苗圃北地和后岗等处出土了刻字甲骨。据《文物考古工作三十年》记述，1973 年，于小屯南地发掘出土的卜骨卜甲共计有 7000 多片，其中有刻辞的达 4800 片。这些甲骨，内容丰富，地层关系明确，对于甲骨分期研究具有重大学术价值。殷墟之外，在郑州商代遗址中也出土过商代中期的有字甲骨。综观自 1899 年发现殷墟甲骨以来，至今已出土商代甲骨 15 万片以上，为研究商代的历史文化提供了宝贵的实物资料。20 世纪 50 年代以来，考古界还在山西洪洞县、北京昌平白浮西周墓、陕西丰镐遗址、周原遗址、岐山凤雏等地出土了西周时代的有字龟甲和兽骨，被确定为周初遗物，其中陕西岐山凤雏出土最多，据《中国大百科全书·考古学》"周原遗址"记述，1977 年在凤雏建筑基址西厢房的一个窖穴内，就出土卜甲和卜骨 17000 多片，其中绝大部分是卜甲，200 多片卜甲上有刻辞，最多的 1 片有 30 个字，为研究甲骨文字提供了新的资料。

　　殷商甲骨在出土和流传过程中，不少完整甲骨破碎成数片而分属于不同藏家，被辑录于不同的著录中。在对殷商甲骨的研究过程中，为了得到较为完整的资料，不少学者致力于残断甲骨的缀合复原工作。1917年王国维首先缀合了《戬寿堂所藏殷虚文字》1.10与《殷虚书契后编》上8.14的甲骨文字，发现了甲骨文所记上甲至示癸的世次与《史记·殷本纪》的差异，从而纠正了《史记》所列个别商王世次的错误。王国维（1877—1927年），字静安，号观堂，

王国维像

是中国近代著名历史学家和金石学家。他研究商代甲骨，最早突破文字考释的范围，将其作为原始史料，用以探讨商代的历史、地理和礼制，先后撰写了《殷卜辞中所见先公先王考》《殷卜辞中所见先公先王续考》《殷墟卜辞中所见地名考》《殷周制度论》《殷礼征文》《古史新证》等著述，对中国甲骨文研究作出了卓著的贡献。王国维在治学方面，将西方的科学方法，同清代乾嘉学派的传统考据方法成功地结合起来，创立了著名的"二重证据法"，学术上创获颇丰，取得了前辈学者和同辈学者所无法比拟的成就。当代古文字学家和考古学家唐兰（1901—1979年）在甲骨文研究上也取得了突出的成绩，他总结和发展前人（尤其是孙诒让）的研究成果，对甲骨文字的考释，提出了以偏旁分析为中心的一套方法，借以辨识了甲骨文中"兕"、"秋"等难字，先后撰写了《天壤阁甲骨文存》《殷墟文字记》《中国文字学》《古文字学导论》等专著。当代古文字学家和古器物学家于省吾（1896—

1984 年）对甲骨文的考释研究也作出了很大贡献。他所著《甲骨文释林》一书，考释出疑难甲骨文约 300 字，其中如对虹、屯、奚、婢等字的考释，以及考释出小王为孝己、羌甲为沃甲等，见解独到，实属难得。

郭沫若（1892—1978 年）是中国著名文学家和历史学家，同时也是成就卓著的古文字学家。他于 1928 年开始进行甲骨文字的研究，至 1929 年夏，先后写成《甲骨文字研究》和《卜辞中的古代社会》，通过对甲骨文字的考释阐述，对商代社会作了理论性的概括和探讨。

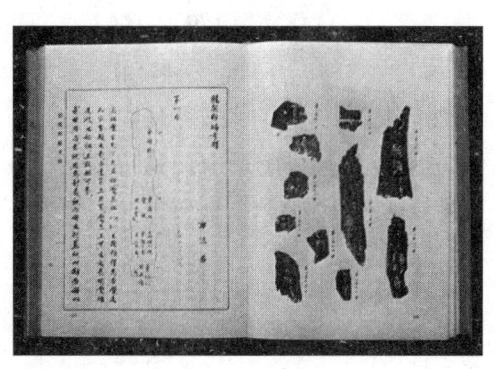

郭沫若《殷契粹编》

1933 年，郭沫若将收录的甲骨精粹编撰成《卜辞通纂》一书出版，正编收辑甲骨文字 800 片，别录部分收辑他在日本征集到的甲骨文字 129 片，分门别类，逐片进行了简要考释。1937 年他又编撰出版了《殷契粹编》一书，选录了善斋所藏甲骨 1595 片，分类编排，加以考释。这两部著述，集中了殷墟科学发掘以前出土甲骨的珍贵部分，考释颇多创获，能帮助读者由浅入深系统了解甲骨文字的全面情况，受到了国内外学术界的极大重视，至今仍是甲骨学和商代历史研究的重要参考书籍。郭沫若对甲骨文的研究成果很多，例如对甲骨文字的断片缀合，对甲骨文的断代分期探讨，以及对甲骨文的卜法、文例和书写艺术的深入研究等等。郭沫若晚年，还担任了大型甲骨资料汇编《甲骨文合集》的主编。此书经过 20 多年的努力，汇集了 1973 年以前出土的国内外已著录和未著录的殷墟甲骨资料，经过重选、重拓、弃伪、去重、缀合、分期分类，共选录了具有研究价值的

郭沫若

41956片刻辞,分为13册出版,从1978年至1982年全部付梓问世,为甲骨学研究提供了系统的资料。

自从殷商甲骨发现以来,对甲骨文字考释作出贡献的现代学者还有董作宾等人。董作宾(1895—1963年),字彦堂,又作雁堂,别署平庐,在1928年至1934年间,曾八次主持参加殷墟的发掘,随后专门从事甲骨文字的研究。1931年,他撰写了《大龟四版考释》一文,首先提出由"贞人"可以推断甲骨文的时代,并提出了八项断代标准。1933年又发表《甲骨文断代研究例》,全面地论证了甲骨断代学说,将《大龟四版考释》中的八项断代标准,进一步确定为:世

董作宾

系、称谓、贞人、坑位、方国、人物、事类、文法、字形、书体十项标准,并将殷墟出土的甲骨文划分为武丁(包括之前盘庚、小辛、小乙)、祖庚、祖甲、廪辛、康丁、武乙、文丁、帝乙、帝辛五个时期。这一学说在海内外学术界引起了很大反响,使甲骨文研究走上了一个新的阶段。他还根据甲骨资料探讨殷代年历之学,撰著了《殷历谱》一书。其后,他又主编了《殷虚文字甲编》和《殷虚文字乙编》二书,选录了抗战以前中央研究院历史语言研究所考古组1—15次殷墟发掘出土的有字甲骨共计13047片,为甲骨学的系统深入研究提供了方便。他撰写的学术论文共约二百篇,对甲骨学和商代历史进行了多方面的研究,先后出版了《董作宾学术论著》和《平庐文存》。近年艺文印书馆又出版了《董作宾先生全集》甲乙编12册。学术界曾将罗振玉(雪堂)、王国维(观堂)、董作宾(彦堂)、郭沫若(鼎堂),称誉为"甲骨四堂"。正如唐兰所评述的:"卜辞(甲骨)研究,自雪堂导夫先路,观堂继以考史,彦堂区其时代,鼎堂发其辞例,固已极一时之盛。"这几位学者,对甲骨学研究均作出了卓越的贡献。

数十年来，从事于甲骨文研究的学者甚多，先后出版问世的著述也很多。值得提及的重要著述还有：杨树达《耐林庼甲文说》和《积微居甲文说》；河南博物馆《殷虚文字存真》和《甲骨文录》；姬佛陀《戬寿堂所藏殷虚文字》；商承祚《福氏所藏甲骨文字》和《殷契佚存》；胡厚宣搜寻汇编《战后宁沪新获甲骨集》《战后南北所见甲骨录》《战后京津新获甲骨集》《甲骨续存》；曾毅公《甲骨缀存》和《甲骨缀合编》；郭若愚、曾毅公、李学勤《殷虚文字缀合》；屈万里《殷虚文字甲编考释》；张秉权《殷虚文字丙编》；严一萍《甲骨缀合新编》等。应特别提到的是，吉林大学姚孝遂等人于1988年编纂出版了《殷墟甲骨刻辞摹释总集》，将《甲骨文字合集》《小屯南地甲骨》《英国所藏甲骨集》《东京大学东洋文化研究所藏甲骨文字》《怀特氏等所藏甲骨文集》的甲骨文资料做了摹文和释文，是一部集大成的甲骨文荟萃，为研究者提供了极大的便利。外国人撰述出版的甲骨文著录，早年有：明义士《殷虚卜辞》；林泰辅《龟甲兽骨文字》；库寿龄、方法敛《库方二氏藏甲骨卜辞》；以及《甲骨卜辞七集》《金璋所藏甲骨卜辞》等；近年有：饶宗颐《巴黎所见甲骨录》和《海外甲骨录遗》；贝冢茂树《京都大学人文科学研究所藏甲骨文字》；松丸道雄《日本散见甲骨文字搜汇》和《东京大学东洋文库所藏甲骨文字》；许进雄《加拿大皇家安大略博物馆明义士旧藏甲骨文字》和《殷虚卜辞后编》《加拿大皇家安大略博物馆藏怀特氏等收藏甲骨文集》；周鸿祥《美国所藏甲骨录》；雷焕章《法国所藏甲骨录》；李学勤、齐文心、艾兰《英国所藏甲骨录》等。

甲骨文是迄今所见我国最早的文字，已经具有相当完备的体系，显示出比较成熟的风格。从字形看，甲骨文已脱离了原始的图形阶段，走上了线形文字的发展道路。由于是用刀将文字刻在硬质的龟甲和兽骨上，笔画硬瘦刚挺，字体结构大小长短略无一定，字距布局或疏落错综或谨密严整，显示出一种质朴明朗、纯古可爱的锲刻文字书法特点。正如郭沫若《殷契粹编序》中所说："卜辞契于龟骨，其契之精而字之美，每令吾辈数千载后人神往。文字作风因人因世而异，大抵武丁之世，字多雄浑；帝乙之世，文咸秀丽。细者于方寸之片，刻文数十；壮者一字之大，径可运寸；而行之疏密，字之结构，回环照应，井井有条。固亦间有草率急就者，多见于廪辛、康丁之世，然虽潦倒而多姿，且亦自成其一格。""足知存也契文，实一代法书，而书之契者乃殷世之钟王颜柳也。"从内容看，殷墟甲骨刻写的皆为卜辞。殷商的统治者极为迷信，占卜是最重要的一项日常活动，遇事必卜问而后行之，因而殷墟甲骨刻辞真实地记录了大量王朝国事和王室活动，例如祭祀、征战、贡纳、聚敛、田猎、巡行、耕作、天象气候、生老病死等等。正因为殷

龟甲骨刻辞

商甲骨刻辞具备如此丰富的内容，所以为众多学者所关注，已成为研究殷商时期的历史文化、语言文字、国家制度、民族关系、天文气象、农学医学、地理疆域、衣食风俗等方面的重要原始资料。中外学术界对殷墟甲骨的关注和研究，已在世界范围内形成一个新兴学科——甲骨学。甲骨学的研究方法和内容，主要包括：甲骨的整治、占卜的方法、碎骨残辞的缀合、刻辞的辨伪、文字释读、卜辞的文法文例、分期断代、甲骨刻辞所反映的殷代社会政治、经济、军事、思想文化状况等。甲骨文同时也是重要的书法研究资料，为众多的书家墨客所钟爱。

甲骨文自发现以来，经过专家学者们数十年的研究整理，共有单字4500多个，据1986年8月出版的《中国大百科全书·考古学》"商代甲骨"词条介绍："目前已辨识出2000字，但其中得到公认者仅有1000多个。其余不识者多为族名、地名或专名，知其义而不知其音。在上述成果的基础上，甲骨文篇章已可基本通读。"另据有关报刊披载，时至1992年，甲骨文尚有2298字未能破译，徐州教育学院书法教授潘岳经过几十年刻苦研究，撰著了《三千未释甲骨文集解》一书问世，已将过去未释出的甲骨文全部释出。在甲骨文研究方面，目前仍存在争

论，一些领域才刚刚涉及，许多课题尚有待于进一步的深入研究。

殷商甲骨文从古董收藏到成为国家之瑰宝，可谓是中国古董收藏鉴赏史上最为辉煌的一件事情。

二 门类众多的古玩收藏鉴赏

古玩包含的种类很多。从古至今，见于记载的古玩已经不胜枚举，未被记载的那就更多了。历代文人雅士们收藏鉴赏过的古玩，有的已流散湮没不知去向，有的则代代相传保存至今已成为珍贵文物。对于今天爱好收藏的人们来说，古玩仍是极具魅力的一项重要收藏内容。所以，多了解一些古玩的类型和形制特点，将有助于提高我们的鉴赏能力。

（一）铜镜

在历代古玩收藏活动中，铜镜大概是最受文人雅士们青睐的一种古玩了。这不仅在于它具有很高的文物收藏价值，更在于它制作精巧，大都铸有美观的图案纹饰和吉祥词句，便于赏玩。铜镜在古代是人们用以照容的生活用具，就如我们今天使用的玻璃镜子一样，其历史可以上溯到青铜时代初期，历经商周、秦汉、

青海贵南出土的齐家文化铜镜

唐宋，以迄明清，长期流行。据现代科学分析，从春秋战国到隋唐时期的铜镜，平均含铜量约70%，锡约24%，铅约5%。锡的含量比其他青铜器要高得多，有利于镜面光亮，这正是青铜镜能映照面容的奥妙。铜镜是一种世界性的器物，西亚、埃及、希腊、罗马的古铜镜，往往为圆形，附有较大的柄；中国青铜镜大都为圆形无柄，镜背中央设钮以穿绦带，到了唐宋才出现有柄的铜镜。中国青铜镜铸造精美，为周边国家和地区

所喜爱,曾广泛流传到日本、朝鲜、越南、蒙古、中亚、西亚等地。特别是日本,从中国大量输入铜镜,视为宝物或神器,并进行仿制。

青铜镜各个时代具有不同的制作特征。迄今发现最早的,是两枚齐家文化的铜镜,一枚在甘肃广河县齐家坪出土,直径约6厘米,镜背平素无纹饰,钮细小;另一枚在青海贵南县尕马台出土,直径8厘米,钮小呈圆形。这是典型的初期铜镜形状,素背而钮小。在河南安阳出土的商代铜镜5枚,大的直径12厘米左右,小的直径7厘米左右,其特点是钮大呈桥形,镜背铸有斜格纹或栉齿状纹。西周铜镜至今共发现2枚,分别出土于陕西省的宝鸡市和凤翔县新庄河,直径为6.5厘米和7.2厘米,镜背均为素面无纹饰,钮甚细小。这说明商周以前的青铜镜制造还比较粗陋,缺乏规范,铸造量也很少。到了春秋战国时代,制镜工艺有了明显的发展。铸造量也大为增加,镜的形制和花纹已趋向规范化,造型特征和艺术表现手法日益丰富。镜钮大多为细桥形,并有钮座。有的镜身厚实,边沿平齐;有的镜身极薄,边沿上卷。镜背纹饰精致优美,有地纹与主题纹饰之分。地纹多为漩涡云纹、雷纹、罗锦纹、羽状纹等;主题纹饰多为山字纹、矩形纹、花菱纹、禽兽纹、蟠螭纹、方胜子水仙花纹、云藻龙凤纹等。有些花纹,同青铜容器上的纹饰基本一致。战国中期以后,镜的形体增大,直径一般为10余厘米,绝大多数为圆形,少数是方形。不同地域制造的铜镜往往具有各自的地方风格,如淮河流域的"淮式镜",楚国的"楚式镜"等等。还出现了特种加工的铜镜,有的铜镜由镜面和镜背分铸配合而成,镜背铸出透雕式的兽纹和蟠螭纹,个别铜镜还用金银错出各种生动复杂的花纹,或涂朱绘彩、镶嵌彩色琉璃及加玉背等等。到了汉朝,铜镜的应用日益普及,纹饰题材更加广泛,镜钮流行伏兽钮、蛙钮、连峰

殷墟妇好墓出土的商代铜镜

状钮和半球状钮,镜缘一般多为平缘,铭文增多,这些显著的变化,形成了"汉式镜"的特点。传世的著名汉镜有:青龙、白虎、朱雀、玄武四神镜,西王母镜,水波云纹镜,草叶纹镜,重圈纹镜,四螭镜等,以及因铭文而定名的日光镜、昭明镜、位至三公镜、长宜子孙镜等等。在工艺上,熟练运用浮雕手法,制作精湛,亦有鎏金、包金、漆背加彩绘人物等大型铜镜出现。东汉铜镜上的画像更加丰富。除了神像和兽形外,还出现了车马、歌舞、历史人物、传说故事等内容。铭文也富于创新,并出现了纪年铭铜镜。魏晋南北朝时期,铜镜制作承袭汉制,基本上仍属"汉式镜"的范畴。隋唐时期,铜镜铸造业大为兴盛,形制、花纹和铭文均呈现出全新的风貌,可称为"隋唐式镜"。其形制,初期仍为圆

战国铜镜

唐代铜镜

形,唐代中期以后又出现了方形、葵花形、菱花形、荷花形等,偶尔也有钟形、盾形和其他变形镜,并开始出现有柄铜镜。这是中国铜镜在形状方面的一次大变化,反映了盛唐经济文化的繁荣和开放。镜钮以圆形为主,并有兽形钮、龟形钮和花形钮。镜背纹饰,大量采用瑞兽、凤凰、鸳鸯、花鸟、蜻蜓、蝴蝶、葡萄、团花、宝相花、人物故事等图像。其题材和风格表现了当时新的审美意识,很明显地吸取了中亚西亚外来文化因素,促进了工艺美术的创新和发展。唐镜图像生动,制作精美,历来为好古者所珍爱。精致的唐镜还采用镀金、贴银、金银平脱、螺钿

和宝石镶嵌工艺，极为名贵。唐镜铭文大都为正体楷书，与汉镜多用篆体迥然不同，一般不用纪年。宋代因避讳，将铜镜称为"铜鉴"或"照子"，工艺不如唐代，但形制和纹饰仍有唐镜遗风。南宋有官办"铸鉴局"，制作的有柄铜镜大增，以长方形印章代替纹饰，印章大都为铸镜者名号。元代和明代的铜镜制造都较粗糙，形状多为圆形，纹饰主要有云龙纹、双龙纹、双鱼纹等图案，许多铜镜铸有纪年铭文而无花纹。这个时期，仿造古镜的风气很盛，一些古董商人大量仿造各种汉式镜，借以牟利。并有采用汉镜实物翻模复制的，使得传世品中真赝混杂，为鉴定带来了一定的困难。

铜镜的收藏鉴赏和研究，在考古学上具有相当广泛和重要的意义。铜镜上的纪年铭和不同的时代风格特征，是判断出土器物的重要借鉴和依据。通过对铜镜形制、花纹和铭文的研究，可以了解各个时代的铸造技术、工艺美术、工官制度、商业关系、思想意识，以及与国外的文化交往等。"镜鉴学"已成为一项专门的研究领域。古代的文人学者，历来重视铜镜的鉴赏研究，北宋《宣和博古图》中就著录了许多传世的古镜，清代《西清古鉴》《宁寿鉴古》《金索》等金石著录中也都给予了充分的关注。近代专门研究辑录古镜的图录书籍不断问世，如《岩窟藏镜》等，收集古镜品类极其丰富。新中国成立后，出土的铜镜数量相当可观，对中国古代铜镜研究起到了积极的促进作用，展示了传统文化和工艺美术绚丽多彩的一面。

铜镜在古代常被当作爱情信物，白居易《感镜》诗说："美人与我别，留镜在匣中……今朝一拂拭，自照憔悴容。照罢重惆怅，背有双盘龙。"传神地描写了由观镜而引起对情人的思恋。铜镜在历史上留下了许多动人的故事传说，最著名的就是《破镜重圆》的故事了。这一故事最早见于唐代李冗《独异志》卷下：

> 隋朝徐德言妻陈氏，叔宝妹，因惧乱不能相保，德言乃破一镜分之，以为他年不知存亡，但端午日各持半镜于市内卖之，以图相合。至期适市，果有一破镜，德言乃题其背曰：'镜与人俱去，镜归人不归，无复嫦娥影，空余半月辉。'时

陈氏为杨素所爱，见之，乃命德言对饮，三人环坐，令陈氏赋诗一章，即还之。陈氏诗曰：'今日何迁次，新官对旧官，笑啼俱不敢，方验作人难。'素感之，乃还德言。

唐代孟棨《本事诗·情感》也记述了这个故事。北宋时，这一故事被辑入李昉编撰的《太平广记·气义》中，情节略有出入，描述更为生动。宋元时曾被人写成了《乐昌分镜》的杂剧，据元代周德清《中原音韵》记载，南宋时这部杂剧戏文曾在杭州等处演出。明代又被写成了《合镜记》传奇剧本，被收录在明代《群音类选》《情天宝鉴》等书中。"破镜重圆"这一故事，遂得以广为流传，家喻户晓。

在古人著述中，有关铜镜的故事很多，并常借用铜镜来比喻某个深刻的道理。如《战国策·齐策一》记述，齐国邹忌是个英俊潇洒的美男子，一天照镜，问其妻，他与城北徐公哪个美？其妻说，当然是你美啦。邹忌又问其妾，其妾说，徐公哪里有你美呢？第二天有客人来访，邹忌又问客人，他与徐公究竟谁美？客人说，徐公不如你美。又过了一天，徐公来了，邹忌仔细看他，认为自己确实不如徐公漂亮，又对镜自照，更觉得自己比不上徐公。晚上入寝他仍在想这件事情，终于明白了："吾妻之美我者，私我也；妾之美我者，畏我也；客之美我者，欲有求于我也。"于是邹忌入朝去见齐威王，说明了蒙蔽的可畏和纳谏的重要。这也是历史上广为流传的一个很有名的故事。另外如《庄子·天道》等篇将镜比喻心静："圣人之心静乎，天地之鉴也，万物之镜也。"《世说新语·言语》记述："何尝见明镜疲于屡照，清流惮于惠风？"将明镜不疲来比喻人的智慧，多用无伤。唐太宗李世民说："人以铜为镜，可以正衣冠；以古为镜，可以见兴替；以人为镜，可以知得失。"对铜镜的比喻，可谓千古名言。

（二）砖瓦

古代砖瓦也是古玩收藏中的一项重要内容。砖瓦是人类的主要建筑材料，曾广泛使用于砌筑宫室、房屋、墓室、寺庙、堡垒、城墙等。战国时代就开始用砖了，而据考古发现，瓦的使用比砖还要早。早期瓦多为板瓦,出现于西周早期,其制法是先制成圆筒形陶坯,然后四剖或六剖成板瓦,或对剖成筒瓦,入窑烧造。西周晚期开始生产半瓦当筒瓦,当时的半瓦当皆为素面。到了春秋晚期,半瓦当开始出现纹饰,燕国多为兽面纹或对兽纹,齐国多为树纹和兽纹,各地生产的半瓦当纹饰具有多种风格特点。战国后期,瓦当逐渐趋于圆形,纹饰以对称云纹为主。

战国时期秦瓦当

秦代瓦当纹饰主要有云纹、山形纹、树纹等,并出现了篆书文字"千秋万岁"等。到了汉代,瓦当的纹饰与文字更为丰富美观,瓦当文字有的是宫苑、官署、祠墓的名称,如"兰池"之类;有的是吉语颂词,如"长乐未央"、"与天无极"等。汉瓦当云纹边缘,大都有网纹或锯齿纹。王莽时期曾流行青龙、白虎、朱雀、玄武四神瓦当,多用于表示四方。魏晋隋唐时期,出现了莲花纹瓦当,与当时佛教的流行有较大的关系。初期花瓣尖瘦,后期花瓣宽肥。瓦当文字在隶楷之间,多为吉语。北朝生产的瓦身常刻有造瓦人名字,称为"瓦削文字"。这个时期开始出现五色琉璃瓦。宋元以后又出现了铁瓦,大都用于寺庙建筑。明代铁瓦多铸有施舍人及造瓦人姓名,并有明确年代。上述的历代瓦当,其图案纹饰与文字,具有较高的收藏赏玩价值,所以为好古者所喜爱。

砖的早期形制,多为方形,其薄如瓦,多用于铺墁地面和包镶屋室墙裙,所以又称为"甓"。战国后期,砖身变厚,并出现了台阶砖、方砖、长方形砖、空心砖等种类。西汉时期、宫室建筑普遍用砖铺地,称砖为"令辟"。也有称为"灵壁"或"瓴甓"的。东汉时,砖已在民间广泛使用。汉砖纹饰十分丰富,有砖面压印而成凸凹分明的鸟兽、花树或几何纹，一些空心砖还施加彩色画，内容多为人物故事或鸟兽云纹等。东汉时砖大量用于修建墓室，墓砖有素面砖和花纹砖，砖侧多有几何纹图案或吉语文字，还出现了刻印各种图像的画像砖。这种画像砖在四川、河南、山东、江苏等地的汉墓中屡有出土，其画像内容有收获、渔猎、宴乐、出行、酿酒、采莲、盐井、轺车、观伎、骑吹等等。这个时期，还出现了画像石刻，

战国时期秦凤鸟纹瓦当

并用以汉墓的砌建和装饰，也有少量用于祠堂（享堂）或门阙，画像内容与画像砖一样，丰富多彩，互为媲美。汉代的画像砖和画像石，将绘画、雕刻结合在一起，图案美妙无比，堪称是汉代艺术的杰作。更重要的是，这些画像生动而又真实地记录了汉代社会各阶层的生活情景，为研究汉代政治经济文化提供了重要实物资料，是我国古代遗留至今的一份极为珍贵的文化遗产。魏晋南北朝时期，甘肃嘉峪关一带出现了彩绘人物墓室砖，画像内容有军垦、营屯、牛耕、邮驿等，多与墓主人生前的活动或高贵的享受有关。江苏南京西善桥南朝大墓、丹阳建山乡金王陈村南朝大墓、丹阳胡桥乡吴家村南朝帝陵等处还发现了砖画，内容有"竹林七贤"、"马骑鼓吹图"等。砖画规模宏大，是由多块砖组合而成，所以也叫拼镶砖画，目前还只在江南地区有所发现。砖画继承了画像砖的特点，同时又突破了画像砖幅面小、气魄不大、难以表现大型画的局限，在建筑画发展史上是一个了不起的进步，具有很高的鉴赏研究价值，

东汉戏车画像砖河南新野出土

是非常珍贵的历史文物。

古代瓦当上的花纹图案文字，古砖上的模印文字、纪年铭、画像纹饰，很早以来就受到金石学家的注意和重视。宋代洪适《隶续》已著录有东汉永初、建初的砖文。清代著录和考订砖文的著作，有冯登府《浙江砖录》、吕佺孙《百砖考》、陆心源《千甓亭专录》等。另外，孙星衍《寰宇访碑录》、陆增祥《八琼室金石补正》等书，在著录石刻的同时，也收集了一些有文字的砖。近几十年来，随着各地考古发掘，画像砖的大量出土，出版的著录也越来越多，为鉴赏和研究提供了便利。在传世的古代砖瓦收藏品中，鉴赏时要特别注意其年代和真伪。古董商人为了牟利，常仿制和作伪各种文物古玩，古代砖瓦也是他们仿制和作伪的对象。常见的古砖伪品，一是砖上文字为古董商所摹刻，二是完全作假，系以真品为模型翻制而成。为了以假充真，使人难以辨识，伪品上都有人工作的出土花。真土花与砖瓦凝结牢固，不易剥脱，即便脱落，必然会带下砖瓦碎屑。假土花浮而不固，疏而不密，稍加剥动，即行脱落。仔细辨认，就会看出真假。至于审视古砖铭文纪年，要从分辨其文字内容和书体正误入手，只要掌握了不同时期的文字书体特点及规律，细心观察对比，就会发现伪刻文字的破绽。

砖画《竹林七贤图》南京南朝墓出土

（三）印章

古代印章，也是备受文人雅士所喜爱的一项收藏品，具有很高的鉴赏文物价值。印章最初始于"封泥"，古人在封存和传递物件时，为防止被人打开或拆动，先用绳子扎住物件，绳口用泥块封住，然后在泥块上盖上印记，这印记就是最初的印章。至于我国第一方印章究竟产生于什么时候，目前尚说不清楚。河南安阳殷墟曾出土过青铜印章，说明殷商已有玺印。春秋战国时期，印章已大量使用，如《战国策》记载，苏秦合纵六国共同抗秦，曾佩六国相印。先秦印章，大都用金属制作，因此称为"钤"，又因使用时主要是印在封泥上的，又写作"坏"。卫宏《汉旧仪》说："秦以前民皆佩绶，以金、银、铜、犀、象为方寸玺，各服所好。自秦以来，天子独称玺，又以玉，群臣莫敢用也。"秦以后，印章又有了"印"、"章"、"宝"、"记"、"关防"、"戳子"、"符"、"契"、"信"、"印信"、"图记"、"图章"等别称。这些别称，亦是鉴定古代印章时代的重要依据。根据文献记和考古出土发现，"钤"为春秋战国时期官私印所通称："印"始于秦朝，如秦"昌武君印"等，后历代沿用；"章"始于汉武帝时官印，限于高级官吏，如汉代传世"广汉大将军章"等，汉魏时将军印也都称章，隋唐时废止；"宝"为唐朝中期以后王室所用；"记"始于唐代，宋代与"印"并用，沿用至清；"关防"仅见于明清两代；"符"、"契"、"信"为明末农民起义领袖李自成颁发的官印；"图记"见于清印；"印信"、"图章"等称见于近代印章，系从古代印章别称中转化而来。

由于历代印章的形制样式不同，使用的材料质地有别，印章名称也各不相同。归纳起来，主要有以下几类：（1）官印、私印。刻官职名称的称官印，余皆为私印。（2）金印、石印、牙印、木印。金印包括金银铜铁等金属印；石印包括玉、水晶、翡翠、玛瑙、田黄、鸡血石、寿山石、青田石等印；牙印包括象牙、牛角、牛骨等印；木印有黄杨木、白桃木等材料刻制的印章。（3）铸印、凿印。金属印大都浇铸制作故称铸印。石印等用刀凿刻故称凿印。古代有些金属官印，急于封拜，不待范铸，急促刻凿，称"急就章"，鉴赏时可窥知制印时的情状。（4）朱文印、白文印。印面文字凸起的称阳文印，蘸朱砂印泥钤盖在纸上即成朱文印；印面文字凹入的称阴文印，钤盖后即成白文印。有的印章朱白文相间，称朱白间文印。（5）多面印、套印。在一件印章材料上凿刻两面以上的称多面印，将大小两印或两印以上套在一起便于携带使用的称"套印"或"子母印"。另外，印面形状不一，名称亦各异。古代官印以方形居多，汉官印中有长方形者。私印的形状就多了，有圆形、椭圆形、方形、长条形、扁平形、三角形、六角形、八角形、葫芦形、花棱形、卷子形、蕉叶形、钟鼎形、古钱形，以及石印的自然形等等。采取回文法篆刻的印章文字，又称"回文印"。

根据印文内容，印章又可分为几种类型：（1）姓氏名字斋号印。历代文人墨客的斋号印章甚多，或意取古朴，或俗中见雅，形制多样，琳琅满目。（2）年齿印。如"古稀叟"等。（3）家世籍贯旅居印，如"鲁般门下"之类。（4）书画图籍的收藏鉴赏审定印。（5）闲章，亦称词句印，早期大都为吉语，治印者取其吉利佩在腰间，后期闲章大都用来点缀字画，又称"成语印"或"世说印"。此外还有图像印、花押印等。印章的造型与印钮形制，以及印文的书体特点和治印者的不同风格，也是鉴定古代印章的重要依据。

春秋战国时期的玺印、官印以方形居多，印材以铜为主，印背有带孔的钮以便穿系印绶，钮或多为鼻钮。私印除铜制外，也用玉、银、骨、琉璃等材料，印钮有鼻钮、坛钮、覆斗钮、亭钮、兽钮等类。这个时期还有巴蜀文字印、肖形印、吉语印等。巴蜀文字印出土于四川各地，多为方形或圆形，背面有钮，印文多为巴蜀图画文字。肖形印主要有鸟兽、人物、神怪等图像，而无文字。吉语印有"敬上"、"忠信"、"宜有千万"等内容，有的只有"吉"、"公"等字，称单字印。综观春秋战国时代玺印特征，形制丰富多样，文字奇古诡异，构图灵活多变，线条峻崛遒逸。其玺印朱文多为宽边细文，白文一般带有边框，有竖栏、田字格、十字格之分，布排自然，疏密天成，有跌宕之趣。战国古玺浑厚古拙，风格多样，有的清丽奇特，有的稳健峻拔，表现了自由开放博大精深的审美意识，为后人赞叹为"精妙不可思议"，在篆刻艺术史上谱写了灿烂瑰丽的一章。

秦始皇统一六国之后，形成了封建专制主义中央集权统治，对印章制作也产生了深刻影响。秦代官印多用田字格布局凿刻而成，低级职官印多用日字格布局，呈长方形，名为"半通"，又称半印。秦私印形式多样，布局多用框格。秦印文字极为自然，笔画时有歪斜，有草率

秦印

之感，风格与秦诏版权量刻辞相似，有些字形与规范的小篆稍有区别，吸收了当时俗体字的长处，被列为"秦八体"之一。秦印多为凿制，线条较细，遒劲活泼，布局疏朗清秀，饶有古拙率真情趣。

汉代印章在中国篆刻艺术史上占有重要地位，是一个空前繁荣的时期。汉初官私印皆承继秦制，官印仍用田字格和日字格，私印仍带有框栏。官印文字均为小篆，

汉代官印

结构方整平直，笔画粗壮，风格严谨，庄重浑朴。至吕后时官印已不用田字格，布局更为丰富多样，铸印笔画圆润，凿印笔画生涩。汉官印在印章质地、钮式印绶、形制大小和印文称谓等方面都有严格规定，皇帝皇后专用白玉螭虎钮印，王侯将相文武百官的印制则依尊卑而别。《汉旧仪》说："诸侯王印，黄金橐驼钮，文曰玺，赤地绶。列侯，黄金印龟钮，文曰印。丞相、大将军，黄金印龟钮，文曰章。御史大夫、匈奴单于，黄金印橐驼钮，文曰章。御史二千石，银印龟钮，文曰章。千石、六百石、四百石，铜印鼻钮，文曰印章。二百石以上皆为通官印。"汉代通官印的大小，约汉寸见方。这一制度一直沿袭到魏晋南北朝，隋唐宋元以来官印形制增大，但在印钮形式和印文篆书为体等方面仍可看到汉印的深刻影响。汉代私印，一般小于官印，印文灵活多变，与小篆相近但不规范，称为缪篆，被列为汉六书之一。还出现了鸟虫书印文，其笔画有鸟形、虫形、鱼形之分，所谓鸟虫是方寸之间的微观，放大后鸟即鸾凤，虫即螭龙。汉人习惯以龙凤形象入印，以象征吉祥辟邪；以鱼入印，象征相思和爱情。在形式结构上，汉印善于创新，重视艺术效果和装饰趣味，布局上对虚实动静奇正的处理，变化万端巧思迭出，正如清代夏一驹评论汉印章法所说："其配法有整齐如冠裳佩玉者，有欹斜各自为伍者，有你偏我闪者，有伸缩相顾、丝毫不紊者，有一粗一细对角相配者，有两粗两细各半相配者……"（《古代艺术三百题》第156页）。汉印的凿制也穷尽其妙，或粗朴苍莽，或细劲润洁，秀逸奇妙，精微绝伦，为明、清以来篆刻家奉为运刀的极则。汉印种类繁多，形制

多样，风格鲜明，铸刻精美，反映了汉代制印艺术家们的聪明才智和丰富的创造力，为后世印章艺术的发展发挥了承前启后的积极作用。

魏晋时期，官印的形制特点与汉印一脉相承，但印文较纤细，凿制颇多趣味。私印有缪篆朱文印、悬针篆白文印等新形式。魏晋之后因纸的普及使用，印章不再用于封泥，而直接蘸印色钤盖在纸上。隋代起印章多用朱文，官印尺寸放大，以便用在布告和公文上产生醒目效果。隋唐官印，布局仍用小篆，私印仍以缪篆入印。五代时出现了隶书布局的印章，宋代时又增添了楷书布局的印章，有带边栏和不带边栏二种。带边栏者疏密清朗，重视书法效果，不带边栏者重视装饰味，笔画时有所连。宋代官印，承袭秦汉隋唐制度，仍用篆书，笔画曲折叠绕达到高峰，形成了"九叠篆"。官印使用九叠篆布局的风气，一直延续到明、清时期。元代盛用押印，押是一种具有征信作用的签署符号，相传始于五代，宋时已较多出现，传世的元代押印有带边和不带边二种，形状多样，以长方者为多。押印上端往往为楷书姓名，下端为草书或楷书押符。押印着重书趣笔意，讲究疏密，在印章史上别树一帜。少数民族建立的政权，多用本民族文字入印，辽、金有契丹文印，西夏有西夏文印，元有八思巴文印，清有满汉两种文字印。在印制与钮式上，秦代官印有坛钮，汉代官印以龟钮、鼻钮为主，汉初还有蛇钮和鱼钮，以后还出现有少量象钮和兽钮。东汉至魏晋南北朝时期，少数民族官印常用驼钮。隋唐时期官印多用环钮。五代以后的印钮大都无穿。宋元官印也无穿，印钮多为短矩形把手。明、清时印钮把手加长。这些都是鉴赏古玺印章时必须注意的特点。

印章发展到宋代，书画家们将其钤盖在书画作品上以作征信，并增添美感，同时亦用以鉴藏。这些印章非常讲究艺术性，融书法、篆刻、金石韵味于一体。据考，宋代书画家米芾曾亲自创作印章，涉及此道者还有王俅等人。到了元代，书画家赵孟頫、吾丘衍、钱选、王冕等人也纷纷致力于印章创作。赵孟頫（1254—1322年），字子昂，号松雪道人，是宋末元初的著名书画大家，在印学史上也有相当的地位，他用形体绢秀、笔势圆转的小篆入印，称为赵氏"铁线篆"，与吾丘衍共创了"圆朱文"印文字体，开创了一代风气。清代陈炼《印说》评价说：

"其文圆转妩媚,故曰圆朱文,要丰神流动,如春花舞动,轻云出岫。"可知这一书体的美妙。赵孟頫曾亲手钩摹古印340方,辑成《印史》,刊行于世,对当时的篆刻艺术发展起了积极作用。吾丘衍(1272—1311年)字子行,号竹素,别署贞白居士,世称贞白先生,博学多才,通经史百家,工篆隶,谙音律,与赵孟頫为忘年交,时相往还,探讨书法印学,以"玉筋篆"入印,对当时的篆刻艺术产生了很大影响,与赵孟頫并称"吾赵"。吾丘衍还致力于篆刻理论的研讨,撰写了《学古编》二卷,主要部分为"三十五举",阐述篆隶源流和书写技法以及篆刻的知识。又辑录《古印》二册,分为官印和私印,是较有影响的印谱。王冕(1287—1359年),工诗善画,长于篆刻,用花乳石治印,解决了印材便于镌刻的问题。于是文人墨客中好此道者越来越多,闲章日受青睐,成为治印者的重要创作内容。

到了明代中期,篆刻艺术出现了流派纷呈的昌盛局面。文彭与何震是明代众多篆刻艺术家中的翘楚,世称"文何"。文彭(1498—1573年),字寿承,号三桥,是明代著名画家文征明的长子,曾任国子监博士,人称"文国博"。文彭在南京时,偶得冻石(即青田、寿山石)四筐,剖为印材,操刀治印,使得石章顿时风行印坛。文彭治印,白文印师法两汉,朱文印取法宋元,印作典雅秀润,格调清新。后来学习文彭者甚多,苏州一带的陈万言、李流芳、归昌世、顾听等人最具声誉,称为"吴门派"。何震(?—1604年)。字主臣、长卿,号雪渔,与文彭为师友之交,往来密切,在篆刻上吸取秦汉印的风格,强调书法意趣,篆法简洁,章法平正,刀法苍辣,被时人誉为海内第一。何震一生治印不下五千方,影响广泛,师承者很多,称为"徽派"。据记

元代王冕像

载,他曾去北方边境结交了许多军事将领,都以得何震一印为殊荣,所以何震死后有片石与金同价之说。明代后期,又出现了苏宣、汪关、朱简三位篆刻大家。苏宣的印作苍莽浑古,汪关的作品形神兼备饶有汉风,朱简喜用切刀治印,豪放跌宕,印文多用草篆,敢于创新,自成风格。朱简还是一位博学的篆刻理论家,著有《印书》《印图》《印品》《印章要论》《印经》《印学丛说》《集汉摹印字》等。明末清初的程邃也是一位很有影响的篆刻家,他治印博采众长,崇尚古拙浑朴意趣,刀法凝重,笔意畅达,备受推重。

　　清朝中期是篆刻艺术创作的高潮阶段,名家辈出,邓石如便是其中杰出的代表。邓石如(1743—1805年),原名琰,字石如,因避嘉庆帝讳,改名石如,字顽伯,号完白山人、古浣子、笈游道人,为清代碑学书家巨擘。他擅长四体书,将深厚的书法功力运用于印章篆刻中,刀法婉转流畅,风格刚健婀娜,使当时印坛气象为之一新。传人很多,称为"邓派"。晚清的吴熙载、徐三庚、赵之谦、吴昌硕、黄牧甫等人,都是邓派中的著名印学家。乾嘉时期的著名篆刻艺术家还有丁敬、蒋仁、黄易、奚冈、陈豫钟、陈鸿寿、赵之琛、钱松,都是杭州人,合称为"西泠八家",亦称为"浙派"或"西泠印派"。丁敬(1695—1765年),字敬身,号砚林、钝丁、龙泓山人、孤云石叟,是浙派篆刻的开创人,博学多才,嗜好金石文字,工诗善画,精于鉴赏,篆刻特别讲究刀法,风格清刚朴茂,一扫印坛圆柔靡弱之风,著有《武林金石录》《砚林诗集》《砚林印谱》等,被誉称

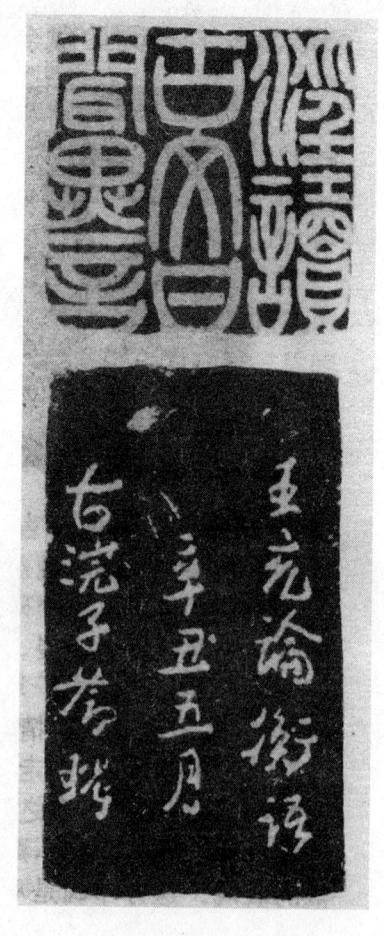

邓石如刻印

为一代大家。"邓派"与"浙派"的崛起，形成了中国篆刻艺术史上交相辉映的局面。此后的篆刻创作空前昌盛，邓派弟子吴熙载，浙派传人吴昌硕等名家，为我国印学发展都作出了杰出的贡献。现代篆刻家陈半丁、傅抱石、齐白石等人，继承传统艺术，并勇于革新不断探索，成就卓然，揭开了现代篆刻艺术新的一页。

有关玺印的著录和研究，始于宋代。北宋王俅《啸堂集古录》下卷便著录了古代玺印。北宋杨克一《集古印格》、王厚之《复斋印谱》、颜叔夏《印古式》、姜夔《集古印谱》、宋徽宗"敕撰"《宣和印谱》等，都辑录了大量的古代玺印，这些印谱的出现，与宋代金石学的兴起大有关系。元代吾丘衍《学古编》《古印》问世后，钱选、王顺之、杨遵道也集有古印谱，惜已失传。明代何震撰有《续学古编》，此后又有清代桂馥《续三十五举》，姚晏《再续三十五举》等。明代顾从德《集古印谱》辑录印章甚丰，其后人又广为搜罗，集成《印薮》以木版摹刻印行。明代著名印谱还有《秦汉印籍》、天一阁范钦《范氏集古印谱》、罗玉常《秦汉印统》等。清代时，印谱和著录大量刊行，著名的有：程从龙《师意斋秦汉印谱》，汪启淑《汉铜印丛》，瞿中溶《集古官印考证》，陈介祺《十钟山房印举》，吴云《二百兰亭斋古铜印存》，吴式芬《双虞壶斋印存》，王石经等《古印偶存》，吴大澂《十六金符斋印存》，端方《陶斋藏印》，吴隐《遁盦秦汉印选》、《遁印学丛书》，顾湘《篆学琐著》（亦名《篆学丛书》），周亮工《印人传》，汪启淑《续印人传》，叶为铭《广印人传》（共收录篆刻家1800余人），陈克恕《篆刻针度》《印人汇考》等等。明、清以来，篆刻家自集印谱的亦极多，著名的有：何震《何雪渔印选》，朱简《修能印谱》，丁敬等人《西泠八家印谱》，吴熙载《吴攘之印谱》，赵之谦《二金蝶堂印谱》，吴昌硕《缶庐印存》等等。新中国成立后出版的古玺印章著录，和印谱印学书籍，就更多了。这些玺印著录和印谱以及印人传记等，是鉴赏了解和研究古代印章、篆刻艺术发展的重要参考资料。印谱本身也是一种收藏品，尤其是原印钤盖的印谱，能真实保存篆刻原作的神采风韵，具有很高的收藏价值。随着印谱的日益风行，印谱的钤拓也越发考究，印面用名贵的印泥钤盖，印章边款有乌金拓、蝉翼拓，与印文参照鉴赏，妙趣无穷。

（四）符节

古代的符节，也是极为珍贵的文物古玩。关于符节的起源，有一个传说，殷商末年，姜太公佐周文王打天下，一次太公被敌兵围困，情形危急。太公派信使突围求援，可信使与文王素不相识，空口无凭，怎么办呢？太公急中生智，将常用的钓鱼竿折成数节，以一节代表一事，让信使记下。信使见到文王，一节一节将事说了。文王将几段竹节合起验看，果然是太公的钓鱼竿，遂发兵往救。相传"符节"就是这样起源的。《六韬·龙韬》中称之为"阴符"，即秘密的兵符。据文献记载和考古发现，节的使用要早于符。《周礼·地官·掌节》记述："掌守邦节，而辨其用，以辅王命。守邦国者用玉节，守都鄙者用角节。凡邦国之使节，山国用虎节，土国用人节，泽国用龙节，皆金也，以英荡辅之。门关用符节，货贿用玺节，道路用旌节，皆有期以反节。凡通达于天下者，必有节以传辅之。无节者，有几则不达。"由此可知先秦时候节的种类和用途，它是出入水陆关卡的一种特殊通行证，由政府颁发，用金属、玉、角、竹木等不同材料制作。节一般分为好几组，一组存于政府有关部门，一组颁发给行路的团体或个人，其余若干组分藏于水陆重要关卡，以备查验对证放行。如考古发现的"鄂君启节"，便是战国时代楚怀王颁发给鄂君启通行水陆关卡的贸易免税凭证，用青铜铸制，铭文用黄金镶成，呈竹片状，共五片，合起来恰好是一个

鄂君启节　安徽寿县出土

完整的带节的竹筒，它揭示了"节"确实是从"竹节"起源的。除了用于贸易通行，节还用于使团进出，调动部队。《汉书·苏武传》说："（苏武）杖汉节牧羊，卧起操持，节旄尽落"，手持的便是出使用的旌节。玉节与角节的形状，与"竹节"不同，如古时用以"起军旅、治兵守"的玉节叫"牙璋"，璋首如刀，比虎符还古老。

符的起源，相传也是姜太公发明的，他将书信内容写在一块竹板上，一分为三，派三名使者各持一块分三路送往目的地，只有三块竹板合符才能知道信中的全部内容，称为"阴符"，又叫"阴书"，《六韬·龙韬》对此有详细记载。符后来便成了古代朝廷专门用于传达命令、调动部队的一种特殊凭证，有多种形制。符通常分为左右两半，右半符留在京师，左半符颁发给屯驻在外的部队。朝廷需要发兵时，派遣使者带上右半符前往，部队长官将右半符与左半符验合，确认无疑，部队即按使者传达的命令行动，因此符又被人们称为兵符。《史记·信陵君列传》记载，战国时候曾发生过"窃符救赵"的故事，后为郭沫若改编成著名剧本《虎符》，讲述强秦重兵围攻赵都邯郸，赵求救于魏，魏派大将晋鄙率兵十万往救，魏王却又慑于秦势，命晋鄙只能临境观望，赵平原君一日数使向魏公子信陵君告急，信陵君急于往救，却手无兵权，后在魏王宠妃如姬帮助下窃得虎符，星夜驰入晋鄙军，合符后击杀晋鄙夺得兵权，挥兵大败秦军，解了赵国之围。在汉代画像中，对这个故事就有生动刻画。在现代，这个故事更由于《虎符》的演出而广为流传，脍炙人口。

战国时候的兵符，遗留下来的实物颇为罕见，迄今发现的主要有秦国"新郪虎符""阳陵虎符""杜虎符"，另有齐虎符和鹰符等。"新郪虎符"是战国晚期秦国颁发给驻守新郪将领的，为卧虎之形，有错金铭文40字，原物现已不存，仅见拓本传世。"阳陵虎符"为秦始皇铸造，亦为卧虎之形，

秦国杜虎符　陕西省博物馆藏

有错金铭文12字:"甲兵之符,右在皇帝,左在阳陵。""杜虎符"1973年出土于西安郊区,为陕西省博物馆收藏,高4.4厘米,长9.5厘米,厚0.7厘米,背面有槽,颈上有一小孔,呈走虎之状,有错金铭文9行40字:"兵甲之符,右才(在)君,左才(在)杜,凡兴士被甲,用兵五十人以上,必会君符,乃敢行之。燔燧之事,虽毋会符,行殹(也)。"铭文字体为小篆,虽经两千多年沉埋侵蚀,仍然熠熠闪光,是研究先秦政治、军事的珍贵资料。将符作成虎形,与虎的威猛迅捷有关,具有象征意义。古人常以虎来形容与军队、战争有关的人和事,原是一种源远流长的习惯。秦朝以后,兵符形制沿用虎形,但亦略有变通。如符上铭文,秦虎符多用错金铭于两侧,内容相同,不用合符也可通读。汉虎符多用错银铭于虎脊,符分字也分,若不合符则无法通读,可谓是"骑缝制"的始祖。西晋虎符通体有虎斑条纹,不能容字,故于背缝处凸起长条形窄台刻背文,肋间之字移于胸前或符阴。以后历经南北朝,形制相沿。到了唐朝,兵符形制大变,不再使用虎形而改为鱼形。其原因大致有两个,一是因为高祖李渊之父名虎,要避讳,不宜使用虎符;二是李唐因为"江上鲤(李)鱼变蛟龙"的神秘预言而得天下,所以崇尚鲤鱼,铸成鱼符。到武则天称帝时,又改鱼符为龟符,因为灵龟古称"玄武",含有"武"姓,用于作为武家天下取代李姓王朝的象征。到了宋代,兵符又改称"虎符",形制已变成符牌;上部篆文刻写某处发兵符,下部铸为虎豹饰;将符牌中分,右符左旁有虎豹头四个,左符右旁有四窍,虎豹四头恰与四窍相契合。契丹、女真、蒙古的兵符,受到宋朝所用符牌的影响,也铸成牌形,上刻有契丹、女真、蒙古文字。如元代铜虎符,为长方形,上端铸成虎头状纹饰,其下有孔以便系佩,孔下有蒙文一行,两面相同,俗称"虎头牌"。《宋诗钞》载汪元量《水云诗钞·湖州歌》诗中形容说:"文武官僚多二品,还乡尽带虎头牌。"《元曲选》载李直夫《虎头牌》中说:"呀,这的是便宜行事的那虎头牌。"生动地说明了虎头牌在当时的流行和用场。"牌"这时已取代了"符",作为凭信物一直流传至今。

(五)陶器

古代陶器,也历来为收藏鉴赏家所珍爱。陶器的出现,被学者们视为人类智慧火花的迸发,是人类对水、火、泥土的征服,它不仅是人类生活中多功能的器物,还发展和产生了实用美学,在形式多样的造型与装饰中寄寓了丰富的感情色彩。郭沫若《西江月》词写道:"土是有生之母,陶为人所化装,陶人与土配成双,天地阴阳酝酿。水火木金协商,宫商角徵交响,汇成陶海叹汪洋,真是森罗万象。"对陶器的出现给予了生动精彩的形容,并作出了富有哲理的科学解释。陶器在我国起源甚早,在黄河流域新石器时代遗址里,就发现有早期的陶器。如河南新郑县裴李岗出土的陶器,有壶、罐、碗、三足或四足钵等,都是手制,器壁厚薄不匀,形制比较简单,少数器表有绳纹、划纹、蓖点纹、剔刺纹等。此外还出土了几件陶塑羊头和猪头,堪称是最早的陶塑艺术品。其后的仰韶文化、大汶口文化、马家窑文化遗址中,出现了绚丽多姿的画彩陶器。著名的出土彩陶器物有西安半坡遗址出土的人面鱼纹彩陶盆、青海大通县上孙家寨出土的舞蹈纹彩陶盆、山东泰安出土的八角星纹彩陶豆,以及马厂类型的旋涡纹彩陶瓮等,都是典型的精美之作。这个时期,还出现了众多的陶塑艺术制品,如甘肃秦安大地湾出土的人头彩陶瓶;西安半坡出土的人头陶器盖、猪形陶哨、陶鸟;陕西华县太平庄出土的陶鹰尊(亦称作陶鸮尊、

人面纹彩陶盆　西安出土

陶鹰鼎或陶鸮鼎);陕西洛南出土的人头陶壶;山东大汶口文化遗址出土的猪形陶鬶、狗形陶鬶;浙江河姆渡文化遗址出土的陶塑人形、陶猪、陶羊、陶鱼;马家滨文化遗址出土的陶塑人头;以及近年在辽宁建平县牛河梁、喀左县东山嘴等地出土的陶女神头像、陶塑孕妇像等等,显示了丰富的艺术表现力。继"村落农业"高度发展的仰韶文化之后,到了龙山文化、良渚文化时期,制陶工艺已发展为快轮旋制,常见的器形有杯、豆、鬶、壶、鼎等,器物上增加了流、把、盖等附件,烧陶技术也日益提高,出现了光亮如漆的黑陶器。商周时代,随着社会经济的

发展，陶器的应用更为广泛，除了生活用陶，还出现了应用于建筑的陶瓦、陶排水管、陶方砖、陶井圈，应用于青铜冶铸上的陶坩埚、陶质内外范和陶模，应用于铸造金属货币上的各种钱范，应用于冶铁工艺制造各种铁农具的陶范和范芯等等。后来又出现了专为随葬制作的陶质明器。

所谓明器，即"神明"之器，是古代先民信仰的产物。古人相信人死之后灵魂还将在另一个世界里生活，因而把他生前用过或喜欢的东西，仿制出来随葬在坟墓里。明器有石制、木制、骨制和金属制作，尤以陶质明器数量最多。考古出土的陶质明器种类极其丰富，有人俑、伎乐、宅屋、楼阁、作坊、车船、井灶、杵臼、台座、鸟兽虫鱼，等等。江苏邳县大墩子新

人头形陶壶　陕西商县出土

石器时代遗址出土的一座陶屋模型，是迄今发现最早的一件陶质明器。殷商时代曾用活人殉葬，并开始出现陶质人俑，东周墓中出现渐多。到了秦、汉两朝，陶俑大为盛行。秦始皇陵的7000兵马俑，已成为举世闻名的陶塑奇观。这些陶俑模拟秦代军队的形象，身穿战袍铠甲，手持兵器，配有与真马相若的陶质战马，表现了高超的陶塑制作技巧，迄今仍洋溢着巨大的艺术生命力。汉代陶俑亦有大量出土，如西安任家坡汉陵从葬坑出土的侍女俑、山东济南无影山西汉墓出土的彩绘乐舞杂技俑、洛阳东汉墓出土的庖厨侍仆和乐舞百戏

东汉说唱俑　四川郫县出土

俑、四川郫县东汉墓出土的说唱俑，以及广州东汉墓出土的陶船等，都是汉代陶塑的杰作。特别是乐舞百戏俑和说唱俑，姿态优美，形神兼备，使人产生强烈的艺术共鸣。隋唐时期，陶俑依然盛行。到了宋代，以俑随葬的习俗日渐衰落。元、明时期，只有王公贵族墓中发现有仪仗俑群，一般墓中已不再以俑随葬。各个时代的陶俑，它们的服饰、冠带，以及与之相配的建筑、用器等等，都真实地表现了它们所存在的社会环境和历史风貌，

秦始皇陵兵马俑

揭示了当时的礼仪、制度、风俗、习惯和各式各样的生活情景。它们不仅是优美绝妙的艺术品，同时也是研究古代社会的珍贵文物，是我们国宝的一部分。

　　随着社会经济的发展和科学技术的进步，以及新材料的不断出现，陶器逐渐被瓷器、琉璃、釉陶、紫砂陶器等取代。紫砂陶器主要产于江苏宜兴，是用当地一种特殊的陶土"紫砂泥"烧制而成的，其历史可以上溯到北宋，明、清时候日益兴盛。这种陶土外观呈紫色或紫红色，含铁量大，有良好的可塑性，烧制成的紫砂陶器具有一种独特的美感和神韵。明代紫砂陶器以壶著称，式样繁多，制作精巧，为世人所爱。历史上曾出现过很多制壶名家，相传明朝正德年间，宜兴的龚春曾向寺僧学习制作紫砂壶的技术，后专以制壶为业，被称为"龚春壶"。此后名手辈出，著名的有董翰、赵梁、元畅、时朋，称为四大家。龚春带过三个徒弟：时大彬、赵良碧、陈鸣远，都成为制壶名手。时大彬为时朋之子，成就最高。明代后期曾出现过一种挂釉紫砂器，造型多样，主要为

文房用品及陈设品。但主要紫砂器仍以壶为主。明末清初制壶名匠有陈鸣远（号鹤峰、壶隐）等人，以后又有王南林、杨友兰、邵玉亭、杨彭年、杨凤年、陈鸿寿、邵大亨等人，皆是制作紫砂壶的高手。紫砂壶的流行，与饮茶风尚有很大关系。用紫砂壶具沏茶，具有色香味纯的优点。明代中叶以后居于江南的文人雅士们，尤其喜欢紫砂壶，徐渭诗中说："青箬旧封题谷雨，紫砂新罐买宜兴。"于是出现了丰富多彩的壶艺造型，并在壶身上刻制诗词书画，使之成为茶文化的一个重要组成部分。紫砂陶器，尤其是紫砂壶，色泽清雅，造型美观，细润精致，妙趣可爱，具有很高的鉴赏收藏价值。流传至今最古的紫砂壶陶器，是江苏丹徒一座古井里发现的三件南宋紫砂器，现藏于镇江市博物馆。明代墓葬中出土的紫砂器亦有数件，皆是精品。清代时，紫砂壶得到乾隆皇帝的青睐，曾精心制作贡入清宫，如现藏于故宫博物院的乾隆款描金紫砂方壶，造型与壶身上的书法绘画，都精妙异常。传世的紫砂壶精品很多，造型在方、圆两大型系之外，又有各种模仿花果造型的像生壶，千姿百态，妙趣天成，备受文人茶客的珍爱。紫砂壶还受到了海外人士的喜爱，近年来已成为一种深受欢迎的赏玩收藏品。

（六）瓷器

古代瓷器，也是鉴赏收藏的一个重要门类。中国是瓷器的故乡。如果说陶器是人类史前文化曾经普遍发生的现象，瓷器的产生，则是中国古代物质文明发展的独特成果。原始瓷器出现于商代，郑州二里冈时期和商代中期居住遗址，湖北黄陂盘龙城商代中期墓葬均有出土。属于商代晚期的殷墟、辉县琉璃阁、河北藁城等遗址，也都有发现。西周时期，原始瓷器已较为普遍。而瓷器的真正成熟，则在于东汉。这个漫长的历史阶段，被学术界称之为瓷器的发生期。东汉时期，无论是制瓷原料的精选，胎釉的配方，以及烧制技术，都已相当先进，烧制的青釉瓷器色泽纯正，达到了很高的工艺水平。魏晋南北朝时期，制瓷工艺又有很大进步，仍以青釉瓷器生产为主，以浙江越窑的青瓷质量最高，江苏宜兴的均山窑、浙江温州的瓯窑和金华的婺州窑所产青瓷，也各有特色。北朝后期，北方出现了白釉瓷器。

隋唐五代时期，瓷器质量又进一步提高，仍以青瓷生产为主，白瓷的质量产量也逐渐发展，被称为"南青北白"，即南方主要生产青釉瓷器，北方大量生产白釉瓷器。青瓷仍以越窑的质量最高，白瓷则以邢窑质量最好。这个时期在烧制工艺上已普遍使用匣钵装烧，使瓷器胎壁从厚重趋向轻薄，底足从平底变成玉璧底，釉面可以不受烟熏污染，色泽更为纯洁。唐代还出现了寿州窑的黄釉器、鲁山窑的花釉器等新产品，长沙窑开始使用在胎上画彩然后上釉的高温釉下彩新技术，开创了以绘画技法美化瓷器的先例。唐代瓷业的发展，使瓷器获得了极其广泛的使用，从餐具、酒具、茶具，到文具、玩具、乐器、各种生活实用器具和作为陈设装饰的器类，几乎无所不备。瓷器的形制给人以浑圆饱满之感，洋溢着雍容大度的时代风格。绚丽的三彩釉，展示了唐人的创造性，被誉为陶瓷史上的一朵奇葩。到了宋、元时期，瓷器业获得了更为繁荣的发展。瓷器品种繁多，釉色缤纷，民营瓷窑大量兴起，相互竞争，形成了不同的窑系。北方地区的定窑、耀州窑、钧窑、磁州窑，南方地区的景德镇窑、龙泉窑、建窑、吉州窑、德化窑等，都是这个时期最著名的瓷窑。它们在工艺、造型、釉色和装饰方面，各具风格，精彩纷呈，使当时的瓷业出现了"百花齐放"的繁荣景象。由于宋代考古风气的兴盛，也影响到制瓷业，制作了很多仿古美术用瓷。宋代瓷器，为历来收藏家所珍爱，尤其是官窑精品，流传至今，已成为极珍贵的文物。

到了明、清时代，出现了成化时的斗彩、弘治时的低温黄釉、正德

隋代白瓷龙柄壶

时的孔雀绿釉、嘉靖时的五彩和青花五彩等新品种，烧制工艺上开创了釉上彩釉下彩相结合的技法。清代釉色品种更加丰富，烧造出釉上蓝彩、墨彩、釉下五彩、金彩、粉彩、珐琅彩及各种单色釉等。这个时期的瓷器形制，品种繁多，纹饰日渐繁缛而通俗化。明清彩瓷，是我国四千年来陶瓷艺术的一个总结。它继承了青瓷、白瓷烧制工艺的全部优秀成果，将低温色釉娴熟地运用于制瓷的彩绘与烧制工艺之中，表现了

北宋钧窑月白釉出戟尊

卓越的制瓷技术，达到了极高的水平。中国瓷器具有丰富的审美情趣和美学鉴赏价值，它既是实用品，更是艺术品。历代生产的瓷器，往往体现着那个时代的工艺水平和艺术风格，同时也是历史文化和经济技术的生动反映。所以人们喜爱瓷器，把瓷器作为收藏鉴赏的重要对象。这也正是对传统"国粹"的尊崇，和风雅文化在精神与情趣上的展现。

（七）香炉

在金石古玩的收藏中，明代宣德年间铸造的香炉，也是清代以来文人雅士们所喜爱的一种。铜铸香炉，汉代就有了，如考古发现的"博山炉"，其形制为山形炉身，竖立于圆形铜盘中央，山峦之间有云气纹、人物和鸟兽，炉内焚香时轻烟飘出缭绕炉体，形成山景朦胧、群兽灵动的效果，仿佛是海中仙人所居之"博山"，所以称博山炉。如西汉中山靖王刘胜墓与其妻窦绾墓中出土的两件博山炉，陕西兴平茂陵从葬坑出土的未央宫鎏金银竹节熏炉，形制工艺精湛绝妙，堪称铜制香炉中的杰作。南北朝时期诗人鲍照《拟行路难》诗中写道："洛阳名工铸为金博山，千斫复万镂，上刻秦女携手仙，承君清夜之欢娱，列置帷里明烛

前。外发龙鳞之丹彩,内含麝芬之紫烟。如今君心一朝异,对此长叹终百年。"对博山炉的精巧和闺中之情作了传神的描绘。

到了明代宣德年间,当时暹罗国(今泰国)向明朝廷贡奉风磨铜,为宣德炉的铸造提供了优质材料。邓之诚《骨董琐记》卷八引《梁溪诗钞》记载说:"明宣德间,诏仿秦汉以来炉鼎彝器古式,命司礼监会同工部督造,凡千百十件,以供大内及各官释道之用。质料之美,锻炼之精,皆非民间所能办。其料乃暹罗风磨生矿之洋铜,

汉代错金博山炉　河北满城汉墓出土

及日本之红铜,加以倭源之白黑水铅,贺兰国之洋锡。至天方之番硇砂,三佛齐之紫碓,渤泥之紫矿胭脂石,琉球之安澜砂,以及石青、石绿、朱砂、文蛤、古墨、云南白黑棋子等,皆所以助其色泽之用。爰自八炼十炼以至十二炼而后成。"铸造宣德炉使用的材料,许多都来自国外,这与明代郑和下西洋促进了兴旺的海外贸易有关。宣德炉要冶炼很多次才铸造,件件都是精益求精之作。宣德炉的造型丰富多样,其形制主要有三大类:(一)仿商周秦汉炉鼎彝器类;(二)仿宋代官、哥、汝、定等著名瓷窑瓷器类;(三)仿缸、罐、桶、瓮等日用器皿类等。宣德炉的色泽亦富于变化,繁缛多样,计有黄色、红黄色,主要"有棠梨、熟梨、猪肝三色"。但因其冶铸时每炉用料的差异和工艺的不同,造成了色泽的千变万化,计有黄色、红黄色、粟壳色、鳝鱼黄色、藏经纸色、蟹壳色、枣红色、甘蔗色、桑椹色、石榴皮色、茄皮紫色、珊瑚色、琥珀色、蜡茶色、海棠红色、秋葵色、黑漆古色、仿古铜青绿色、

225

石青斑色、石绿斑色、流金、赤金纯裹、金带圆、渗金、渗银、泥金、泥银、大金片、赤金霞片、水银古色等。在历代铜器中，可谓是最为绚丽多彩的一种。宣德炉在炉底皆铸有款识，有一字款，篆书"宣"字；二字款，楷书或篆书"宣德"二字；三字款，横列"宣德年"三字；四字款，铸"宣德年制"，有扁方印款、圆印款、双龙四字款、双龙抱柱款等式之分；六字款，铸"大明宣德年制"；八字款，为"宣德五年吴邦佐造"；十六字款，为"大明宣德五年监督工部官臣吴邦佐造"，正方印款等。此外还有"工部员外臣李澄德监造"款，传世极少。吴邦佐款的宣德炉则传世较多。另外还有底铸阳纹蟠螭式太极图两种非文字款的，亦是宣德年间制造。宣德炉铜质精良，造型优美，有"宝色内涵，珠光外现"之誉，深受珍爱。从明清到民国，伪造的赝品颇多，只要仔细鉴赏，很容易看出真伪。但伪品中亦不乏优秀之作。

我国的文物古玩门类众多，上面介绍的只是主要几类，此外还有金银器、木漆器、竹木牙角器、石雕、织绣、文房用具、乐器、娱乐玩具，以及各种有欣赏收藏价值的古代日常用具等等。限于篇幅，不再一一介绍。

后 记

中国风雅文化源远流长，玩物以明志，始终是传统风雅文化的主流。而玩物可以明志正是风雅文化数千年来盛行不衰、日益兴旺的重要原因。风雅文化不仅有着丰富多彩的形式，更有其博大精深的内涵。古人常说，以史可以为镜，博古可以通今。所以多了解一些古代的风雅文化典故，不仅可以增加情趣，还可以陶冶情操，丰富自己的人生境界。

这是1995年撰写的一部书稿。当时应出版社邀请，在暑热中伏案工作两月。每天笔耕到深夜凌晨，为文献书籍资料所围困，挥汗如雨，不敢懈怠，终于写完了这部书稿。

之所以如此废寝忘食、全力以赴，不仅仅是因为催稿颇急，更主要的是自己早就想写一部这样的书，把金石碑帖和历代文物的赏玩，采用深入浅出、雅俗共赏的方式介绍给读者。多年来潜心于此，已非一日。出版社的约稿，可谓与自己的构想不谋而合，给自己提供了一次"厚积薄发"的机会。在写作过程中，考虑到这是一部兼顾知识性、趣味性、鉴赏性，普及与提高相结合的著述，所以在资料上力求翔实，在叙述上力求流畅，希望能使读者在阅读时获得愉悦与感悟。是否达到了这个目的，只有让读者去评说了。当时由于时间紧迫，未能从容修润，校对也不够细致。最近承蒙出版社的青睐，要再次出版此书，当然是一件很好的事情。因是再次出版，所以只作了一些文献资料的核实和文字方面的订正，在篇章结构上未作大的改动，并配用了一些图片，使此书更具观赏性和可读性。但仍难免会有疏漏与错讹之处，尚祈请方家指正。

还有很多想说的话，都已写在书里面了。希望读者会喜欢这部书，那将是对作者真诚奉献的最佳酬报。

作者于天府耕愚斋